Struggle and Possess

奋斗与拥有

郭强华会计教育改革文集

郭强华　著

中国社会科学出版社

图书在版编目（CIP）数据

奋斗与拥有：郭强华会计教育改革文集/郭强华著．—北京：中国社会科学出版社，2016.12

ISBN 978－7－5161－8627－5

Ⅰ.①奋… Ⅱ.①郭… Ⅲ.①会计教育—教育改革—文集 Ⅳ.①F230－53

中国版本图书馆CIP数据核字(2016)第170126号

出版人 赵剑英
责任编辑 侯苗苗
特约编辑 明 秀
责任校对 周晓东
责任印制 王 超

出版 中国社会科学出版社
社址 北京鼓楼西大街甲158号
邮编 100720
网址 http://www.csspw.cn
发行部 010－84083685
门市部 010－84029450
经销 新华书店及其他书店

印刷 北京明恒达印务有限公司
装订 廊坊市广阳区广增装订厂
版次 2016年12月第1版
印次 2016年12月第1次印刷

开本 710×1000 1/16
印张 23.75
插页 2
字数 378千字
定价 88.00元

郭强华

天津财经大学博士，宁波大学教授。现任宁波大学学术委员会委员、宁波大学职称评审委员会会员、宁波大学商学院会计与审计研究所所长。兼任国家社科基金评审专家。主持国家社科基金两项，其中一项为国家社科基金重点项目；主持浙江省社科规划重点课题一项；主持教育部课题两项；主持浙江省社科规划课题两项。出版专著《廉政审计查处机制研究》、《廉政审计》、《反洗钱审计》、《注册会计师审计视野》、《上市公司社会责任审计方法与实证研究》五部。发表论文80多篇，其中18篇被中国人民大学复印报刊资料转载。获得浙江省省级奖两项，宁波市政府颁发的哲学社科成果二等奖一项，宁波市政府颁发的哲学社科成果三等奖三项，宁波市社科、自然科学优秀奖三项。2011年被评选为宁波大学“阳光教授”。2013年获得宁波大学毕业论文“优秀指导教师”。2015年获得“宁波大学人文社科突出贡献奖”。2016年被学生评为“宁波大学商学院最美教授”。

自 序

请名人写“序”历来是著书者的追求与念想。如果要丢下面子来换“光彩”，也不过是多了层麻烦和俗气。然而“自序”有直抒胸臆的畅快和笔触灵魂的自由。

我的妻子是高级会计师，担任过集团公司副总，以及两家公司财务总监。在这里我无意“炫妻”，是她的评论触动了我的神经。她认为目前很多会计工作者，单说做账没问题，主要是缺乏会计视野和做事格局，不能从集团利益和战略考虑会计工作。这番话是对那些埋头只教会计处理老师的提醒，引发了我对会计创新教育的思考。

我能出这本集子得益于“宁波市特色专业”建设项目的支持。2012 年，我主持申报的项目获得了宁波市教育局的“宁波市特色专业”建设项目。该项目建设总体思路是“以著书立说、会议讨论与交流等方式，提高教师的教学方法、教学手段和水平”。此后，我沉浸在整理书稿文论中，重温了昔日写作的幸福时光。

本书辑录了我从事教育工作以来发表的和未发表的论文，其中也有我指导学生合作撰写的调研论文。

《高校会计教育改革要有三大突破》一文发表在 2000 年第 1 期的《南开管理评论》上。虽然过去了 16 年，但文中观点历久弥新。文章认为教材编写有两个方面的“并发症”：一方面跳不出会计准则、制度框框，你有的内容，我写；你没有的内容，我不敢越雷池半步。学术上的缩手缩脚导致教材“平庸”，结果是名校与一般院校的教材在内容和结构上，大同小异，缺乏风格特色，更谈不上“金牌”教材。另一方面这种僵化写法，又使许多作者对国内外会计理论变化、会计实务发展熟视无睹，对学生的改革愿望与人才市场上出现的新课题更是不屑一顾。他们不讲会计的现实性和实用性；相反，却去追求会计学科体系的完美性和永恒性。翻阅当前会计教材仍能印证我当年的观点。

2001 年，我受邀参加了由清华大学、香港理工大学主办的“中国会计与财务问题国际研讨会”，主旨演讲了论文《中国会计教育现状分析——来自大陆 14 所重点大学会计教学现状评估及改革方向的调查报告》。这篇论文的写作冲动来自中国台湾地区某教授的刺激言论。他说：“大陆会计教育最需要改进的地方是教授的品质”，然后，话锋一转：“大陆会计教育主要优点在于学生品质”。如此反差，简直要让大陆教授愤怒，我很不服气。为此，与学生共同设计了《中国高校会计教学现状及改革方向调查问卷》。调查了中国人民大学、厦门大学、复旦大学、同济大学、天津财经大学、中南财经大学、东北财经大学、上海财经大学、西南财经大学等 14 所具有代表大陆会计教育水平的高校的会计系大三、大四本科生。我们的目的显而易见：了解和掌握中国高校会计专业学生对会计教学现状的评价和教学改革愿望，为人们认识大陆会计教育现状，提供真实、客观的信息。演讲结束后接受了中国香港《星岛日报》记者专访，我再次重申大陆会计教育并非如海外教授所言那样的“糟糕”。一个星期后刊登在《星岛日报》的专访文章多处观点曲解了我的原意，变成了对大陆会计教育的挞伐，由此“佩服”中国香港记者“妙笔生花”的本事和“业界良心”。

2006 年前后，什么博士退学，教授出走，经传媒的渲染变得沸沸扬扬，夹杂着“高等教育失败”论。倘若有人提出“会计教育”失败是否会引起众人的共鸣？会计教育存在什么问题，我们应该怎么对待？这些便成了我们做这项“关于当前会计教育几个热点问题的调研”的初衷。问题是调研对象是谁，他们会接受我们的访谈吗？一个偶然机会，我看到了即将在 2006 年 4 月 21 日举办的中国会计学会第五届全国会计信息化年会通知。于是，我要求学生立即买票赶往合肥，采取会议间隙“蹲候”，走廊“堵截”，会议旅游“跟随”的娱记狗仔方法，面对面采访了 18 位专家学者。之后，该文投稿韩国“文化与会计”研究会，韩国主办方来函邀请参会，我也因此享受到了来回免费机票和住宿的待遇，结识了韩国釜山大学的崔教授和釜庆大学的金教授，拉开了宁波大学国际会计交流序幕。之后，由韩国崔教授、金教授引荐，宁波大学会计融入了中日韩会计国际交流活动。2014 年，我们成功主办了“中日韩国际会计研讨会”，与会国外学者有 30 多人，其中有日本名九州大学、日本熊本学园大学、韩国釜庆大学、韩国白石大学、韩国釜山大学等十多所大学的代表。现在想来是一篇文章引发了宁波大学国际会计交流。

外界历来认为高校教师收入高、工作轻松而且受人尊敬。但是随着我国教育改革的深入，来自教育主管部门、社会等方面对教师压力日益加大。我身边很多教师存在焦虑、烦躁、抑郁等心理不健康现象。男教师说教育部应尽快出台早退休政策，女教师戏言还不如被包养了省心。然而我国对教师工作压力的研究却很少，专门对于会计教师的压力和生存状况的调查更是空白。2009 年 11 月 6—8 日，我参加了由江西财经大学主办的中国会计学会 2009 年七届二次理事会。这个会议的前身是“中国会计教授会”。不知因何缘故，瘦身（规模缩小）拔高为中国会计学会最高层次会议。11 月 7 日下午，我参加第二小组“金融危机下的会计教育问题”研讨会。会议由广东商学院院长王华教授主持，代表们对两篇提交的论文进行了交流。非常荣幸的是，全会只有 12 篇论文公开交流，而我的论文幸运“中奖”。我作了题为《会计教师压力、生存状况及幸福指数调查——来自全国 15 省市近 700 份问卷调查》的发言。论文基于对 15 个省市高校的会计学教师问卷调查，分析研究了目前我国高校会计教师的压力、生存状况、幸福指数三个方面的情况。在高校会计教师的压力方面，调查显示了目前高校会计教师的总体压力较大，其中男教师、中青年教师、博士教师、高职称教师、综合大学教师的压力尤其突出；高校会计教师的压力来源主要来自工作压力和科研压力。在高校会计教师的生存状况方面，调查显示高校会计教师收入提高了但是却存在内部收入差距大的问题，会计教师每天的实际工作时间偏高，高校会计教师的幸福指数偏低。我的论文点评人是复旦大学李若山教授。他认为，文章思路具有开拓性，立意新颖，视角独特，富有创造性，是一篇难得的好文章；文章对于当前会计教师的压力、生存状况及幸福指数的研究表现出了作者对当前会计教育实质问题的深刻认识和理解；文章来源于当前会计教师的调查结论，网络调查可避免当面调查的人为因素，可信性强、针对性强、及时性强，对会计教师的生存现状研究具有很大的启示性。厦门国家会计学院副院长黄世忠教授认为可以引入一些科学性更强的指标，比如用猝死率等指标表示压力大小；对会计教师幸福指数的评价可以考虑会计教师之外的其他专业教师、非教师会计人员、企业高管等，扩大样本量更有说服力。南开大学商学院副院长刘志远教授认为要区分客观压力与主观压力，文章中的压力调查主要来自主观感受，是自己的认知，客观压力的调查可以增加可信度。

除了收集的论文外，还辑录了自己主持并撰写的专业建设的成功申报书。2011 年，按照学校要求主持申报会计学硕士点。当时的首要问题是如何设置研究方向。为此征询了不同意见，最后我拍板确定了“审计与理财”和“财务与会计”方向。既考虑了会计系科研优势和特色，又兼顾了毕业生就业选择的便利。在研究生课程设置上，我新增了一般院校没有的“会计实证课程”。2012 年，宁波市教育局开展了宁波市特色专业建设遴选工作，有经费支持的专业将得到进一步发展。因此，各专业间的竞争比拼异常激烈。是否申报？一直困扰着我。摆在面前的是院系两级申报，会计系优势不明显，很可能在系级比拼中落榜。而且申报涉及系资料收集与写作角度思考，在没有任何资金补助的情况下，申报失败就是一无所有。最终杀出商学院，在学校各专业 PK 中也不落下风。在宁波特色专业名单中，我发现有宁波诺丁汉大学、浙江万里学院和宁波工程学院会计系的名字。如果当时考虑个人得失太多，不申报，将贻误宁波大学会计新一轮发展。

2011 年 11 月 28 日，我收到了一件由审计署办公厅寄来的包裹，其中包括刘家义审计长手写体的回信，以及赠送的审计署红头文件和书籍。在回信中，刘家义审计长接受了我指导的学生科研团队（沈琪虹、汤晓帆、潘攀、倪璐、叶旭亚）的建议，肯定并赞扬了他们的科研活动。这是怎么回事呢？2010 年 12 月开始了学校 SRIP 项目申报工作，会计系的出题任务落在了我这个系主任身上。如何为学生打造适合他们特点而不是“大人”式的课题？为此，整整一个星期，我查阅了全国挑战杯获奖项目，结合审计教学中感悟的教材偏重注册会计师审计现象，提出科学疑问：现行审计教材只讲注册会计师审计，忽略国家审计的现象是正常的吗？尤其是刘家义审计长上任后，国家审计的理念、内容和方法都发生了重大变革，我们完全可以把疑问求解审计长，于是课题《国家审计免疫系统论将带来什么》出炉了。随即被列为商学院入选课题，参加学校评审，获得了 SRIP（浙江省大学生科技创新项目）重点立项项目。为了扩大课题研究影响力，我认为不能走普通的网络调查模式，采取大胆信访审计署审计长刘家义同志的调研形式，为浙江大学生科技创新调研活动提供一种新思路。经过了很长一段时间的前期准备工作，学生科研团队于2011年7月10日向刘家义审计长邮寄了一封信件，信中我们向他展示了我们的调研数据，表达了我们对于“审计免疫系统论”的疑惑，向审计长提出了6个问题。2011年8月30日、31日，刘家义审计长在南京审计学院开展视察工作时，在与师生们交流互动中，刘家义提及一封让他印象深刻的来自一群审计学专业大学生们的信件。这封信，让刘家义既感动于学生们求知的热忱，也让他心生愧疚：“关于国家审计理论体系尚未构建和完善，责任在我。”2011年11月10日，刘家义审计长亲笔给宁波大学学子回复了信件，这是刘家义审计长首次对学生信件进行回复。他在信中表达了对宁波大学学生科研质疑精神的赞许和肯定。认为“审计理论研究大大落后于审计实践，教科书讲的与实践情况‘两张皮’。这在很大程度上禁锢了人们的思想，制约了审计事业的科学发展”。最后，审计长鼓励宁波大学学子“谁占领了理论的制高点，谁就拥有了未来!”宁波大学新闻网、宁波大学商学院、商科实验教学示范中心等相关网站上进行了报道。宁波市审计局新闻网连发两篇报道，市审计学会秘书长张克俭处长对学生科研项目大加赞赏，表示将组织审计人员开展对刘家义审计长信件的学习。

学术是在不断的质疑中发展完善的，在学术讨论中要有漠视领导地位、官衔的勇气。2010年4月，我参加了杭州电子科技大学召开的“中国会计学会审计专业委员会学术年会”，会上提出了对审计署刘家义审计长的“国家审计免疫系统”论的不同看法。言毕，神木集团的一位审计领导说：“你还真敢说呀。”虽然我也承认这一理论具有科学性、创新性、前瞻性，但仍然存在以下几个问题：（1）定义过窄；（2）提法标点符号出错；（3）用比喻作定义项不妥当；（4）违反了下定义的逻辑规范。正如金岳霖主编的《形式逻辑》中指出的“定义项不能用作比喻”。之后，我将质疑精神传递给我的学生，启发她如何与审计长辩论。在毕业论文中，她从医学免疫系统角度阐述了由于审计免疫系统的无法免疫所带给审计的问题。2012年，刘家义审计长在2012年第6期《中国社会科学》上刊文《论国家治理与国家审计》，对“国家审计免疫系统”论进行了修改，作了新表述：“国家审计的本质是国家治理这个大系统中内生的具有预防、揭示和抵御功能的免疫系统。”

这里的每一篇论文都有故事，每个故事都有创新火花。

谨以此书献给病重的父亲！

谨以此书献给希望的女儿！

郭强华

2016 年 4 月 3 日于上海

目　录

教改理论

教研调查

教改课题

专业建设

指导学生

学科竞赛

学术质疑

研究创新

教学杂文

教改理论

高校会计教育改革要有三大突破

长期以来，高校会计教育改革存在的主要问题有三：一是会计课程体系改革一直是小修小补，大修大补，整个课程改革创新不足；二是会计教育改革视野狭窄，表现在对会计专业理论的研究较为深刻，而对会计教学理论的研究重视不够；三是教改脱离实践，脱离学生。如果这些问题不加以重视解决，将严重阻碍会计教育改革的前进步伐。因此，笔者认为会计教育改革要有三大突破：一是突破会计课程体系改革的思维定式，打破原有的框架体系，进行重新设计、整合；二是提高教师的教学理论素养，用教学理论来指导改革实践，教育改革要采取多学科、多兵种合成作战方式攻坚；三是树立“会计市场”意识，教改要从完善会计学科体系转变到以学生为本，全面提高学生素质，尤其是实践能力上来。

一

我国高校会计教育改革出现过两次教改浪潮。第一次是 20 世纪 80 年代初，当时我国的会计课程体系仍然沿用苏联 20 世纪 50 年代的模式，是以“会计原理”、“工业会计”、“财务管理”和“经济活动分析”为主干课程，通称“老四门”。1978 年的经济体制改革给国家经济社会的各个领域带来了巨大变化，为会计课程体系改革创造了生机。上海财经大学和中南财经大学分别于 1981 年和 1982 年开始了教学改革，把“老四门”改为“新五门”，即“基础会计”、“财务会计”、“成本会计”、“管理会计”和“审计学”。形成了以这五门为专业主干课、另外五门为一般专业课以及五门选修课的较完备的会计课程体系。虽然在一定程度上克服了课程之间内容重复、理论性不强等缺点，但从“手术”难度看，属于“修补”。第二次浪潮是在财政部颁布《企业会计准则》、《企业财务通则》后（1992年12月），原有的分部门、分行业、分所有制的会计模式被打破，揭开了按照市场经济要求，向国际惯例接轨的变革序幕。会计课程体系改革结果分为初级会计、中级会计、高级会计三大块。会计核心专业课程变为“七门”，即“初级会计学”（或“基础会计”）、“中级财务会计”（或“财务会计”）、“高级财务会计”、“成本会计”、“管理会计”、“审计学”、“财务管理”。这次教改取得了较大的成绩：课程体系改革打破了按部门设科的模式，标志着部门、行业会计教育时代的结束。但我们也应看到，这次教改实质上是在引进西方会计理论基础上，对旧有体系的修改、补充和调整，如把“工业会计”和“商业会计”的内容合并为“财务会计”等。称这次改革为“移植”更为贴切。从两次教改结果看，有两个问题值得重视：一是改革没有摆脱跟会计制度、准则跑的模式。两次改革动因均是由于经济发展，会计环境变化，引发会计制度、准则革新，而促使会计教学改革。补充新会计制度、会计准则内容自然成为教改重点，这种制度小变，改革小修小补，碰到会计准则大变，改革大修大补的做法，使改革缺少新意。二是课程体系改革走的是一条知识添加型路子。从“老四门”到“新五门”再到现在的“新七门”。改革的处方就是添汤加料，至于学生能否受用，就看各自的胃肠功能好坏了。让人担忧的是，这种方式已成为高校手中改革的“法宝”。1995年国家教委发出《高等人文社会科学教育面向21世纪教学内容和课程体系的改革计划》，确定“会计学”、“理财学”为改革重点。且看某高校上报国家教委改革方案（仅公布核心课程）：①基础会计；②财务会计；③现代公司财务；④成本会计；⑤现代管理会计；⑥审计理论与实务；⑦电子计算机会计；⑧会计立法与会计准则。与第二次教改相比：三门课程的名称无任何变化；四门课程的名称作了修改，其中两门课程的名称增加了“现代”二字，以示区别；增加了一门核心课——“会计立法与会计准则”，而此课程部分内容原来属于“基础会计”范围，综观两次教改，就可以得到以下结论：我们课程体系改革陷入了思维定式的泥淖，其手法是增加新课，改造老课，结果是课程设置越改越多，原先遗留的内容重复、交叉问题没有得到解决，又增添了专业课比重过大、知识结构不合理的新问题。课程设置缺乏弹性导致学生难以负荷。断言会计课程体系改革创新不足，并不过分。

突破课程体系改革的思维定式，关键是要赋予会计教育改革新的含义。笔者认为，现代会计教育改革至少要有三个方面内容：一是不断革除旧制度、旧方法；二是制定新的会计教育目标、教育观；三是要赋予教育新的职能，要把社会、学校与个人教育结合起来，构建新的教育模式。表现在课程体系改革上，不应是一般的改善或修补，而是指打破旧有课程体系框架，建立新课程体系模型的转变，是一种以指向未来特定会计教育目标来改进教育实践的有意识尝试。在进行具体课程设置时，笔者的总体设计思路是：强调基础，精练专业理论；重视实践，发展学生个性，朝一专多能方向发展。具体设想是：以零基法来设计课程，即不以原有的课程体系作为根据和基础，而是一切以零为起点去考虑，建立多向主体的系统的课程结构。这种做法难度颇大，但并不是没有先例，1991 年，美国南加州大学会计学院实施新的课程计划，证明这种方法是可行的。最近，又从联合国传来消息——新的全球会计课程体系产生。这里要考虑好三个问题：一是在课程体系构成上，要视课题结构为一个系统，要围绕未来会计教育目标从整体上考虑课程之间的联系，以及各门课对学生发展的整体效应，形成最佳组合，以产生“整体功能大于部分功能之和”的教学效益；二是在各门课的设置上，要善于找出各门课程之间的结合点，用一个体系加以贯通，通过课程的集约化和集成化，以有限的课程数来覆盖日益扩展的知识领域，包括日益发展变化着的会计理论和实务；三是课程结构的优化，应将着眼点放在学生知识结构与能力结构的优化上。在设计课程体系时，应以发展能力为主线；在选择课程内容时，要着眼于内容的智力价值。因为智力价值高的课程内容，一般具有理论性、基础性、典型性和一定的难度，学生学习此类课程，能使学生有较深的智力参与度，便于将知识内化为学生的素质和能力。

二

据记载，我国会计专业杂志有 80 余种，但会计教育类杂志很少，有关会计教学理论方面研究的文章更少。这种状况是导致课堂教学的呆板、枯燥乏味的主要原因。与中小学提倡的“愉快教学”更是相去甚远。更为严重的是，由于会计教师缺乏对教学理论的系统研究，对教育科学知识知之又少，因而不能用教学理论来指导改革实践，只能是就会计改会计，学生学会计、懂会计，改革始终跳不出会计准则、制度的框框。实际上却是把课程、教材建设孤立起来了，而不是把会计教育改革融入国际教育改革发展的潮流中。为什么会计教育工作者不重视教学理论？这与传统观念有关，不少人认为提高师资水平就是提高教师的学历、职称。这是把教师的专业知识素养与教学理论素养画等号。教师的专业知识素养固然是搞好教学的首要条件，但也不能忽视教师教学理论素养的提高。这是因为教学理论是发展教师教学能力的前提条件，也是实施发展学生能力的教学思想基础，在教学过程中，教师总是自觉或不自觉地受到它的影响和制约。实际上，一些高学历、高职称教师虽然才高八斗、学富五车，但学生反映教学效果并不好。这说明专业知识素养和教学理论素养不是同方向发展的，更不是同步提高的。不仅教师的专业知识素养不能替代教师理论素养，而且个人的实际教学经验也不等同于科学的教学理论。

教学理论，或称教学论，是一门专门研究教学规律的学科。早在 20 世纪 70 年代初，世界上一些高等教育发达的国家就开始组织大学教学的研究机构，开展大学教学理论的研究，并开设大学教学方法论课程，培养大学教师的教学理论素养。美国的大学纷纷设立专门的教学与学习中心，帮助教师重新考虑他们的教学方法；社会公众团体也积极为优良的教学提供基金；有的甚至通过立法予以保障。1975 年世界规模的“改进大学教师组织”（IUT）成立，并召开了多次国际性会议。世界各国高等教育经验表明：教师的教学理论素养已经引起了人们的普遍重视。提高教师教学理论素养，既是会计教育改革的需要，也是符合大学教学改革的世界性潮流的。笔者认为，会计教师单纯的专业型模式将成为过去，停留在教学经验上，也显得不够，会计教师必须尽快从“专业型”、“经验型”教师上升为具有一定教学理论素养的“教学研究型”教师。

为此，首先要做好的工作是普及教育学知识，提倡会计教师学习和研究教学理论，并将领悟到的心得体会运用到课堂教学中去。如果仅仅重视教学理论，未免目光过于“短浅”。我们的愿望是：通过了解国内外教学理论的发展，拓展会计教育改革视野，利用教学理论指导课程、教材建设。当前，会计课程之间界限不明确、交叉重复现象仍然存在，大量教材低水平重复是不争的事实。改变这种状况，可以借助于教学理论。我们要打破过去只就课程、教材评价课程、教材的简单做法，或者是靠简单思辨得到一套原理、原则进行改革的方式。要深入分析成功的典型的课程设置和教材编写过程，还要对不同类型学科的教材建设规律进行综合比较，以发现成功的课程设置是如何完成的，成功的教材是怎样产生的，以便于总结出有代表性的经验，指导会计课程、教材建设。另外，会计教学改革要改变由单一学科唱主角的模式，采取多学科、多兵种合成作战攻坚的方式。比如关于教材改革问题，就可以联合多种力量，即教育理论工作者、教师、教材管理和编辑工作者，甚至包括学生。多方面研究的横向交流，可以丰富和完善我们的改革思路，建立起一套行之有效的方法。在“第二次全国高校教学理论与教材建设学术讨论会”上，有的代表看了与自己专业和教材有关的交流讲义，感到很受启发，觉得教学与课程、教材建设不再是孤立的。

三

脱离实践，脱离学生，是我国会计教学改革的又一个重要弊端。首先，我国会计教学改革基本上是围着会计准则和制度转，所以教学内容大体处于“制度＋说明”状态，必然会导致两个方面的“并发症”：一方面，教材编写跳不出会计准则、制度框框，你有的内容，我写；你没有的内容，我不敢越雷池半步。学术上的缩手缩脚导致教材“平庸”，结果是名校与一般院校的教材在内容和结构上，大同小异，缺乏自己的风格，更谈不上“金牌”教材。另一方面，这种僵化写法，又使许多作者对国内外会计理论变化、会计实务发展熟视无睹，对学生的改革愿望与人才市场上出现的新课题更是不屑一顾。他们不讲会计的现实性和实用性；相反，却去追求会计学科体系的完美性和永恒性。教材编写导向失误，是造成教学偏离现实的一个重要原因。其次是现存的教师任用制度。当前高校会计教师以青年人居多，或者是留校任教的，或者是引进的硕士、博士生。说他们是“纯理论者”，是因为他们从学校到学校。由于他们远离会计实践，必然对实务操作不甚了解，在课堂教学和科研工作中，他们青睐“会计理论”也是身不由己。因而有人戏称他们是“理论内行、实务外行”。所教学生动手能力差也就不足为奇了，再加上会计模拟实验室模拟“失真”，实习流于形式等多种原因，我们的“教学航船”逐渐偏离了实践方向。

会计作为一门商业语言，本身是为经济服务的。离开实践的会计教学是没有生命力的。现在我们都在谈市场经济，市场经济中有一个重要关系——“供给与需求”的关系。供求状况影响着商品的价格，调剂着社会资源在各个生产部门、企业单位的分配，市场经济离不开供求关系。同样，高校会计教育也应该面向社会、面向市场，其中的关键是要解决好会计人才的“需要”与“适应”的问题。要把改革视线从适应准则、制度的变化，转向为社会培养合格的会计人才上来。“当前社会需要什么样的会计人才?”“什么样的会计人才是真正优秀的会计人才?”“我们的课程设置、教材建设如何去满足这些要求?”“在教法上又如何实施”等等。这些问题才是我们要去研究的。

总之，树立“会计人才市场”意识，以学生为本，加强会计教学的实务导向，是我们解决理论与实践脱节的一个重要手段，具体地可以采取以下措施：第一，把好教师聘用关。录用教师时，不能眼睛只盯住他们的学历、职称，还要考虑他们的实践工作经历和教学能力。第二，鼓励青年教师去会计师事务所兼职。由于会计师事务所接触面广的特点，它是教师熟悉业务、领会会计法规的最好去处。同时，也要解决好教师工作量计算、时间安排等问题，要把这项工作当成一项制度来抓。第三，提升会计实验课的地位。会计实验室模拟实习，是一个具有中国特色的会计教改产物，由于经费紧张、人员配置不齐等原因，使模拟“失真”。如果我们思想上重视，把会计实验课纳入核心专业课范围，随着资金投入，会计模拟实习完全可以成为我国会计教育改革的“亮点”。第四，改进会计电算化教学内容。我们的教学过分强调系统设计和编程能力，而不注重相关软件，尤其是财务软件的运用能力，改革的目的就是要让学生学会常用软件，包括财务软件的操作。第五，加强实习领导。有的学校实习有“放鸭子”现象，是因为管理跟不上。除了制订详细实习计划外，还要加强实习过程中的管理，以及实习结束后的考核工作。第六，开展丰富多彩的教法和活动。如推行案例教学，适当开展讨论课，组织学生写小论文等形式，还可以聘请有丰富实务经验的会计工作者为兼职教授，点评当前会计热点。只要我们教学及其改革以学生为中心，以人才需要市场为导向，扎扎实实做好以上工作，那么教学脱离实践、脱离学生的问题，将不再成为我们今后的话题。

（郭强华、周琴）

会计创新教育模式与教法

放眼世界各国的高等教育改革，以美日为首的发达国家正高举“创新教育”的大旗。

20世纪70年代，美国教育界提出了培养具有创新精神的跨世纪人才的目标。

20世纪80年代，日本把发展创造能力视为国策，提出了“创造科技立国”的口号，在具体教学过程中，把对学生创造力的培养作为日本通向21世纪的教育目标。

20世纪90年代，江泽民同志高瞻远瞩，指出：“创新是一个民族的灵魂，是一个国家兴旺发达的不竭动力。”

随后，“创新”一词频繁出现在媒体上，那么，何为创新？会计教育是否需要创新教育？又如何实施？本文就当前教育的热点问题，结合会计教育特点以及自己多年教学体会做些探讨。

一　创新教育的含义及实施的必要性

“创新”是个外来词，来自英文Innovation，《韦氏词典》所下的定义是：引入新概念、新东西和革新。美籍奥地利经济学家熊彼特在1912年的《经济发展理论》中，首次提出了“创新理论”。根据他的理论，“创新”指的是建立一种新的生产函数，在经济生活中引入新的思想、方法，实现生产要素新的组合。他的理论构成了现代创新研究的基础，也是国家创新体系（NIS）的研究起点。NIS的主要内容是三大工程：一是技术创新工程；二是“211”工程；三是知识创新工程。这一国家创新体系的基础就是教育，就是要通过教育培养具有创新精神的人才。基于以上认识，笔者认为，创新教育是以培养人的创新精神和创新能力为基本价值取向的教育，创新教育的目标在于培养富有创造性的学生。

会计教育为什么需要创新，这是由全国教育形势大环境和会计教育内部日益突出的矛盾所决定的。会计教育所取得的成绩是巨大的，但也存在不足和薄弱环节。据调查，海外会计学者、国内实务界人士对大陆会计专业学生的评价是：有两个优势和两个不足。两个优势是：其一是有良好的学习态度和较扎实的专业基础知识；其二是学生的应试能力较强，无论是国内的CPA考试，还是国际的ACCA考试，成绩都很好。两个不足是：其一，学生动手能力、实际操作能力较差；其二，尤其缺乏创新精神和应变的能力。其实，这不仅仅是会计类学生的问题，也是其他科类学生的通病。为此，必须转变那种妨碍学生创新精神和创新能力发展的教育观念、教育模式，特别是由教师单向灌输知识，以考试分数作为衡量教育成果的唯一标准，以及过于划一呆板的教育教学制度。会计教育创新应该包括教育观念创新、教育模式创新、教学内容创新、教学方法创新、教育评价创新和教育教学制度创新。当然，创新教育同样重视知识的积累，但更强调合理的知识结构；同样强调培养学生的各种能力，但更强调对学生创新能力的培养。在教学上，并非特殊的或标新立异，它与传统的教法并不冲突，而能相辅相成、相得益彰。

二　实施会计创新教育的思路

（一）树立教师创新教育的观念

观念的更新是一切改革的先导。实施会计创新教育，首先要大力提倡教师发扬创新精神，提高创新能力，掌握创新性思维和创新方法。如果说创新教育是会计教育追求的目标，那么学习和研究教育理论将为我们插上理想的翅膀。但是，长期以来，我们的教师偏重于会计理论的研究，却忽视了会计教育理论的研究。以《会计研究》为例，内容是“就会计改会计”，而不是把会计教育改革融入当前如火如荼的教育改革发展的潮流中。由于教师缺乏对教学理论的研究，所以他们对教育学知识知之甚少，再加上编写教材摆脱不了“制度+说明”的框框。课堂教学呆板、枯燥乏味也就不足为奇了。因此，会计教师必须尽快从

“专业型”教师，转变为具有一定教学理论素养的“教学研究型”教师。

（二）建立创新教育机制

清华大学学生在教育观念大讨论中说：我们进清华前都是各省市区中学的尖子，出清华时不知不觉都几乎成了一个模样。这道出了目前教育管理体制的弊病：该管的没管好，不该管的管不好。例如，尽管我们推行了学分制，但会计主干课程偏多，可供学生选择的选修课偏少；会计专业设置划分过细，既有会计专业，又有审计、国际会计、财务管理、注册会计师专门化等专业，而所学课程相差无几。这样，学生的知识面越来越狭窄，可供发展的个人“空间”也随之缩小。而个性是创造力的核心，没有个性就没有创造力，缺乏个性就缺乏创造力。为此，会计教育要重构人才培养模式，建立以获取知识为基础，以开发智能为手段，以发展创新能力为核心，以提高综合素质为目标的人才培养范式。且看一些高校的改革创举：清华大学的“分流培养”、“本、硕统一培养”；南京大学的“三融一体”（即融业务培养与素质培养为一体，融知识传授与能力培养为一体，融教学与科研为一体）、“以重点学科为依托，按学科群打基础，按一级学科方向分流，贯通本科和研究生教育”；浙江大学的“KAQ 模式”（即知识、能力、素质并进的培养模式）等都是有益的探索。

当前，提高学生创新能力，有一个切实可行的办法，笔者建议建立“创新”学分，所谓“创新”学分是指将学生的设计论文等创新成果用学分进行考核的方法。建议 8 个学期给定 8 个创新学分，即每学期给定 1 个“创新”学分，“创新”学分占教学计划总学分的 5% 左右。创新成果只有经院系组成的专家组评审通过后，学生才能拿到创新学分。

（三）创新会计课程体系

我国的会计课程体系改革走的是一条知识添加型老路，20 世纪六七十年代，我国会计课程体系沿用的是苏联 20 世纪 50 年代的模式，是以“会计原理”、“工业会计”、“财务管理”和“经济活动分析”为主干课程，通称“老四门”。20 世纪 80 年代初，上海财经大学、中南财经大学掀起了第一次教改热潮，改革结果把“老四门”改为“新五门”，即“基础会计”、“财务会计”、“成本会计”、“管理会计”和“审计学”。第二次教改浪潮在“两则”颁布后，原有的分部门、分行业、分所有制的会计模式被打破，揭开了按照市场经济要求，向国际惯例接轨的变革序幕。会计课程体系改革结果分为初级会计、中级会计、高级会计。会计核心专业课又由“五门”变为“七门”，即“初级会计学”（或“基础会计”）、“中级财务会计”（或“财务会计”）、“高级财务会计”、“成本会计”、“管理会计”、“审计学”、“财务管理”。不难看出，我们课程改革的处方就是添汤加料。这种增加新课、改造老课的做法，使课程设置越改越多，原先遗留的内容重复交叉问题还没有得到解决，又增添了专业课比重过大、知识结构不合理的新问题。改革陷入了思维定式的泥淖！笔者认为，实施会计创新教育的突破口就是要选择在课程体系改革上，它不应是一般的改善或修补，而是指打破旧有课程体系框架，向建立新课程体系模型的转变，是一种以指向未来特定会计教育目标来改进教育实践的有意识尝试。在进行具体课程设置时，笔者的总体设计思路是：强调基础，精练专业理论，重视实践，发展学生个性，朝一专多能方向发展。具体设想是：以零基法来设计课程，即不以原有的课程体系作为根据和基础，而是一切以零为起点去考虑，建立多向主体的系统的课程结构。这种做法难度颇大，但并不是没有先例，1991 年，美国南加州大学会计学院实施新的课程计划，证明这种方法是可行的。最近，又从联合国传来消息——新的全球会计课程体系产生。如果认为创新有难度，我们可以先走课程整合之路作为过渡，具体来说：①公共基础课之间的整合；②公共基础课与专业基础课之间的整合；③专业基础课之间的整合；④专业基础课与专业课之间的整合；⑤专业课之间的整合。

（四）确立以学生发展为目标，以考试能力为核心的新的评价观

会计考题大都是账务处理题，学生只要把老师所讲的，课本上所写的，凭记忆复述一遍，就能取得好成绩，这种考试方式只锻炼了学生的记忆力，而对他们的创造性则是一种扼杀。考后，不少学生仍然不明白各种会计处理背后深层次的原理。有的学生直到毕业时还不能把握会计处理的精髓，毕业后才从实务中慢慢找到“感觉”。这说明我们的评价标准出了问题，由谁来评价？笔者认为，除了教师之外，教学评价主体还必须包括每一个学生，因为只有他们最清楚教学效果的好坏。新的评价观的价值取向首先要满足社会对会计人才素质的要求；其次还应满足学生发展的需要。它应该是评价标准多元性、评价方法和手段多样化的。评价对象也不再局限于学生，而是由教师、学生、教学内容和教法等教学系统要素所构成。

三 会计创新教学原则

教育家第斯多惠说过："一个不好的教师是奉送真理，而一个好的教师则是教人发现真理。"如何在教学中体现创新教育特点，笔者认为应掌握好以下原则：

（一）学生主体性原则

即教师必须努力使学生真正成为课堂的主人、学习的主人。这就要求教师要"精讲"，要留给学生足够思考的时间和空间。

（二）平等原则

就是要创造一个自由、安全、和谐的课堂氛围。

（三）教法多样化原则

教学中可交替使用启发式教法、讨论式教法、案例教法、"自学+教师辅导"教法等。笔者曾经尝试过学生"当一次课任教师活动"。由学生自己写教案，自己讲，效果不错。

（四）激发创新意识原则

例如，笔者在讲到会计科目设置时，要求学生设计一套个人日常生活开支会计科目表。然后分组，相互评判各自方案的优劣。通过设计，学生明确了科目设置的原则，以及科目之间的不能重复交叉的道理。

（五）个性化原则

例如，鼓励学生提出自己的观点，不排斥学生的失败和错误，引导学生从错误中学习，从失败中获得经验；改进成绩评价方法；奖励学生创造行为；等等。

四 会计创新教学的模式

创新教育是否需要一个固定模式供教师遵循呢？笔者认为，创新教学的模式，就像创新思维教学本身一样，是多样的、多变的，并没有固定模式可言，每位教师可根据自己的需要与实际情况，撷取或创造属于自己的教学模式。但是，笔者也认为建立一套创新教学的模式，能为教师实施创新教学提供参考，以便他们举一反三、触类旁通，使创新教学更易实施。

我们按照创新教育的要求，借鉴国内外教学模式建构的理论和实践，提出了“问、想、做、评”的四步教学模式，如图 1 所示。

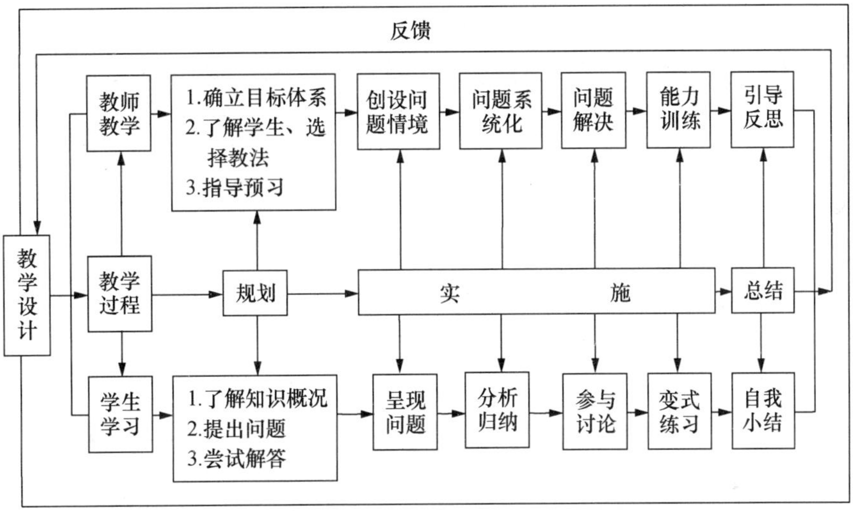

图 1 四步教学模式

（一）问

教师设计或安排问题的情境，提出创造性思维的问题，也就是提供学生创造性思维与解决问题的机会。

（二）想

教师提出问题后，应鼓励学生自由联想、发散思维，并给予学生思考的时间，以寻求创新。

（三）做

利用各种活动方式，让学生做中学，边想边做，从实际活动中寻求解决问题的方式，并且付诸行动。在这一阶段中，不同的活动方式，是指写、说、演示、练习等实际操作或活动。

（四）评

评即指师生共同制定评估标准，共同评鉴，选取最适当的答案，相互欣赏尊重，使创造性思维由萌芽而进入实用的阶段。在此阶段强调的是师生相互的反馈与尊重。

五 《银行会计》教法案例

以《银行会计》课“金融企业往来”的“商业银行往来核算”教学为例。教师首先介绍金融企业往来的概念，以及核算的内容之后发问。

问：

（一）“先横后直”或“先直后横”的划款方式在什么情况下发生？“横”和“直”的含义有什么不同？

（二）列举“横”、“直”所代表的会计科目，比较它们的账务处理特点。

（三）本节分录繁多，你是通过怎样理解或总结来掌握本节内容的？

……

想：留一节课时间让学生自习、思考。

说：鼓励学生勇于发表意见。

例如，甲学生：采用“先直后横”或“先横后直”的划款方式，关键看汇出行是双设机构还是单设机构。如果汇出行是双设机构则采用“先横后直”；反之，则采用“先直后横”。

乙学生：“横”表示跨系统款项划拨，会计科目为“同业往来”；“直”表示本系统的联行款项划拨，会计科目为“联行往来”。

丙学生：了解了双设机构和单设机构的概念，理解了“先直后横”和“先横后直”的划款方式，就掌握了本节内容。

评：教师对于表达有误的予以纠正，对于回答奇特而又合理的给予表扬，并作小结。

教师：异地商业银行往来需要借助“第三者”划款，该银行所处地理位置不同决定了不同的划款方式。如果汇出行与该行同处一地即双设机构，则采用“先横后直”；反之，则“先直后横”。并画图演示商业银行往来核算程序，简述甲地农行、工行和乙地工行会计分录。如图2所示。

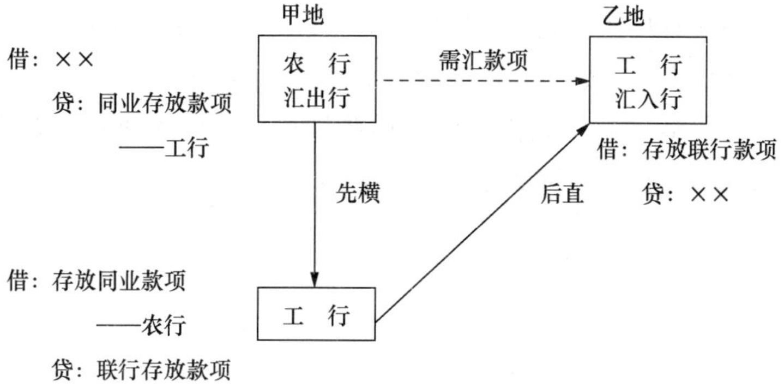

图2 商业银行往来核算程序

问：深入、递进发问：

教师：如果甲、乙两地均为单设机构地区，即在甲、乙两地既无工行也无农行，甲农行怎么划款？

说：学生掌握了前述划款方式后，自然联想到去寻找有工行、农行的第三地区。

评：经过多名同学发散思维，加以教师引导、归纳，终于导出“先直后横再直”的划款方式，如图3所示。而分录已在学生预习、教师点评中解决了，此处不再作为重点讲述内容。

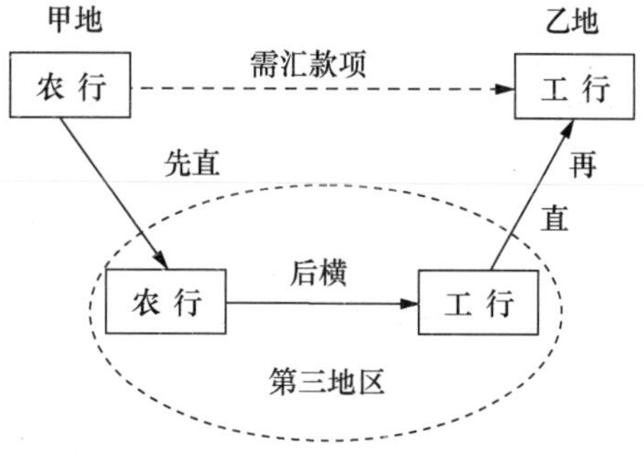

图3 “先直后横再直”划款方式

练：教师布置练习，巩固、检验学生学习效果。

需要说明的是：

①此模式可变化，如问、想、说、问、想、说、练……

②发问要有技巧，既要能抓住教材重点，又不能太直露。

③既要认真钻研教材，还要设计恰当的教学步骤。

如先提什么问题？如何提问？哪些详讲？哪些略讲？布置多少练习？时间如何安排等。都要做周密安排。

会计教学模式创新研究

会计教学如何培养创新人才是一个很复杂的问题，这里仅就教学模式的变革问题进行探讨，因为这是人才培养活动中最基本、最直接、最核心的组成部分。当前，现行的会计教学模式基本上还是传统的，不利于创新人才培养，要造就大量的创新人才，必须从改革传统会计教学模式入手。

一　学生是如何评价会计课堂教学的

多年来，在会计教育改革中，教师无疑是改革的主力军，因而他们常常开出改革“处方”，却“不闻不问”学生是否乐于接受，教师似乎遗忘了教学的另一主体——学生。2004 年我们从学生的角度出发，调查宁波大学会计系本科生对本校会计教育现状的态度，了解他们对会计教育改革的要求与期望。问卷共发放 100 份，被调查者为宁波大学一年级至四年级的会计系本科生。

在具体被问及“你认为目前我校会计教育迫切需要解决的问题”时，有 57% 的学生认为“应改革课堂教学形式”，57% 的学生认为“应提高师资水平”，33% 的学生认为“应重新编制教材”，16% 的学生认为“应重新设置会计课程”。许多学生反映，会计教学枯燥无味是造成学生平时逃课、考前“烧油”的“罪魁祸首”，大学教育应教会学生一些思考问题和追求学问实质的方法。从改革愿望看，有 56% 的学生希望能引进案例教学法，多进行一些实务操作。与此同时，也有 33% 的学生觉得目前课堂授课方式陈旧死板，学生在课堂上只有扮演配角，很少有机会自由发表自己的观点，难以激发学生的学术研究热情，他们渴望能像老师一样走上讲台一展风采。另有 35% 的学生选择“自学 + 老师讲解”，这种选择反映出学生学习的自主性加强了。

如果说单一样本调查还不足以反映问题的话，之后我们对全国会计教育现状进行了一次较为全面的调查。我们的调查是以全国 14 所高校会计专业学生为总体，为了使样本具有代表性，我们从我国的东部、西部、南方和北方的院校中选取，并尽量从有博士点、硕士点的高校中选取。所选取院校性质包括综合类院校，如中国人民大学、厦门大学等；财经类院校，如天津财经大学、中南财经大学、东北财经大学、上海财经大学等；部属类院校，如上海海运学院、杭州电子工学院等。发出 1160 份问卷，回收有效问卷 1011 份，有效回收率 87%。

其中，关于会计教育现状的总体评价。调查结果显示，认为“很好”、“较好”的同学共有 39.37%，认为“一般”的占 44.81%，说明会计教育现状总体评价是令人满意的，但是问题也不少。调查中，学生对教师整体素质是满意的（50.84%）。学生最不满意的是“教育方式呆板”（42.39%）。学生反映会计教师首先要“提高教学水平”（26.45%）。反映了教师素质较高与课堂教学效果较差的“两张皮”现象。

二　为什么我们的教师能写高质量论文却得不到课堂喝彩

不少人认为提高教学水平就是提高教师的学历、职称。这是把教师的专业知识与教师的教学素养画等号。教师的理论功底和专业知识固然是搞好教学的首要条件，但绝不能忽视教师教学素养的提高。这是因为教学理论是发展教师教学能力的前提条件，也是实施发展学生能力的教学思想基础，在教学过程中，教师总是自觉或不自觉地受到它的影响或制约。实际上，一些高学历、高职称教师虽然才高八斗、学富五车，但学生反映其教学效果并不好。这说明专业知识素养和教学理论素养不是同方向发展的，更不是同步提高的。不仅教师的专业知识素养不能替代教师理论素养，而且个人的实际教学经验也不等同于科学的教学理论。

教学理论，或称教学论，是一门专门研究教学规律的学科。早在 20 世纪 70 年代初，世界上一些高等教育发达的国家就开始组织大学教学的研究机构，开展大学教学理论的研究，并开设大学教学方法论课程，培养大学教师的教学理论素养。美国的大学纷纷设立专门的教学与学习中心，帮助教师重新考虑他们的教学方法；社会公众团体也积极为优良的教学提供基金；有的甚至通过立法予以保障。1975 年世界规模的“改进大学教师组织”（IUT）成立，并召开了多次国际性会议。世界各国高等教育经验表明：教师的教学理论素养已经引起了人们的普遍重视。提高教师教学理论素养，既是会计教育改革的需要，也是符合大学教学改革的世界性潮流的。笔者认为，会计教师单纯的专业型模式将成为过去，停留在教学经验上，也显得不够，会计教师必须尽快从“专业型”、“经验型”教师上升为具有一定教学理论素养的“教学研究型”教师。为此，我们要重视教学理论知识的普及，提倡会计教师学习和研究教学理论，并将领悟到的心得体会运用到课堂教学中去。如果仅仅重视教学理论，未免目光过于“短浅”。我们的愿望是：通过了解国内外教学理论的发展，拓展会计教育改革视野，利用教学理论指导课程、教材建设，创新会计人才培养模式。人才培养模式改革的核心是教学模式改革，如果教学模式因循守旧，就谈不上提高教学质量。

三　会计课堂教学有模式可循吗

会计教学到底要不要模式，也许还存有争议，但也不再是一个玄奥无解的命题。南宋军事家岳飞认为：“阵而后战，兵法之常；运用之妙，存乎一心。”（《宋史·岳飞传》）其含义是说作战自有作战的常规，作战自有作战的模式，实践的神效决定于富有心智的战式运筹和调控。兵法论告诉我们：模式是决定事业成败的要素。军事上如此，教育上同样如此，“教学有法，教无定法”的提出，显然是在调和“按部就班”与“天马行空”的两极对立中确证了模式的客观存在，因此，我们应该全面深刻地认识模式在会计教学中的地位和作用。

（一）模式即智慧

模式这一概念是由模型转化而来的，“模型”一词来源于拉丁文 Modulus，基本含义是指尺度、样本和标准。教学模式是众多教师的经验总结，包含了教师们多年研究的智慧，从这一点上可以说，模式即智慧的化身。

（二）模式即风格

正像世界上没有两片完全一样的树叶一样，各种模式也都别具风格，它们自诞生起就以其鲜明的特色而独立、自成一派。课堂教学模式在一定程度上，体现了执教者独特的人格魅力和个性风范。

（三）模式即效益

课堂教学效益的提高越来越迫切地需要实现课堂教学模式的引进，因为课堂教学模式本身就是教育理论与教学实践契合的结晶，它历经了科学的验证和系统的改良，所以，在一定程度上模式的选择也即效益的确定，模式的推广也即效益的放大，要实现课堂效益的提高乃至教学的可持续发展，离开课堂教学模式的运用是不可想象的。弗吉尼亚大学的冈特等在《教学，一种模式观》一书中指出：所谓教学模式，就是指“导向特定的学习结果的一步步的程序”。由此可以看出，它是一组综合性的成分，这些成分能用来规定完成有效的教学任务中的各种活动和功能的序列，从而使课堂效益的实现得到保证。

国内外学者对高校教学模式多有探讨。如有的学者提出的信息处理模式、人格发展模式、社会交往模式、行为强化模式；国内学者提出的自学—指导教学模式、目标—导控教学模式、问题—探究教学模式、情—知互促教学模式等。由此可见，虽然目前会计课堂教学成功模式并不多见，但也不乏经验总结。比如重庆工商大学的《立体交互式会计教学模式研究》引起了《科技日报》等有关媒体的关注，并受到好评。

四　会计课堂教学模式创新设计案例

（一）“自主开放式教学模式”

“教无定法”是指教师传授知识的方法和途径不是单一的，而是多种多样的。每位教师、每一门学科，由于自身的特殊性，不可能用统一的方法来把知识传授给学生。但是，每一个知识点的传授、掌握，又必须通过一定的程式来达到目的。目前不少财经类院校有会计自主学习课程，现提供一项我们的教学案例，教师可以在此基础上变通发展。

1. 展示教学目标（10 分钟）

根据教学内容，课前布置预习目标，上课时展示学习目标。

目的：培养学生学习的目的性和针对性，培养学生收集整理信息的能力。

关键问题：要依据课程标准和教学目标，分层次提出对不同知识点的要求。

处理方式：投影活动或口头布置。

主体：教师。

2. 学生自主探究（20 分钟）

目的：培养学生的自学能力和归纳、总结、整理、系统知识的能力。

关键问题：一定要保证学生的自学时间，一定要督促学生学习。

学生自主探究是基于自主性学习的教学模式的中心环节和重要阶段。在这一环节和阶段里，学生在教师的引导下，可以主动地、自由地、创造性地开展探究活动。学生自主探究的过程是：借用背景材料——形成问题——研究问题——解决问题。背景材料可由教师为学生提供，学生将这些背景材料作为学习资源和学习线索，在此基础上学生发现和形成问题，并确定解决问题的方式方法。

3. 学生归纳（20 分钟）

目的：培养学生从整体上把握知识的能力。

关键问题：使学生初步梳理系统知识。

处理方式：学生发言，教师整理总结、板书。

做到：能让学生表达的，尽量让学生表达；能让学生作结论的，尽量让学生作结论。

活动主体：学生

4. 课堂讨论（20 分钟）

讨论并解决问题是自主式教学模式的主要环节，该环节的成败取决于教师的“导演”、学生的课前准备和课堂思维能力。教师要根据课堂上学生的实际进程做及时的调适，这个过程中，教师除了尽到“编导”的职能外，也应该以普通“演员”的身份进入角色，从而激活课堂的民主气氛，让学生真正在信息的海洋中徜徉；同时对于在问题讨论过程中学生的创造性意见，教师要及时给予鼓励和表扬，提倡学生另辟蹊径，从而真正实现注重个性，塑造学生健康向上的善于探索和创新的人格。

5. 师生总结提炼，提高自主艺术（20 分钟）

总结评价可由教师进行，也可由学生进行。总结评价的过程实际上也是一个总结升华的过程，所以，由学生进行总结评价，则更能促使学生自主学习能力的提高。

6. 布置适量作业，培养自主素质（10 分钟）

布置预习参考提纲。在本堂课下课前，告诉学生将要学习的内容，并以问题的形式要求学生编制分层次提纲，让学生根据提纲，结合课本内容，通过查阅书刊、网上查询、请教专家等渠道去广泛收集相关知识，积累更多的“第一手资料”，做到“有案可稽”。

（二）“快乐教学模式”

所谓快乐教学模式，就是在课堂上通过学生的引导，能够调动学生的学习积极性，从而取得良好教学效果的一种教学方法。快乐教学模式的特点：一是要面对全部学生而不是个别学生；二是要调动学生的内在学习动力；三是要取得良好的教学效果。要运用好快乐教学方法，教师本身必须具备一定的条件和素质：

（1）教师要有快乐的心境，愉悦的心情，要热爱自己的事业，对教学充满激情。

（2）教师要懂得幽默，会运用幽默风趣的语言，把课堂气氛搞得轻松愉快，吸引学生的注意力，增强学生的学习兴趣。

（3）教师要有丰富的课外知识，博才多学。上知天文下知地理，古今中外，旧事新闻，尤其是有关经济方面的实际案例，能信手拈来，灵活运用到课堂教学中。因此，教师必须多看书看报，有意识地收集与教学有关的资料和信息。

（4）教师要有较强的应变能力。对教学中出现的意外情况应能见机行事，随机应变，以免影响课堂教学。

（5）教师要注意多与学生交流，增强课堂的互动性。真心对待学生，把学生放在教学的主要地位。把教与学有机地融合在一起，调动学生参与教学的积极性。

快乐教学模式具有以下几个基本特征：

（1）方式——体现自主性。它以提出问题为出发点，以解决问题为根本。快乐学习自始至终都以学生为主体，最大限度地发展创新思想、实践能力和个性特长。着力营造有利于师生、生生多向交往、信息畅通、心灵接触、情感共鸣、思想共振的教学场面。

（2）内容——具有趣味性。在教学过程中，在引导学生进行对教学材料理性加工的同时，发掘其中的情感因素，创设教学中浓浓的情意气氛，促进兴趣。

（3）教师——凸显服务性。教学模式强调的是“快乐发现”知识的过程、独立解决问题的能力和主动探究的精神。教师的服务性逐渐凸显：由传统的管理者、解释者和评判者转变为合作者、协调者和服务者，师生关系成了共同解决问题、探究难题的伙伴关系。

其操作策略是：

第一阶段：以趣激学，引发动机，展示目标。比如，在《中级财务会计》中，作者讲“在建工程”和“固定资产”是这样开头的：

两个美眉购物时在对话：

“喂，你最近忙什么呢？”

“你没看我在大买特买吗？我在做在建工程账目呀！”

“哇，什么时候开始的呀？”

“我们谈恋爱的时候就开始了哦。”

外行的你们能听懂她们的话吗？其实，她们说的是我们会计“行话”，在这两个会计美眉言谈中，涉及了两个会计账户——“在建工程”和“固定资产”。在她们眼里，与男朋友谈恋爱过程中的购物支出就放在“在建工程”下，等男朋友转变成老公了，她们就可以把“在建工程”转为“固定资产”（老公）记账了。

第二阶段：以趣导学，组织认知，掌握目标。教师要善于设置问题或启发学生提问题，以疑启学，强化学生学习兴趣，并营造和谐、民主、合作、愉悦的氛围，激励学生更加积极主动地投入学习。

比如，在讲平均折旧和加速折旧时，作者举例：如果你问一位会计美眉，你结婚了吗？如果她说“我现在是平均折旧期”，则说明她可能未婚。如果她说“我已经加速折旧了”，则说明她已经嫁人。原因分析如下：

固定资产折旧的计算方法有年限平均法和加速折旧法两种。会计美眉对于数字的敏感往往使她们对于自身价值的计算近于苛求。过了25

岁的花样年华，就开始进入折旧期。在她们看来，婚前也许可以使用年限平均法折旧，但是结了婚就成了加速折旧。按照使用年限平均折旧法来计算，如果使用年限为10年，每年的折旧是10%，那么美眉第一年的身价为10万元，第二年的身价就是9万元。但如果按照加速折旧法来计算，第一年是10万元，第二年就很可能只剩下5万元的价值了。对于女性来讲，这样的“折旧”计算法，哇，好恐怖！

第三阶段：以成励学，适时评价，反馈目标。在教学中教师要对学生的学习状态、过程和效果适时地做出评价，并采取相应手段及时回授信息，让学生知道学习上的进步，体会学有所得，再通过巧设课外益智、有趣的作业，独立完成，使其获得成功的愉悦感，以成励学，更好地培养兴趣，保持旺盛的求知欲。比如在上《会计原理》课讲到会计科目这节内容时，为了让学生有直接感觉，作者要求学生设计“我的大学生活会计科目表”，针对大学生谈恋爱现象比较普遍，而学生设计遗漏的情况，笔者建议热恋男生应该设置“花前月下费”，以控制谈恋爱的开支；而女生爱美可以设置“人体包装费”反映扮靓支出。

我们形象地把快乐教学表述为三句话：“课开始，乐趣生；课进行，乐趣浓；课结束，乐趣存。”

四面出击　创新会计教育

一　树立教师创新教育的观念

观念的更新是一切改革的先导。要大力提倡教师发扬创新精神，提高创新能力，掌握创新性思维和创新方法。长期以来，教师们偏重于会计理论研究，忽视了会计教育理论研究。课堂教学呆板、枯燥乏味。因此，会计教师必须尽快从“专业型”教师，转变为具有一定教学理论素养的“教学研究型”教师。

二　建立创新教育机制

清华大学学生在教育观念大讨论中说：我们进清华前都是各省市区中学的尖子，出清华时不知不觉都成了一个模样。这说明了目前教育管理体制的弊病。尽管我们推行了学分制，但会计主干课程偏多，可供学生选择的选修课偏少；会计专业设置划分过细，而所学课程相差无几。这样，学生的知识面越来越窄，可供发展的个人“空间”也随之缩小。为此，会计教育要以获取知识为基础，以开发智能为手段，以发展创新能力为核心，以提高综合素质为目标。清华大学的“分流培养”、“本、硕统一培养”；南京大学的“三融一体”（即融业务培养与素质培养为一体，融知识传授与能力培养为一体，融教学与科研为一体）、“以重点学科为依托，按学科群打基础，按一级学科方向分流，贯通本科和研究生教育”；浙江大学的“KAQ 模式”（即知识、能力、素质并进的培养模式）等都是有益的探索。当前，提高学生创新能力的一个切实可行的办法是建立“创新”学分，即将学生的设计论文等创新成果用学分进行考核。每学期给定1个“创新”学分，“创新”学分占教学计划总学分的5%左右。创新成果经院系组成的专家组评审通过后，学生才能拿到创新学分。

三　创新会计课程体系

我国的会计课程体系改革是知识添加型。20世纪70年代，我国会计课程体系，是以“会计原理”、“工业会计”、“财务管理”和“经济活动分析”为主干课程，通称“老四门”。20世纪80年代初，上海财经大学、中南财经大学掀起了第一次教改热潮，把“老四门”改为“新五门”，第二次教改浪潮在“两则”颁布后，会计课程体系改革成为初级会计、中级会计、高级会计。会计核心专业课又由“五门”变为“七门”，即“初级会计学”（或“基础会计”）、“中级财务会计”（或“财务会计”）、“高级财务会计”、“成本会计”、“管理会计”、“审计学”、“财务管理”。可以看到，我们课程改革的处方就是添汤加料。这种增加新课、改造老课的做法，使课程设置越改越多，原先的内容重复交叉问题没有得到解决，又增添了专业课比重过大、知识结构不合理的新问题。我认为实施会计创新教育的突破口就是要选择在课程体系改革上，它不应是一般的改善或修补，而是打破旧课程体系框架，建立新课程体系。在进行具体课程设置时，笔者的总体思路是：强调基础，精练专业理论，重视实践，发展学生个性，朝一专多能方向发展。具体设想是：以零基法来设计课程，不以原有的课程体系作为根据和基础，一切以零为起点去考虑，建立多向主体的系统的课程结构。这种做法难度颇大，如果认为创新有难度，我们可以先走课程整合之路作为过渡，具体包括：①公共基础课之间的整合；②公共基础课与专业基础课之间的整合；③专业基础课之间的整合；④专业基础课与专业课之间的整合；⑤专业课之间的整合。

四　确立以学生发展为目标，以考试能力为核心的新的评价观

会计考题大都是账务处理题，这种考试方式只锻炼了学生的记忆力，而对他们的创造性是一种扼杀。有的学生直到毕业时还不能把握会计处理的精髓。这说明我们的评价标准出了问题。笔者认为，教学评价主体必须包括教师和每一个学生，他们最清楚教学效果的好坏。新的评价观的价值取向要满足社会对会计人才素质的要求；应满足学生发展的需要。它应该是评价标准多元性、评价方法和手段多样化的。评价对象也不再局限于学生，而是由教师、学生、教学内容和教法等教学系统要素所构成。

中美现代会计教育改革比较研究

20世纪80年代初，我国高校进行了不同程度的会计教育改革，至今已有十多年了，在世纪之交，会计教育改革走向何方，是广大会计教育工作者深思的问题。无独有偶，美国也在进行这方面的改革，本着借鉴的目的，本文对中美会计教育改革的几个方面进行了一番比较，以期拓展改革视野。

一 中美会计教育改革的由来

20世纪80年代后期，美国进行了一次重大的会计教育改革，当时美国的会计实务出现了下列发展趋势：（1）各类会计实务日趋复杂；（2）会计师的职责范围不断扩大；（3）会计业务准则不断增多；（4）迫切需要进一步加强各类机构的内部机制制度；（5）广泛运用先进的计算机技术。而美国的会计教育当时却未能及时适应上述发展趋势。因此，出现了学校过于偏重培养学生专业能力，课程设置和教学方法与实践相脱离，学生毕业后缺乏实际工作能力的现象，针对这种状况，美国最大的八家会计师事务所在1989年共同出资，与美国会计学会联合组成了旨在领导和推动美国会计教育改革的“会计教育改革委员会”（AECC），并由此揭开了以改革会计教育方法和课程设置为重点的美国会计教育改革的帷幕。

新中国成立后，全盘照搬了苏联20世纪50年代的会计学科体系，几十年来变化不大。这套旧的学科体系以“会计原理”、“工业会计”（或“专业会计”）、“财务管理”和“经济活动分析”为主课程，通称为“老四门”，存在内容重复陈旧、理论的系统性不强、逻辑性差等缺点，已越来越不能适应经济发展对会计的要求。党的十一届三中全会以后开始的国家经济体制改革给经济社会的各个领域带来了巨大变化，为会计教育创造了生机。上海财经大学和中南财经大学率先于 1981 年和 1982 年开始了教学改革，并于 1983 年在财政部所属院校会计专业教改座谈会上，分别提出了会计专业本科教改方案，1987 年中国会计学会成立了“会计教育改革研究组”，从而拉开了我国高校会计教育改革的序幕。

由此可见，近十多年来中美两国会计教育改革时间表相差无几，但美国会计教育改革的起点较高。这是因为，首先，美国是个市场经济高度发达的国家，经济的发展促进了会计教育的发展，形成了一套完善的会计学科体系和课程设置，而我国当时处在计划经济时期，会计教育相对落后，会计教育改革不可能超越计划经济范畴。其次，美国的教改层次较高，其改革课题是会计教育如何适应不断发展变化的会计职业需要，体现了会计教育与经济、社会发展的关系。我国的会计教育改革则是旨在摆脱苏联模式的影响，达到了调整会计学科体系的目的。中美两国会计教育改革的相同点是，都以课程设置和教学方法改革为突破口。

二　中美会计教育改革方法

“美国会计教育改革委员会”作为教改的主要领导机构，主要开展以下两项工作：一是确立会计教育改革的基本目标和指导思想；二是建立新的会计教育方法和课程体系。对于第一项工作，“美国会计教育改革委员会”采取与美国会计学会、注册会计师协会等民间社团联合发布公报形式，阐述会计教改目标和指导思想。对于第二项工作，他们采取了“自由设计、专家评估、择优资助”的方式，即对学校提出的不同教改方案，由“改革委员会”下设的一个 18 人专家小组负责进行评估，并选择若干个方案，由其资助，在有关学校试点取得经验后逐步推广。

我国财政机关作为政府的会计管理部门，直接领导会计教育改革，负责组织制定和修改财经类大中专学校的会计教学计划、教学大纲、审定会计专业教材，这些学校的会计教学方式、课程设置和教材体系又影响着其他学校。此外，中国会计学会会计教育改革组定期举办会议，分析会计教育现状、总结教改经验、研究并吸收国外会计教育可资借鉴的做法，也进一步推动了会计教育改革。中美两国会计教育改革方法的不同之处是：第一，我国政府会计管理机关参与程度较深，而来自实务界和民间社团组织（如中国注册会计师协会）的“热情”不够；相反，美国著名的八家会计师事务所、美国会计协会（AAA）、管理会计协会（MAA）、财务经理会等组织却给予教改高度支持，与我国形成鲜明对比。第二，美国会计教育改革形成了一套完整机制，从确定改革目标、指导思想——组织专家评估选优——资财试点——考核推广，科学系统、组织严密。反观我国会计教育改革，虽然有财政部牵头负责，但没有设置会计教育改革领导机构，缺乏直接领导，也就谈不上教育改革的整体规划和部署；另外，在我国会计教育改革中，扮演重要角色的“会计教育改革组”由于缺乏“权威”和资金也不能与“美国会计教育改革委员会”相提并论，所以要深化会计教育改革，首先就要加强会计教育改革力量。第三，美国会计教育改革得到政府尤其是会计实务界的支持，资金来源雄厚，以美国南加州大学会计系教育改革为例，有来自基金会的25万美元和政府计划的24.5万美元的支持；我国教改资金一般由学校自行解决，用于调研、教改方面的资金微乎其微，这极大地限制了我国会计教育改革的发展。

三 中美会计教育改革内容

（一）会计教育目标

美国会计教育一直把注册会计师作为会计教育的首要目标。这是因为“美国会计教育改革委员会”的经费主要来源于会计师事务所，美国大学会计教改也受益于此项经费。因此，强调“学以致用”就成为美国会计教育改革的指导思想。美国南加州大学会计学院摩克教授（Mock）更是直言不讳：我们的目标就是生产“超级会计师”（Super CPA）。同时，“美国会计教育改革委员会”主张会计教育多元化，强调能力的培养，认为会计教育的重要性不在于学生毕业时即已成为专业的会计工作者，而是要使学生具备终身从事会计学习的能力。在他们提出的改善教育质量的四份报告中，这种“能力”包括三个方面：①才能，包括沟通才能、智能才能、人际才能；②知识，包括一般性知识、组织与经营知识、会计知识；③专业认同。

我国会计教育目标经历了几次变动。20 世纪 80 年代末，会计教育目标是“培养一大批‘又红又专’的高级会计人才”。随着我国经济体制改革的深入，又修改为“培养能在企事业单位、会计师事务所、经济管理部门、学校、研究机构从事会计实务工作和本专业教学、研究工作的德才兼备的高级会计人才”。显然，我国会计培养目标的表述比较笼统，何为“高级会计人才”，在理解上随意或者说任意性比较强。此外，我国会计教育目标说明的是学生毕业后所能从事的工作，至于这些工作所要求学生达到的知识结构和能力结构，却未予确定，使会计教改方向不明确，教改难以操作。再者，此目标虽由国家制定，但并未得到普遍认同，有的学校认为是通用型人才，有的学校认为应侧重于应用型、专门型人才，还有的学校提出开拓型、外向型人才，等等。由于思想不统一，教改的侧重点不尽一致，因而难以评价、判断教改成果。重新确定会计教育目标，是我国深化会计教育改革的关键一环。

（二）课程设置

会计教育目标的改革必然导致会计课程体系改革。“美国会计发育改革委员会”认为会计课程应包括四项内容：

（1）基础教育。以拓展学生的求知面，培养抽象逻辑思维、缜密分析和运用数据的能力；提高写作水平，建立听、讲技巧，明白研究步骤，积累历史知识、国际化知识，提高对科学与美学的欣赏品位，并能运用适当的价值观进行决策。

（2）普通经常教育。通过学习财政、市场、经营、组织行为高等课目，向学生介绍企业、政府机构及非营利性组织的活动及职能部门设置和特点，并使其了解经理人员调动，运用各种知识的方式；其中第一门课介绍会计学的课程尤其需要特别设计，使其适应所有学生主修或非主修会计专业的需要，使学生建立起对会计专业的初步认识。

（3）普通会计教育。指学成会计教育，应以信息的辨认、衡量、沟通与使用为中心，表现出会计作为一种信息发展与沟通过程的本质。这方面的教育不仅要介绍有关概念，还应将概念运用于现实环境中。

（4）专门会计教育。指学士后从事专门研究及在职继续进修的会计教育。此时学生已具备解决一般会计、组织及经营知识、税务、信息系统、审计政府与非营利性组织会计以及国际会计的较为高深的问题的能力。

我国高校会计专业课程体系大致可分为三大块：

(1) 基础课（公共课)。主要有政治经济学、马克思主义哲学、大学语文、应用文写作、外语、数学、体育等。

(2) 专业基础课。包括财政与税收、货币银行学、企业管理、统计、经济法、西方经济学、国际贸易、国际金融、珠算与电子计算机等。

(3) 专业课。又分为主干专业课（必修课）和其他专业课（选修课)。主干专业课包括初级会计学（或基础会计)、中级财务会计、高级财务会计、成本会计、管理会计、审计学、财务管理、审计电算化等课程；其他专业课包括会计理论、会计发展史、会计制度设计、预算会计、基建会计、银行会计、外商投资企业会计、国际会计、专业外语等。

从课程设置看，我国会计课程体系正与国际惯例接轨，并取得了很大进步，打破了传统的分行业、部门按所有制设计学科的模式，标志着以部门为特色的一个传统会计教育时代的结束。但改革的彻底性不够，如把“工业会计”、“商业会计”的内容改造为“财务会计”，实质上仍然没有摆脱教学跟着会计制度跑的模式。而且，会计专业主干课由过去的“老四门”变成现在的七门，课程改革有越改越多的趋势，这种传统知识添加型设计，使课程设置缺乏弹性。

美国会计课程改革方法有其独特之处。他们强调各门课程尤其是专业课之间的联系，要求将以往各门独立单设的课程尽可能混为一体，即“整合”。杨·布雷格汉姆大学将其三年级和四年级的会计课程，改为一个 24 学分的基础课程，该课程以一个模拟的商业循环为中心，融合了税务、管理会计、财务会计、系统分析、审计和商法等课程内容。南加州大学的高级会计课程整合了税务、审计、财务及系统分析等课程。北得克萨斯大学的教育改革也是如此，他们充分体现了“学以致用”原则。在具体操作上，南加州大学会计学院课程改革采用的是零基法，即不以原有的课程体系为基础，一切重新设计课程，改革的难度可想而知，但唯有如此，才能展现出改革的魅力。

面向 21 世纪，我国会计课程体系改革要取得突破性进展，我们认为关键在于打破课程建设中原有的框架，建立以社会需求、学科体系和学生发展为基点，以提高学生会计素质为核心的三角形会计素质教育的课程体系是合理的。这是因为社会需求是一切教育的根本目的，一个时代的课程结构，一个社会的课程内容，实际上都是直接取决于一个社会的实际需求。适应会计学科的发展需要，意味着会计教育内容必须面向新世纪，要根据21世纪的经济、文化、科技的发展，探索人才的知识结构；关心学生个性发展，注重发展学生智慧潜能，这既是国际教育发展的潮流，也是社会发展的需要。

此外，从课程结构看，美国基础教育课占50%，普通经常教育课占25%—30%，会计教育专业课占20%—25%，说明美国十分重视基础教育，而会计专业教育课比例相对较小；从我国的资料来看，财经类院校会计专业课占37.91%，比例稍高，而非财经类院校却达到51.12%，比例过高，体现不出像美国会计课程所要求的通才型教育。另外，我国基础课中政治课所占比例较大，一般院校占10%以上，个别的甚至达到17%，且内容重复，挤占了其他课时，这些政治课有思想道德修养、中国革命史、政治经济学、马克思主义哲学等。看来，寻找一个既符合我国国情又能与国际惯例接轨的会计课程体系是个亟待研究的课题。

（三）教学方法

美国教学方法改革主要有两项：一是推行案例教学法。教师一般用一年左右的时间专门深入企业、会计师事务所、投资银行等实际工作部门，收集整理资料，编成案例。这些案例综合了财会、税务、审计、系统分析等内容，对教师的要求非常高，因为案例教学水平是衡量学校会计教育水平的标准之一，所以受到高度重视。二是将计算机技术运用到会计教育过程之中。这一改革的形式有：①利用计算机程序重视模拟会计循环的主要内容，如亚利桑那州立大学；②借助数据库软件完成对财务报表的编制和分析，如芝加哥大学商学院；③计算机辅助教学（CAI），如罗特格斯大学。

我国会计教学方法还是传统的老师“站着讲”、学生“坐着听”的方式。我们也搞过案例教学，但质量不高，所谓的“案例”多是会计业务形式上的简单变化，既不贴近实践，又缺乏理论严谨，严格来说，我国会计案例教学几乎是一片空白。我国会计教学方法也有可称道之处，会计模拟实习不失为一种经济、有效的形式。从凭证填制、账簿登记，到报表编制，这种分岗位按会计循环步骤进行的模拟实习，既可以增强学生实际操作能力，又能克服毕业实习难的矛盾。但现在的问题是，资金投入不足，会计模拟“手工化”现象非常普遍。如果我们重视会计模拟实习，进一步加强理论指导，不断开发实验项目，完全可以成为我国会计教学改革的“亮点”。

综上所述，尽管中美两国会计教育改革的起因不尽一致，但美国在会计教育改革方法、会计教育目标、课程设置和教学方法等方面的改革经验，对我国的会计教育改革仍有可供借鉴之处。

会计教育国际化：从学历认定到办学体制

高等教育国际化是21世纪世界教育三大趋势之一，所谓的高等教育国际化是指一国高等教育面向国际发展的趋势和过程，是把国际的、跨文化的、全球的观念融合到高等学校教学、科研和服务等诸项功能中的过程。

一　当前高等教育国际化的发展趋势

（一）高等教育国际化内容丰富多彩

教育国际化不仅意味着学生、教师和研究人员的国际性流动，而且意味着信息资料和各种教学仪器和设备的国际化选择趋同和资源共享，包括学位制度在内的各种高等教育制度等都是高等教育国际化的内容。

（二）高等教育交流主体发生了改变

20世纪80年代以前，政府是高等教育交流的主体，美、英、法等发达国家不惜动用大量资金，积极推进对发展中国家的高等教育援助，在这种以政府为主导的单纯强调教育援助的交流中，高校扮演的角色是次要的，受益不大，积极性也不高。80年代后，许多高校发现既可以从外国留学生身上赚取大量经费，又可扩大本校影响，因而千方百计扩大外国留学生规模，高校日益成为高等教育国际交流的主体。

（三）高等教育增加了国际知识教育

在全球化背景下，发达国家对高等教育的课程进行了调整。美国高校在普通教育的核心课程中增加了关于世界文明、世界史和外国语的要求等。发展中国家在向发达国家学习和交流的过程中，也增添了有关国际知识方面的课程。

（四）高等教育手段高科技化

随着信息技术的快速发展，远程教育、网上大学如雨后春笋般出现。目前，全世界已有网络大学几百所。我国为适应这一发展趋势，教育部已经批准31所全国重点高校为远程教育试点单位。

二　我国会计教育国际化对策

（一）确立会计教育国际化目标

美国在20世纪90年代初制定的《美国2000年教育目标法》中，强调教育国际化，其培养目标是：使每个高校的每个学生都能达到世界标准，通过国际交流，努力提高学生的全球意识、国际化观念。日本早在20世纪80年代就提出“要培养世界通用的日本人”。韩国为适应教育国际化发展，专门成立“21世纪委员会”，提出国际化教育的培养目标是：努力提高学生国际化的意识，增强“自主的世界公民意识，加强学生对各国各种多样的社会、文化知识的理解”。

美国会计师学会（AAA）所属的会计教育改革委员会认为，会计师应具备的知识和能力有：①技能，包括沟通才能、认识和分析才能、人际才能等；②知识，包括一般性知识、组织和经营知识、会计知识；③专业认同，包括专业思想、职业道德和价值观；④决策能力，包括独立思考能力、对机会和风险的判断能力、资源配置中的筹划能力；⑤领导能力，包括组织能力、激励成员的能力、协调和解决矛盾的能力；⑥一般的工商、法律和经济知识。

已经进入世界贸易组织的我国，自然也应从战略高度确定我国会计教育新的培养目标。借鉴外国的经验，我国会计教育国际化的目标就是努力培养有国际知识结构和会计能力素质，富有会计职业判断能力，能适应经济全球化、信息全球化，并具有国际交往和国际竞争能力的会计通才。

（二）课程设置增加国际性内容

一方面，创建国际性内容课程，如创设国际关系、国际经济、国际贸易、国际税收协调等新学科，或增设信息科学、比较文化学等有关国际化内容的课程。另一方面，在现有课程中增加国际知识的介绍。或采用国外教材，并在自编教材中大量吸收国外同类教材新内容，或指定国外教材和有关论著作为教学参考书目。

（三）适当减少纯会计课程

增加跨国公司管理、战略决策、信息系统和网络技术、财务管理和管理咨询等课程，并随时将新知识、新理念注入所授课程。据调查，在美国大企业只有29%的会计人员从事会计报表及相关工作，71%的会计人员从事企业经营管理和财务相关工作，如资本运作、财务预算管理等管理工作。

（四）加强会计教育国际化师资培养

正如国际21世纪教育委员会的报告《教育——财富蕴藏其中》中所指出的那样，“在传授人类积累的关于自身和自然的知识方面以及在开发人类创造力方面，教师始终是主要责任者，始终起主导作用”，培养适应21世纪知识经济时代需要的人才，实施高等教育国际化，教师是关键。只有具备国际知识和世界视野，掌握现代教育思想和相关领域世界前沿的科学、技术理论知识和高文化素质的教师队伍，才能培养出相应的人才。为此，首先要支持和鼓励教师积极参与交流，创造条件让教师走出国门，开阔视野，增长参与和处理有关领域国际事务的能力。其次要把提高外语交流能力作为对教师，特别是中青年教师的要求，鼓励老师进行双语教学，重视教师全面素质，即教师人格品质、知识结构、创新观念等方面的提高。

（五）修正对学生的评价体系

对学生评价应该以用人单位为导向。目前的评价方式存在两个问题：一是会计教育过分强调通才目标，结果是抹杀了学生个性，造成会计职业判断能力下降；二是评价目标与用人单位目标不关联。实务界需要动手能力强的学生，但在教学中没有得到很好的体现。

（六）加强国际大学间的专业交流与合作

建立起校际之间的互相协作关系，通过这种方式，我国高校会计可以与国外同类专业高校建立比较稳定、牢固的联系，既可合作研究国际性的研究项目，又可以培养一批国际性师资力量。现在，世界上已成立了许多国际性和区域性的高等院校联合会，这些组织机构的成立，有利于高校教师开展国际交流与合作。联合国教科文组织、国际大学联合会、英联邦大学联合会等都是当今世界上重要的国际性组织，许多高校还分别参加了一个或多个国际教育组织机构。这些机构对高校的互访、合作科研、联合办学和开展各种学术交流起着桥梁式的作用。我国高校会计教育组织也应当积极投身到国际交流的大潮中去。

（七）会计学者要“走出去，请进来”

采取“走出去，请进来”的方式，加强会计教师之间的国际交流。学校应根据自身的需要和条件，派出教师到国外高校访问、进修、讲学等，以提高教师的教学与科研水平，这是“走出去”。“请进来”就是请外国著名专家、教师到中国大学来讲学，参加学术讨论。此外，还要尽快建立起教师定期出访学习、交流的制度。现在许多发达国家的高等院校都实行了学术休假或研究假制度，使教师有充足的时间到国外进修和开展研究工作，提高学术水平。

（八）联合办学

中外合作办学是一个国家高等教育国际化的重要形式之一。它能较快地了解、学习并实践国际上通行的办学模式、专业课程设置、师资培训等方面的经验。会计教育应有选择地引进外资与“外智”，举办多种类、多形式、多层次的中外合作办学，实行不出国门的“留学”，培养国际化人才。合作办学还应鼓励有条件的高校走出国门，与外国同行合作办学，这种国际化交流有利于让不同背景的文化、不同的思维方式、不同的学术风格、不同的管理思想互相影响与渗透，有利于推动中国会计高等教育国际化的进程。

目前，我国已有由中国注册会计师协会（CICPA）、上海财经大学、澳大利亚会计师公会（CPA Australia）和澳大利亚迪肯大学四方合作举办的“澳大利亚迪肯大学会计专业硕士学位（MPAcc）与澳大利亚注册会计师资格”项目。具体由上海财经大学和迪肯大学合作招生和培养。此项目共有16门课程。第一阶段学习四门课程：会计概论、经济学、所得税原理、企业财务决策制定；第二阶段学习四门课程：公司会计、管理会计、商法、企业信息系统；第三阶段学习三门课程：会计理论、审计、公司法；第四阶段学习五门课程，主要为澳大利亚注册会计师课程，分别是报告与专业实践、公司治理与经营责任、国际财务会计、战略管理会计、国际审计。通过四个阶段学习考试合格者，将取得迪肯大学的“会计学硕士学位证书”和澳大利亚会计师公会的“正式会员资格证书”。我国有实力的大学应努力探索合作办学的各种形式，促进我国会计教育的发展。

（九）加速同国外的学历认定工作

我国是讲究学历的国家，也是对高层次学历文凭控制较严的国家，学校只有在国家招生计划内发放的文凭才为国家所认可。然而，国家认可的文凭在国际上又有一个认可问题，学生在国外取得的文凭也有一个国内认可问题。目前，我国只有几所大学加入“太平洋地区大学校长协会”、“21 世纪大学协会”等国际性组织，取得了学位互相认可的资格，很多院校的文凭都处于模糊边缘，得不到应有的对待。高等教育国际化将大幅度加强国际人才培养的胶合关系，学生的学习不再局限于一个国家或一个学校，他可以在这里获得一张证书，那里获得一张文凭，也可以在多所学校取得学分而获得其中某校的文凭。因此，如果我们在学位、学分、证书互相承认方面没有突破的话，那就很难将会计教育国际化。

（十）办学体制国际化

会计教育要适应时代发展的要求，培养更多高素质的会计人才，首先要彻底改变长期存在的条块分割、部门办学、学科偏窄、学校规模小、力量分散的状况。在条件具备的条件下，可以考虑适当将同一区域内，拥有不同隶属关系的院校所设置的会计专业进行必要的合并与调整，对教育资源进行优化配置，提高办学质量和办学效益。尽快建立举办者、管理者、办学者职责分明，自我发展、自我约束的管理体制。

其次，国家要积极鼓励企业参与高等学校的办学，就会计教育来说，应该吸纳少数有条件的财经院校和国内外知名的会计师事务所进行合作办学，从而提高办学质量，提高学校品牌，这是我国会计教育国际化的可行之路。

中国会计教育现状分析

——来自大陆 14 所重点大学会计教学现状评估及改革方向的调查报告

一　引言

如果有人说："大陆会计教育最需要改进的地方是教授的品质。"大陆学者肯定会感到吃惊。如果他进一步说："大陆会计教育主要优点在于学生品质。"如此反差，简直要让大陆教授愤怒。然而这个结论的确是中国海外教授的见解。人们不禁要问：中国高等院校的会计教学整体水平到底如何？学生对教师素质是否满意？教学改革能否适应中国加入世界贸易组织的人才需要？为此，我们宁波大学会计系设计了一套《中国高校会计教学现状及改革方向调查问卷》。我们的目的显而易见：了解和掌握中国高校会计专业学生对会计教学现状的评价和教学改革的愿望，为人们认识大陆会计教育现状提供真实、客观的信息。

二　方法

（一）调查对象

本次调查是以大陆 14 所高校会计专业学生为对象。为了使样本具有代表性，我们选择了中国的东部、西部、南方和北方的院校，按院校性质划分为：（1）综合类院校：四川联大、人民大学、厦门大学、复旦大学、同济大学、宁波大学；（2）财经类院校：天津财经大学、中南财经大学、东北财经大学、上海财经大学、西南财经大学、中国金融学院；（3）部属类院校：上海海运、杭州电子工学院。样本特征为：有8所院校设有会计专业博士点（人民大学、厦门大学、复旦大学、天津财经大学、中南财经大学、东北财经大学、上海财经大学、西南财经大学），其中，上海财经大学和厦门大学是我国1981年首批建立的会计专业博士点。另外有13所院校设有会计专业硕士点。可以说，样本代表了当今大陆会计教学先进水平。考虑到高年级学生对本校会计教学状况较熟，所以问卷对象均是各高校会计系大三、大四本科生。

（二）研究方法

本次调查采用问卷形式，问卷分为两大部分。第一部分调查学生对会计教学现状的态度、反映。内容包括会计教学质量评价、课堂教学效果评价等，共设计了11项指标，每项指标从好到坏设5个选项，即“很合理”或“很满意”、“较合理”或“较满意”、“一般”、“不太合理”或“不太满意”、“很不合理”或“很不满意”。分值分别为5分、4分、3分、2分、1分。由学生对具体指标打分，然后平均计算评估分，以此判断指标的优劣。第二部分调查学生对会计教学改革的愿望，设计为多选题，目的是尽量全面反映学生对教育改革的要求。内容涉及会计教育目标、教材、教法等。2000年12月，我们向上述学校发出了1160份问卷，回收有效问卷1011份，有效回收率87%。问卷的发放与回收，均由所在学校专人负责完成。

由于问卷中有多项选择，故采用人工统计，为求准确性，分两次进行，第一次由宁波大学会计学会统计，第二次由课题组成员复审。问卷数据结果基本上能反映学生观点。

三　目前的中国会计教育

1. 概况

（1）从业者队伍庞大，专才凤毛麟角。中国是个泱泱大国，仅会计人员就有1200多万人，会计人员之多，连业内人士也深感吃惊，然而更让人吃惊的是，他们当中，经过严格训练的专业人才严重不足。据财政部统计，截至2013年年底，全国持有会计从业资格证书的人员约为1400万人，累计有484万人取得职业资格证书，其中初级326万人、中级146万人、高级约12万人，约有注册会计师20万人、注册税务师11万人、注册评估师5万人。高级会计职称人员、注册会计师、注册税务师和注册评估师归类为高级会计人才，其所占比例不足全部从业人数的4%；中级职称人员归类为中级会计人才，其所占比例不足全部从业人数的11%，中级、高级会计人才都十分匮乏。

（2）会计教育升温过快，专业设置处于失控状态。随着中国实行对外开放政策，内资企业如雨后春笋般建立，外资企业也纷纷落户大陆。因而社会对会计人才的需求出现了一种自然膨胀趋势。据有关资料报道，前几年，社会对上海某高校会计本科专业毕业生的供需比为1∶35。由于受经济利益的驱动，以及管理体制的缺陷，即大陆会计人员的管理由财政部门负责，而会计专业的审批权限又由有关行业主管部门和教育行政管理部门负责，使高校会计专业的建立与发展陷入了一种失控状态之中。在现有的1000多所高校中，除了少数体育、艺术类院校外，均设有会计专业。有的院校甚至是在无基本师资情况下建立起来的，为了应付教学，只得安排其他专业教师任课，这样做既保证不了教学质量，也损害了大陆会计形象。实际上，会计专业成了高校手中的“摇钱树”。

2. 当前中国会计教育现状总体评价

（1）为了解大陆会计教育现状总体水平，在问卷中，我们设问：“你对学校会计教育总体评价是?”统计结果如表1所示。

表1　　会计教学质量评价

选项	很好（5分）	较好（4分）	一般（3分）	较差（2分）	很差（1分）	评估分
人数	89	268	303	149	47	3.18
比例	10.52%	30.50%	35.82%	17.61%	5.56%	

结果显示：14所大学的会计教学现状“一般”化（仅达到一般标准3分）。

（2）另外，我们发现，综合能力较强的学生往往对所学专业知识自信心较足，而且是人才市场上的“香饽饽”。因此，我们设置了“会计毕业生适应性”指标，即指毕业生能适应人才市场要求的程度。以学生对所学专业知识自信程度，从另外一个角度衡量学校会计教育水平。它是上一个指标的补充，结果见表2。

表2　　会计毕业生适应性评价

选项	能（5分）	一般（4分）	难说（3分）	不能（2分）	评估分
人数	258	251	300	46	3.84
比例	30.18%	29.36%	36.09%	5.38%	

回答“能”和“一般”的分别占30.18%和29.36%，合计为59.54%。与评估分（3.84分）表述的含义相近：学生对所学专业知识的自信心较足。然而，我们也发现，学生认为“难说”的与“不能”的比例合计为41.47%，说明仍有近半数学生对所学知识能否适应人才市场的需要心中没底，持怀疑态度，凸显了会计教育改革的必要性和紧迫性。

3. 中国会计教育质量地域差别现象

中国地域辽阔，经济发展极不平衡。一般“东部沿海地区”代表中国经济发达地区，“西部”为相对欠发达地区。那么，遍布四方的中国高校是否也存在会计教育质量不平衡问题？为了研究这个问题，我们从14所院校样本中挑选出一所综合性大学，一所财经类大学作为比较样本。北方院校为东北财经大学、中国人民大学；南方院校为中南财经大学、厦门大学；东部院校为复旦大学、上海财经大学；西部院校为西南财经大学、四川联合大学。选择“会计教学质量”评价指标对比分析，结果见表3。

表3　　会计教学质量评价

		很好(5分)	较好(4分)	一般(3分)	较差(2分)	很差(1分)	评估分
东部	人数	18	102	62	9	3	3.63
	比例	9.28%	52.58%	31.96%	4.64%	1.55%	
南方	人数	22	68	89	11	3	3.49
	比例	11.40%	35.23%	46.11%	5.70%	1.55%	
西部	人数	7	27	39	21	1	3.09
	比例	7.37%	28.42%	41.05%	22.11%	1.05%	
北方	人数	4	79	109	25	1	1.61
	比例	1.83%	36.24%	50.00%	11.47%	0.46%	

从评估分来看，东部会计教学质量好于西部，南方好于北方。说明中国会计教育质量的地域差别现象是客观存在的，而且与地方经济水平高低呈正相关。

4. 不同院校性质会计教育质量的差异

中国高校按性质分为三类，即综合类院校，如宁波大学，由理、工、农、文、教等43个学科专业组成的综合性大学；财经类院校；部属类院校，即隶属于行业主管部门，而不是国家和地方教育部门，如杭州电子工学院，由电子工业部管辖。在计划经济时期，会计专业毕业生就业带有明显行业特点和地域色彩。各高校会计教育质量难以比较。如今学生就业面向人才市场。市场对人才的需求就是衡量高校教育质量的一把尺子，从院校性质来看，是否体现教学质量差异？现仍以三类院校学生对所在学校“会计教学质量”评价指标为衡量依据，分类统计结果见表4。

表4　　会计教学质量评价

		很好（5分）	较好（4分）	一般（3分）	较差（2分）	很差（1分）	评估分
综合类	人数	21	95	157	58	5	3.21
	比例	6.25%	28.27%	46.73%	17.26%	1.49%	
财经类	人数	34	214	230	42	6	3.43
	比例	6.46%	40.68%	43.73%	7.98%	1.14%	
部属类	人数	2	32	66	40	9	2.85
	比例	1.34%	21.48%	44.30%	26.85%	6.04%	

由此可见，财经类院校教学质量高于其他两类，它们的优势在于课程设置较为合理，师资水平较高。综合类院校由于文理渗透，学术气氛浓厚等因素作用，分值不低；相反，部属类院校评估分为2.85分，分数最低，还没有达到一般水平（3分）。这与部属类院校专业口径过窄，学生难以适应市场需求有关。

四 具体指标测评结果分析

综上所述，我们已对大陆会计教育整体水平有了大致了解，但是，我们认为还不够，还应仔细研究整体水平“一般”的原因，为此，我们从教学环节入手，设置11项指标进行问卷调查，现将调查数据公布如下（见表5）。

表5　　　　教学环节指标测评结果

序号	指标	很好（5分）	较好（4分）	一般（3分）	较差（2分）	很差（1分）	评估分
1	会计教学质量	10.52%	30.5%	35.82%	17.62%	5.56%	3.18
2	会计毕业生适应性	30.48%	29.36%	36.09%	5.38%	—	3.84
3	课程设置合理性	4.64%	32.27%	34.36%	23.31%	5.41%	3.07
4	课堂教学效果	7.53%	27.95%	38.86%	20.52%	5.13%	3.12
5	教材适用性	4.95%	23.74%	34.12%	28.29%	8.90%	2.87
6	教学现代化手段使用程度	5.04%	16.42%	27%	23.47%	27.79%	2.47
7	作业合理性	4.69%	26.03%	38.77%	23.13%	7.37%	2.97
8	考试方式满意度	5.26%	20.81%	41.07%	23.66%	9.02%	2.89
9	实习效果	5.23%	26.59%	39.93%	20.02%	8.23%	3.14
10	教师素质满意度	12.46%	38.38%	32.25%	13.35%	3.56%	3.43
11	学术氛围	6.13%	23.24%	37.59%	24.83%	8.21%	2.94

首先，把11项指标的评估分平均计算，便可求出总体评估分，即3.08分。因此，大陆会计教学现状的总体评价为“一般”水平。与前述相同。

其次，从11项指标评估分值看，超过一般水平（3分）的指标为较优指标，它们依次是“会计毕业生适应性”、“教师素质满意度”、“会计教学质量”、“实习效果”、“课堂教学效果”、“课程设置合理性”。但分值均未达到“较满意”水平（4分）。低于一般水平（3分）

的指标属较差指标，它们依次是“教学现代化手段使用程度”、“教材适用性”、“考试方式满意度”、“作业合理性”、“学术氛围”。接近总指标数的一半。其中，问题最突出的是“教学现代化手段使用程度”。根据以上分析，我们的结论是：①中国高校会计教学整体水平一般；②教师素质，想说爱你不容易，但也并非如海外教授所言的“糟糕”；③课程设置已与西方会计接轨，并得到学生认可；④教材不尽如人意；⑤教学手段落后；⑥教学方式机械呆板；⑦学术氛围较淡；⑧考试方式僵化；⑨实习效果一般；⑩作业布置形式化。

五　学生改革愿望评析

随着大陆学生缴费上大学趋势越来越明显，毕业生分配走向市场已经明朗化，学生改革主体意识增强，使大陆会计教学改革不得不倾听来自学生的呼声，因而对学生教学改革愿望调查变得更加重要。现根据问卷第二部分调查内容及其结果进行评述。

（一）会计教育目标多元化（见表6）

表6　　会计教育目标定位

选项	通才	专才	“通才＋专才”	注册会计师	会计师	助理会计师	高级会计专门人才
比例	8.51%	10.56%	26.79%	17.91%	9.98%	3.73%	22.58%

中国会计理论界和教育界，围绕着会计人才培养目标问题，展开过多次讨论。中国官方（国家教委）的定位是：培养能在企事业单位、会计师事务所、经济管理部门、学校、科研机构从事会计学的实际工作和专业教学、研究工作的德才兼备的高级专门人才。进入20世纪90年代后，这个观点受到质疑，因为当前大陆会计本科生根本无法进入高校从事教学工作（学位太低），进行会计研究工作也就无从谈起。因此，在中国会计学会会计教育改革组第三次讨论会上（1993年6月），有学者提出：“会计专业本科生应该是财经学科的专门人才，会计学科的通

用人才。”但反对者认为这种“通才+专才”模式，只是用词华丽、难以实际操作。随着中国会计逐步与国际通行会计惯例接轨，人们把目光投向美国会计教育。提出应以“注册会计师”为目标。以上均是学者们的观点。然而学生是怎样定位自己的呢？

从调查数据看，各种目标都有人选择，但比例不高，会计教育目标呈多元化倾向。但有一点可以肯定，培养适合某一领域的会计专才，已不适应会计环境对人才的要求，学生对不同企业组织的选择要求他们具有会计通识知识，因此“通才+专才”目标成为首选。另外，由于巨大的就业压力，其他目标也成为他们的选择对象。但我们注意到，中国大陆会计课程设置和教材一味西方化，却很少兼顾学生多元化目标的选择需要，让人觉得中国会计教育界20多年来的争论只是徒劳。

（二）课程设置青睐CPA方向（见表7）

表7　　课程设置方向

选项	外语、计算机课程	CPA课程	相关经济类	法律类	管理类	数学	写作
比例	21.14%	17.60%	16.05%	15.17%	14.45%	8.44%	7.45%

学生认为应加强的课程依次是：“外语、计算机课程”，“CPA课程”，“相关经济类课程”，“法律类课程”，“管理类课程”，“数学”，“写作”。大陆国企改革虽然取得了一定进展，但效益不佳也是不争的事实，毕业生流向国企通道受到阻断，他们把目光瞄准收入较高的外资企业和会计师事务所，这种课程设置反映了他们的心声，然而与此冲突的是，中国官方会计教育目标定位是“高级专门人才”而不是以培养CPA人才或外向型会计人才为目标，反映在教材上往往与学生愿望不合拍。学生责问教师：既然我们的教材过时了，为什么不选择CPA教材？我们为什么不能更务实？我们不理解你们“高级”的含义！

（三）教材选用西方化（见表8）

表8　　教材选用

选项	采用西方原版教材	名牌高校教材	国家统编教材	教师指定教材	自编讲义
比例	28.41%	22.10%	16.54%	16.54%	16.41%

选择“采用西方原版教材”占首位，反映了学生对高质量教材的渴望，以及对现行教材的不满。大陆会计教材主要弊端在于墨守成规，缺乏创新。造成这种现象的主要原因是，大陆教师面临职称升迁压力以及经济利益驱动。不少教师加入编写教材行列，一番东拼西凑后，教材出版了，职称上去了，钱赚到手了，质量却下降了，学生当然不满意了！而西方教材以超前性、适应性、开拓性博得了学生喝彩。

（四）教学要求以实务导向，学生实用主义倾向明显（见表9）

表9　　教学方式的选择

选项	案例教学	邀请实务界人士讲学	“自学＋教师讲解”	计算机辅助教学	教师讲解	教师起主导作用，同时学生走上讲台
比例	28.38%	17.89%	16.68%	16.54%	10.58%	9.93%

赞成“案例教学”和“邀请实务界人士讲学”列前两位，而选择传统的“教师讲解”方式仅占10.58%。说明大陆传统教学方式较为空洞，学生已经厌倦“一支粉笔、一块黑板、一堂课”的教学模式，课堂教学走出“填鸭式”旧框架已是大多数学生的心愿。他们渴望教学手段电子化，坚持以实务为导向的教学方式。

（五）师资的不足与改善（见表10）

表10　　师资的不足

选项	教学方式呆板	实务能力差	责任心不强	科研能力弱	专业知识不足
人数	730	276	274	231	211
比例	42.39%	16.03%	15.91%	13.42%	12.25%

海外教授所言自然是一面之词，评价大陆会计教师水准最有发言权的理应是学生。他们既是受益者，又是“受害者”。学生回答“你认为会计教师存在的不足之处”的问题时，结论令人吃惊。“教学方式呆板”列首位，而且比例远远高于其他选项。面对著作等身、学富五车的教授，课堂气氛让人昏昏欲睡，学生感到迷惑不解。问题其实很简单，大陆一向以学历、职称衡量教师水平，要获得高学历、高职称只有

出书，编著教材，至于教学效果，只好弃置一边了。“实务能力差”居第二位也不足为奇。大陆会计教师多是留校任教，或者是引进的硕士、博士，说他们是“纯理论者”是因为他们从学校到学校，由于他们远离会计实践，必然对实务不甚了解，在教学和科研工作中，他们必然青睐“会计理论”，因而学生称他们是“理论内行、实务外行”。所教的学生动手能力差也就理所当然。

而当问及“目前会计教师在哪些方面有待加强”时，按应改进顺序为：提高教师教学水平；丰富实务经验、提高口头表达能力、提高科研水平、提高敬业精神、有待进修。当问及“你是否赞成会计教师从事第二职业”时，有51.5%的学生选择“如果其第二职业与所教专业相关时赞成”。可见，学生认为提高师资水平的渠道主要有两个：一是提高教师教学水平，二是丰富实务经验。并认为所采用的相关措施都是可取的（见表11）。

表11　　　　提高师资水平的渠道

选项	提高教师教学水平	丰富实务经验	提高口头表达能力	提高科研水平	提高敬业精神	有待进修
人数	564	477	337	311	275	168
比例	26.45%	22.37%	15.81%	14.59%	120.90%	7.88%

（六）学生参与教育改革愿望强烈（见表12）

表12　　　　会计教育改革参与者

选项	专业教师	学生	实务工作者	教育理论工作者	相关专业工作者
比例	22.43%	22.54%	25.97%	13.13%	15.94%

学生参与教育改革愿望强烈，甚至超过了教师的热情（22.54% > 22.43%），说明学生改革主体意识增强。要求实务工作者参与，表明他们对会计教育改革坚持实务导向，而且是社会各界共同参与。

中国高校会计教育改革出现过两次教育改革浪潮，第一次是在20世纪80年代初，革除了沿用苏联20世纪50年代的模式。第二次是在

1992 年年底，会计改革打破了原有的分部门、分行业、分所有制的会计模式，揭开了按照市场经济要求，向国际惯例接轨的变革序幕。会计教育改革向西方看齐。但问题仍然不少：第一，中国大陆会计课程体系改革围绕会计制度变革而小修小补；或大修大补，整体课程体系改革创新不足。第二，会计教育改革视野狭窄，表现在会计专业理论上研究较为深刻，而对会计教学理论的研究重视不够，学生怨言较多。第三，教改脱离实践，脱离学生。学生高涨的改革热情表达了他们对遗留痼疾的不满：传统的“教师开方子，学生吃药”的改革模式，已经行不通了；我们既是自己的主人，也是改革生力军；会计教育改革必须打破由单一学科、单一群体唱主角的模式，采取多学科、多方人士协同合作态势。只有这样，才能唱响以学生为本，全面提高学生素质，尤其是加强实践技能培养的改革主旋律。

总之，中国高校会计教学整体水平一般，某些指标令人担忧，但也并非“糟糕”。中国会计教育改革任重而道远。

会计教师真情告白：会计教育的现状与未来

——对100位高校会计教师的调查报告

当前，会计教育改革势在必行，然而，面向高校会计教师关于我国会计教育现状的调查却近乎空白。为了弥补这一缺憾，以及寻求会计教学改革的发展方向，宁波大学会计系对部分高校会计教师进行了一次有关高校会计教学现状及改革方向的问卷调查，以期反映当前会计教学的真实情况，为今后这一领域的研究抛砖引玉。

一　方法

（一）调查对象

本次调查以高校会计教师为对象，选取了长春税务学院、北京工业大学、天津财经大学、天津财贸干部管理学院、山东财政学院、安徽财贸学院6所高等院校的100名在职会计教师作为调查样本，其中包括教授、副教授、讲师、助教四类不同职称人员，样本各组成部分的比例基本上能客观反映总体水平。

（二）研究方法

本次调查问卷是在2001年教授会议及其他全国性会议上发放的，共100份，由专门会计教师带回各自院校，邮寄回收。回收有效问卷91份，有效回收率为91%，问卷采用人工统计的方法完成。

本次调查使用的问卷共分为两大部分，具体设计如下：

1. 第一部分：会计教育现状调查

调查高校教师对会计教学现状的态度和评价，为此我们建立了一个指标体系，如图1所示。

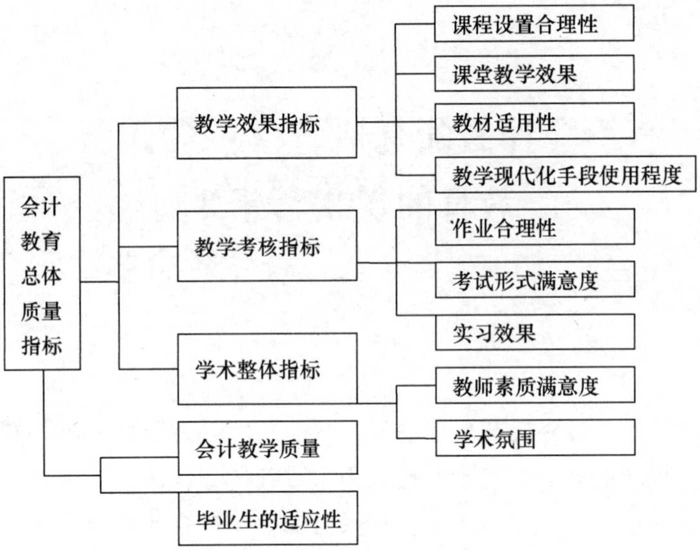

图1　会计教育总体质量评价体系

共设计了包括“会计教学质量”、“课程设置合理性”等11项指标。每项指标从好到坏有5个选项，即“很合理”或“很满意”、“较合理”或“较满意”、“一般”、“不太合理”或“不太满意”、“很不合理”或“很不满意”，分别给定5分、4分、3分、2分、1分五档分值，供教师选择，以此来判断该指标的优劣。

2. 第二部分：会计教学改革方向调查

调查教师对会计教改的愿望。为求多角度地反映教师对教改的看法和要求，我们设计为多选题，指标涉及“会计教育目标”、“教材”、“师资”等共11项指标。

二　会计教学现状评估

（一）总体分析

11项指标统计结果见表1。

表1　　会计教育现状评估结果

序号	指标	很好（5分）	较好（4分）	一般（3分）	较差（2分）	很差（1分）	评估分
1	会计教学质量	7.78%	56.67%	30%	5.56%	0%	3.67①
2	毕业生的适应性	32.58%	47.19%	17.98%	2.25%	32.58%	4.01
3	课程设置合理性	2.22%	51.11%	32.22%	14.44%	0%	3.41
4	课堂教学效果	13.33%	61.11%	17.78%	7.78%	0%	3.80
5	教材适用性	0%	42.86%	39.56%	17.58%	0%	3.25
6	教学现代化手段使用程度	1.11%	22.22%	40.00%	31.11%	5.56%	2.82
7	作业合理性	0%	45.05%	35.16%	17.58%	2.20%	3.23
8	考试形式满意度	0%	34.07%	41.76%	24.18%	0%	3.10
9	实习效果	1.12%	38.20%	38.20%	16.85%	5.61%	3.12
10	教师素质满意度	4.40%	57.14%	26.37%	12.09%	0%	3.54
11	学术氛围	1.10%	37.36%	40.66%	18.68%	2.20%	3.16

首先，我们对11项具体指标的评估分值进行加权平均，得到了会计教育现状的总评估分值，即3.27②分。可见，我国高校教师对当前会计教育的总体评价为“一般”水平。

其次，从各指标的评估分值来看，11项指标中，还没有被评价为“很好”（5分）的指标；处于较好水平（4分）的指标只有“毕业生的适应性”一项；大部分指标处于一般水平（3分），它们按评估分从高到低依次是：“课堂教学效果”、“会计教学质量”、“教师素质满意度”、“课程设置合理性”、“教材适用性”、“作业合理性”、“学术氛围”、“实习效果”、“考试形式满意度”；问题最突出的指标是“教学现代化手段使用程度”，处于“较差”水平（2分）。

（二）调查对象结构分析

我们将回收的调查问卷按调查对象职称的不同，即“教授”、“副教授”、“讲师”、“助教”四个类别分别进行统计，以期了解不同对象对这一问题的具体看法，如表2所示。

---

① 3.67＝5×7.78%＋4×56.67%＋3×30%＋2×5.56%＋1×0%。

② 3.27＝（3.67×1＋4.01×2＋3.41×3＋3.8×4＋3.25×5＋2.82×6＋3.23×7＋3.10×8＋3.12×9＋3.54×10＋3.16×11）/（1＋2＋3＋4＋5＋6＋7＋8＋9＋10＋11）。

表 2　　按调查对象划分的会计教育现状评价结果

序号	指标	教授	副教授	讲师	助教
1	会计教学质量	3.27	3.68	3.69	4.00
2	毕业生的适应性	3.91	4.16	4.06	4.02
3	课程设置合理性	3.18	3.41	3.44	3.56
4	课堂教学效果	3.36	4.05	3.63	3.89
5	教材适用性	2.91	3.24	3.22	3.56
6	教学现代化手段使用程度	2.82	2.70	2.81	3.20
7	作业合理性	2.91	3.11	3.34	3.56
8	考试形式满意度	2.91	3.13	3.06	3.22
9	实习效果	2.73	3.14	3.25	3.22
10	教师素质满意度	3.09	3.55	3.53	4.10
11	学术氛围	3.00	3.18	3.31	3.00
12	11 项加权评估分值	3.10	3.40	3.39	3.58

根据以上数据，我们可以得出以下结论：

（1）各职称的调查对象都认为我国会计教育总体水平一般。第 12 项栏目各职称的分值均处于一般水平（3 分），说明我国高校不同职称的教师对我国当前会计教育质量的看法是基本一致的。

（2）职称越高的教师越是不满足于会计教育现状。从表 2 中我们可以看到，高校教师对会计教育的评估分值呈现出一个明显的规律，即高职称对会计教育的评价低于低职称对会计教育的评价，这在加权评估分和各项指标评估分的分布中都可得到体现，这种状况令人担忧。

三　会计教育改革方向

（一）会计教育目标定位市场化（见表 3）

表 3　　会计教育目标定位

选项	“通才＋专才”	专才	高级专门人才	注册会计师	通才	会计师	助理会计师
比例	42.07%	16.55%	15.86%	8.97%	8.97%	6.90%	0.69%

高校教师对会计教育目标的定位倾向于“通才＋专才”，这说明高校教师已顺应会计人才市场的实际需求将其定位在能适合不同工作性质的“通才＋专才”。这也侧面显示了市场对我国当前会计教育的导向作用。

（二）师资的改善方向：丰富实务经验、提高科研水平

良好的师资条件是教育质量的保证，让我们首先看看教师对自身的评价（见表4）。

表4　　　　师资不足之处

选项	实务能力差	教育方法呆板	科研能力弱	专业知识不足	责任心不强
比例	35.10%	28.48%	16.56%	13.25%	6.62%

从表4可知，当前的会计教师认为师资在各个方面都有所欠缺，依次是“实务能力差”、“教育方法呆板”、“科研能力弱”、“专业知识不足”、“责任心不强”。

当问及师资改善的方向时，结果如表5所示。

表5　　　　师资需加强方向

选项	丰富实务经验	提高科研水平	提高教师水平	提高敬业精神	有待进修	口头表达能力
比例	25.90%	23.49%	15.66%	13.86%	12.56%	8.43%

关于提高实务经验的途径，我们专门设计了一个“第二职业认可度”指标，结果如表6所示。

表6　　　　第二职业的认可度

选项	赞成专业相关职业	不赞成专业不相关职业	均赞成	均不赞成
比例	60.61%	18.18%	18.18%	3.03%

过半数的教师赞成从事专业相关的职业，这表明，会计教师认为从事专业相关职业有利于实务能力的提高。

（三）课程设置实用主义倾向（见表7）

表7 课程设置

选项	外语、计算机	相关经济类课程	管理学课程	法律类课程	数学	CPA 课程	写作
比例	26.49%	18.38%	16.22%	12.97%	10.81%	9.19%	5.95%

首先，教师将加强“外语、计算机”课程放在首位，以加强学生的基本技能，适应信息时代和全球化进程对人才的基本要求；其次，教师希望通过加强“相关经济类课程”、“管理学课程”进一步完善学生的知识体系，将其培养成复合型人才。此外，教师对设置 CPA 课程的冷淡，与学生对此的较高呼声形成了鲜明的对比。

（四）追求个性化教材（见表8）

表8 教材选用

选项	教师指定教材	国家统编教材	西方原版教材	名牌高校教材	自编讲义
比例	27.01%	25.55%	18.98%	18.25%	10.22%

在调查结果中显示教师倾向于选用“教师指定教材”和“国家统编教材”，表明多数教师希望能选用适合自己授课特点的教材，以及期望保证教材的高质量。“西方原版教材”位列第三，说明教师能理性地对待西方原版教材，既不盲目排斥，也不盲目接受。

（五）课堂教学多种方式组合（见表9）

表9 课堂教学方式

选项	“自学+教师讲解”	案例教学	教师起主导作用，同时让学生走上讲台	计算机辅助教学	教师讲解
比例	33.33%	33.33%	14.81%	10.49%	8.02%

由表9可见，教师在回答课堂教学方式的改革方向时并不仅限于各种教学方式之间的取舍，而是将不同的教学方式进行组合，主张多样化

的教学方式。

“自学+教师讲解”、“案例教学”成为首选，说明高校教师已认识到传统的呆板教学方式不再适应会计教学实际的需要；“教师起主导作用，同时让学生走上讲台”同样受到了部分教师的青睐。“计算机辅助教学”只占了10.49%，说明教师对现代化教学手段热情不够。

（六）作业类型选择实务化（见表10）

表10 作业类型选择

选项	做案例	实务模拟	写论文	在教师指导下阅读有关书籍	做习题
比例	26.28%	23.08%	18.59%	17.31%	14.74%

选择以“做案例”和“实务模拟”为主要形式，表明教师较为注重学生的实际操作能力，案例练习能激发学生的探索欲望，调动学生学习的主动性，培养职业判断能力、处理问题的实际能力、思维能力以及团队协作能力。实务模拟则可培养学生的观察能力和动手能力。此外，“写论文”排在第三位，说明教师较为注重锻炼学生的科研能力和写作能力。相较之下，传统的做习题形式已不被看好。

（七）考试形式多样化（见表11）

表11 考试形式

选项	案例分析	笔试	写论文	口试	平时成绩结合考勤情况
比例	31.90%	29.45%	16.56%	14.72%	7.36%

在考试形式的选择上，“案例分析”以其较强的实务性位居榜首。“笔试”这一传统的方式由于其较高的公平性也为大部分老师所认可，但由于这种形式过于侧重死记硬背已退居二线。其他各种考试形式也占一定比例，被部分教师采纳。

（八）实习安排三足鼎立（见表12）

表12 实习安排

选项	系里统一安排	模拟实习	自己联系单位	其他
比例	33.61%	33.61%	30.33%	2.46%

“系里统一安排”、“模拟实习”、“自己联系单位”呈三足鼎立状态。多样化的实习形式使教师可根据学校的不同条件和自身的教学需要加以选择。

（九）教育改革主体是“三驾马车”（见表13）

表13 会计教育改革主体

选项	学生	专业教师	实务工作者	教育理论工作者	相关专业工作者
比例	26.77%	25.76%	25.76%	12.63%	9.09%

“专业教师”、“学生”、“实务工作者”所占的比重稍大。其中，以“学生”的比例最大，这说明高校教师并不想唱“教育改革独角戏”，而是希望学生能够积极参加到教育改革中来；选择“实务工作者”作为教育改革主体之一，也表明教师希望教改方向符合实务发展的需要。

（郭强华、薛敏、周凌洁）

会计教师压力、生存状况及幸福指数调查

——来自全国15省市近700份问卷调查

外界历来认为高校教师收入高、工作轻松而且受人尊敬。但是随着我国教育体制的改革，高校教师们所承受的压力和真实的生存状况很少被人所了解。此次调查以高校会计教师为研究对象，对会计教师们的压力、生存状况及幸福指数的具体情况进行调查和分析，以供相关部门决策参考。

一 调查情况简介

我们的调查问卷——“会计教师压力、生存状况及幸福指数调查”分为基本情况、压力与生存状况、幸福指数三个部分，包括了26道选择题与2道简答题。

2011年2月和3月，我们先后将问卷发布到问道网[①]和中国调查网[②]上，并发送问卷邮件给379位高校会计教师。结果是，问道网上实收50份，中国调查网上回收684份，剔除不合理问卷77份，此次调查共回收657份有效问卷，问卷的回收率为89.51%。

参与问卷调查的高校会计教师主要分布在浙江（22.07%）、广东（6.13%）、北京（6%）、河北（6%）、河南（4.09%）、湖北（3.95%）、

---

① 问道网是国内专业的调查问卷服务在线工具平台，提供市场调查、问卷调查、调查问卷服务。免费注册会员后可以创建你的问卷，提供导出数据服务。

② 中国调查网是最活跃的在线调查社区，参加网络调查，免费注册会员后可以发布调查问卷。

上海（3.54%），另外还有山东、江西、湖南、辽宁、贵州、云南、陕西、四川等15省市。

调查样本的基本情况是：在性别方面，男教师有308人，占46.88%，女教师有349人，占53.12%，男女比例基本平衡；在学历方面，硕士与博士及以上的会计教师占26.03%，专科与本科的教师占73.97%；在教师职称方面，副教授和教授占18.26%，助教或讲师占54.19%，其他占27.55%；在教师年龄方面，教龄为3年及以下的占54.95%，4—6年的占15.68%，7—9年的占10.50%，10—12年的占8.22%，12年及以上的占10.65%；在教师担任行政职务方面，无行政职务的占50.38%，系级的占22.22%，分院级占10.81%，校级占6.70%，其他占9.89%。在学校类型方面，15.22%为研究型，34.18%为教学型，18.57%为综合型，教学研究型为29.06%，其他为2.97%。

二　调查结果

（一）高校会计教师压力调查：总体压力较大

1. 六成以上的高校会计教师承受着较大的压力

在657位高校会计教师中，压力很大的占32.27%，压力较大的占32.72%，压力一般的占22.98%，压力较小的占6.09%，没有压力的占5.94%。说明六成以上（32.27%+32.72%）的高校会计教师承受着较大的压力。

（1）学历越高压力越大。通过对“压力较大”的教师学历样本分析，学历越高压力越大。有47.44%的博士学历教师坦称压力较大，24.19%的本科学历教师有压力，而硕士学历压力较小，只有19.07%。这也许是博士是高校科研主力而压力大，本科教师则面临职称和学历的要求而压力大。

（2）职称越高压力越大。通过对“压力较大”的教师职称样本分析，职称越高压力越大。压力大小排序为：教授41.28%；副教授31.44%；讲师18.68%；其他8.6%。本以为职称到顶的教授压力会小，哪知道还是被“套牢”。

（3）职务越高压力越小。通过对“较大的压力”组的教师行政职务样本分析，职务越高压力越小。没有行政职务的压力最大占54.88%；系主任级占30.23%；而分院级领导压力最小为14.89%。其中原因是领导有资源优势。

（4）综合型大学的会计教师更有压力。通过对“压力较大”教师所在院校样本分析，综合型大学的会计教师更有压力。排序为综合型院校占45.56%，教学型为40.95%，而研究型院校的压力相对较低为13.49%。为什么研究型大学教师压力小于综合型院校压力，而且比例很低，其中原因需要进一步探究。

（5）身边会计教师压力较大。问卷中还让高校会计教师就其周围的会计教师的压力程度发表看法。结果显示，认为周围会计教师压力很大的占38.96%，压力较大的占27.55%，一般的占20.40%，压力较小的占5.94%，没有压力的占7.15%，即有66.51%（38.96%+27.55%）的人认为周围的高校会计教师承受的压力较大。印证了前述六成以上高校会计教师感觉压力较大的观点。

（6）会计教师减压方式是寻求专家、机构帮助。高校会计教师在面对压力时有34.55%选择向专家或是心理机构寻求帮助，有27.09%愿意向家人或者朋友倾诉，16.13%的人选择专注于其他事情，11.72%的人选择自己承受而不告诉别人，还有10.50%的选择其他。总体而言，高校会计教师在应对压力时都采取了较为科学的方法和积极的态度。

2. 会计教师的压力源是工作压力

此次问卷中就我国高校会计教师压力的来源进行调查，结果显示工作压力占52.51%，家庭需要占14.92%，经济压力占15.53%，人际关系（与同事间的关系）占7.91%，健康状况占4.26%，其他占4.87%。

3. 工作压力的主因是科研压力

通过对工作压力的深度调查，发现科研压力是会计教师工作压力最大的压力源，占到了43.48%。然后依次为教学任务占19.39%，时间压力（缺乏个人时间）占18.03%，评价与晋升占9.55%，其他占5.91%，与同事的关系占3.64%。

（1）男性教师科研压力高于女性，而女性教师来自人际关系的压力远大于男性。在科研任务压力方面，男性感觉有压力的占68.18%，而女性只有31.82%；在职称评价和晋升方面，有55.56%男性坦称有压力，而女性只有44.44%。但是在与同事相处关系方面，却有90.91%女性感到有压力，而男性仅有9.09%。

（2）41—50岁教师科研的压力最大。科研压力对年龄影响的排序依次为：41—50岁教师科研压力最大为40.91%；31—40岁的有压力占31.82%；30岁以下有压力的为22.73%；而51—60岁的教师压力最小为4.54%。其中原因是41—50岁教师处在副高向正高冲刺阶段，因而压力大；而51—60岁的教师职称已经落实，或者就不再奢望正高职称，因此心情舒畅。

（二）高校会计教师生存状况调查：工时和健康状况差异较大

1. 工作和学习时间：平均每天工作时间超过8小时

工作时间包括准备工作时间、作业时间、结束工作时间以及法定非劳动消耗时间。我国法律规定，在正常情况下，一般职工从事工作或者劳动的时间每日不得超过8小时。以下就我国高校会计教师的工作时间、加班时间以及自我学习时间三个方面进行调查。

（1）四成教师每天平均工作时间超过8小时。调查结果显示，工作时间小于8小时的占54.19%，8—10小时的占29.07%，10小时以上的占16.74%。也就是说，有45.81%（29.07%＋16.74%）的教师工作时间超过8小时。利用组中值求均值的方法得出高校会计教师每天的平均工作时间，其计算公式：平均工作时间＝Σ（每组组中值×该组人数）÷样本总数，即我国高校会计教师每天的平均工作时间＝（7×356＋9×191＋11×110）÷657＝8.25小时。

（2）每天加班时间2.06小时。教师职业的一个特点就是个人时间与工作时间的模糊化，学校的事务、学生方面的工作都使高校会计教师们常常处于一种“加班”的状态。调查结果显示，每天加班时间在1小时以下的占39.57%，1—3小时的占30.75%，3—5小时的占16.89%，5小时以上的占12.79%。利用组中值求均值的方法得出，高校会计教师每天平均加班＝（0×260＋2×202＋4×111＋6×84）÷657＝2.06小时。

（3）每天继续学习时间2.94小时。由于国家会计政策、法规的变动，会计知识的更新速度相对较快，所以高校会计教师的实际工作时间中，往往还要包括会计教师为了适应会计知识更新而用于继续学习的时间。在调查中，47.49%的高校会计教师每年用于提高自我的继续学习时间在1个月以下，30.59%的在1—3个月，还有21.92%的教师每年用于继续学习的时间超过3个月。用组中值求均值的办法，得到我国高校会计教师每人每年用于继续学习的时间＝（0×312＋2×201＋4×144）÷657＝1.49个月，折算后为每天2.94小时。

2. 健康状况：半数教师良好

问卷对高校会计教师们对自身健康状况的满意度进行调查，结果显示有15.98%感到非常满意，36.07%感到比较满意，31.97%感到一般，10.96%感到不太满意，还有5.02%感到不满意。因此，有一半以上的会计教师对自身健康状况还是比较满意的。但是，仍然有15.98%教师担忧自己健康问题，比例不低（见图1）。

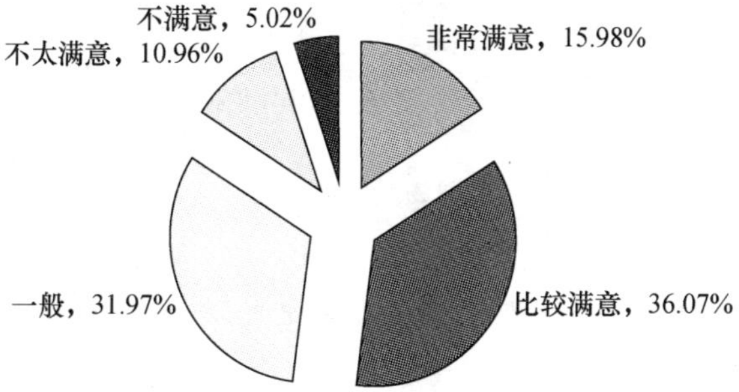

图1 健康状况

（三）高校会计教师幸福指数调查：感觉平平想跳槽

近年来，随着生活水平的提高，人们不仅关注自身的物质水平、精神水平，而且越来越关注自身的幸福指数。幸福是人们对生活满意程度的一种主观感受，而教师幸福指数就是指把教师的主观幸福感作为一项指标，通过运用专门的测量工具去获得主观幸福感的数量化结果。而对于此次研究的主体——高校会计教师来说，主观幸福感主要是指个体依据自己设定的标准对其生活质量所做的整体评价。

我们设计了高校会计教师幸福指数的6大评价指标，包括收入、工作福利、自身的人际关系、身体健康状况、职称评定形式、会计教师的社会声望。每个指标分5个档次，即“非常满意”、“比较满意”、“一般”、“不太满意”和“不满意”，可供选择。依次赋值为 2 分、1 分、0 分、-1 分、-2 分。用每个选项所占的百分比乘以该选项的分值，可求得各项的满意度。

6 大指标满意度从高到低依次是：人际关系、社会声望、工作福利、健康状况、收入、职称评定；具体分值是 0.7549 分、0.5252 分、0.5070 分、0.4703 分、0.4507 分、0.4108 分。如图 2 所示。

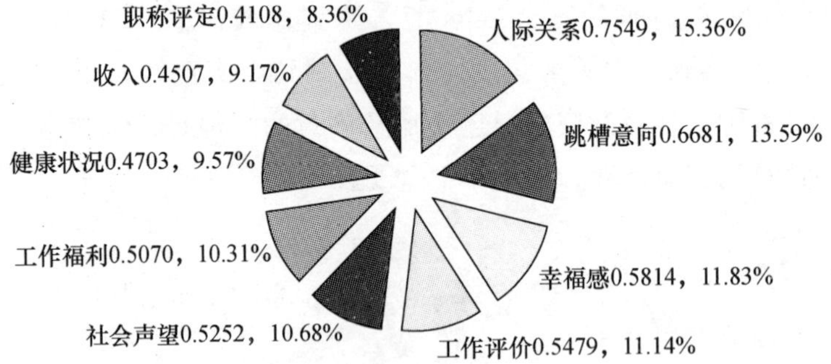

图 2　幸福指数

从分值看，没有一个选项达到满意和比较满意程度。另外，六大幸福指标的总平均幸福指数为 0.5198 分，介于一般与比较满意之间，说明会计教师的幸福指数水平一般。

从跳槽意向的选择也能说明上述观点。只有 24.96% 的人对现在的工作非常满意，不考虑换工作；而 33.18% 的人已经开始考虑在本行业中找个更好的工作，其余的 25.57% 则想换个相关的行业，剩下 16.29% 非常想换个行业。也就是说，大多数会计教师想换工作，如果幸福指数高，也就不会有跳槽念头了。

三　结论

（1）我国高校会计教师普遍都承受较大的压力，压力主要来源于工作，而工作压力的主因是科研压力。

（2）我国高校会计教师工作时间普遍偏长，教师的健康状况较好。

（3）我国高校会计教师的幸福指数处于一般水平。要进一步提高我国高校会计教师幸福指数，迫切需要提高高校会计教师的收入、住房和职称评定制度的满意度。

（郭强华、蔡春秀）

关于当前会计教育几个热点问题的调研

一　序

近两年来，高等教育界一直是新闻界朋友关注的焦点之一。什么博士退学，教授出走，一经传媒的渲染，便是沸沸扬扬，反对与共鸣齐飞，可谓“惊涛拍岸，卷起千堆雪”。而其中，“高等教育失败”的论调无疑是最重磅炸弹，激起千层浪，引发了多方面的反应与深思。

身处会计界，我们也不得不思考——会计教育作为高等教育的一个分支，现状如何？倘若某一天有人提出“会计教育”失败是否会引起众人的共鸣？会计教育存在什么问题，我们应该怎样对待？这些便成了我们做这项《关于当前会计教育几个热点问题的调研》的初衷。我们希望能通过与身处教育一线的相关专家学者的交流，尽可能地了解目前我国高校会计教育的现状，挖掘当前会计教育存在的问题，集思广益，共同探寻我国会计教育的发展道路。

出于这种考虑，我们参加了 2006 年 4 月 21—25 日在合肥举办的中国会计学会第五届全国会计信息化年会暨 2006 年学术年会，在会议期间及会后同部分与会专家、学者进行了多种方式的交流与沟通，得到了不少一手材料。在此基础上，我们将其整理成文，希望能给会计教育工作者比较全面地认清会计教育现状提供参考。

当然，鉴于时间仓促以及个人水平的关系，我们的调研或许不能完全反映学术界对会计教育的各种看法，也不可能给解决现存问题提供现成的答案，只希望能借此窥豹一斑。

二 调研对象

在调研过程中，我们感受到了会计教育工作者对会计教育工作的热忱。正是在他们的支持与配合下，我们得以把握会计教育的基本态势，收集到相应的数据和资料，并领略到他们的真知灼见。在此，我们对那些身处教学第一线的专家、学者表示敬意。

三 调研报告

（一）会计教育道德化问题

中华文明上下五千年，积淀了深厚的传统道德底蕴。长期以来，道德教育一直是中国学校教育大力提倡的重要方面。直到今天，道德教育依然是学校教育框架的重要构成。因为道德对于个人立身处世，对于民族品性形成有着极其重要的影响。西方哲人布勃曾经指出，“真正配称教育的，只有品性教育”。本·富兰克林认为，“对于公众的利益而言，没有什么比培养年青一代的智慧和美德更重要的了”。西赛罗甚至看到，“在公民的品格里，潜藏着国家的福利”。

近段时间以来，全国高校掀起了以“八荣八耻”为主要内容的社会主义荣辱观教育的高潮，提出了“培养什么样的人，怎样培养人”的问题。那么，作为高等教育分支的会计教育是否已经实现道德化？道德教育是否已在会计教育中深深扎根？这是个值得我们探讨的问题。

基于有限的观察，我们可以发现这样的悖论：诚信要求越来越高，做假账的却越来越多；注册会计师考试难度越来越大，被追究刑事责任的越来越多。这很容易让人联想起几年前时任总理朱镕基在视察中央财经大学时“不做假账”的题词。我们不禁要问，会计教育是否要对此负责？

华南农业大学经济管理学院会计系主任王玉蓉认为，“不仅是会计教育，我们的高等教育（包括家庭教育或学校社会教育）普遍缺乏职业道德教育，缺乏责任心和敬业精神的引导。‘两课’的思想教育又过于空洞，学生缺乏真正的感悟和领会”。这基本代表了受访专家与学者的心声。石家庄经济学院的杨武岐副教授认为，“CPA 中，与其他行业（包括政治）一样鱼龙混杂，问题要看主次，要看比重”。这也间接承认了会计教育道德化存在问题的事实。

中国地质大学法学博士、硕士生导师王燕晓的研究成果认为，“当前我国高校品格教育主要存在四大问题：（1）德育理念不明确；（2）课程设置孤立，缺乏连续性；（3）品格教育的教材内容枯燥空洞杂乱；（4）教学不精，育人无径。揭示了高校道德教育普遍存在的缺陷，当然，会计教育也未能免俗”。

尽管绝大多数受访者对会计教育道德化问题颇有微词，但对于问题的根源，有着不同的认识。中山大学管理学院韦沛文教授认为，“这是（教育理念）全面资本主义化的问题。自私自利‘理性经济人’的影响最大。‘理性道德人’完全不被‘经济学家’们所提倡，斥之为计划经济时代的政治说教。经济学完全成了自利经济学，不再是政治经济学”。北京语言大学国际商学院的杜美杰和华南农业大学经济管理学院的王玉蓉则将此归咎于教育制度的问题。湘潭大学商学院的阳杰则简单地将其归结为就业导向所致。相似地，复旦大学管理学院会计研究生王珂珂认为是经济体制的问题。东北财经大学会计系王孝忠副教授认为，这不单单是考试的问题、教育的问题，而且是“整个社会中的‘腐败’问题”，是“明知故犯，意图侥幸，钻社会、法律的空子，非法所得利益大，败露损失利益小，惩罚力度、监督力度、执法力度不够的缘故”。

对于这一问题，部分专家学者根据自己的理解，谈了一些建议。山东行政学院财务与会计系王振东主任认为，“会计职业道德问题也是一个社会道德问题，在旧的道德体系被打破，新的道德体系远未形成（的情况下），须加强法制化建设来避免会计师犯罪现象。同时在注册会计师的学习与管理中，注意道德素质的体现，对其道德素质公示公开。另外，注册会计师考试难度不必降低，但应设立道德标准来指导，避免出现提高技术水平是为了寻机犯罪的反常现象”。

东北财经大学王孝忠副教授更为推崇西方法制，“关键在加强法制，严格经济领域的法制监督，如果真像西方先进国家那样严格、公正执法，问题将迎刃而解”。

石家庄经济学院的马瑜与北京语言大学国际商学院的杜美杰对此问题表现出一定的相似性。马瑜认为，“加大违法成本，并显性化，能有一定威慑力”。杜美杰则简单地认为，“如果能杀一儆百，道德问题自然会解决”。关于违法成本过低，很容易让人想到这个数据：我国腐败风险系数仅4%，这意味着一百个贪官中涉案被捕的仅4人，96人仍过着安逸的生活。可见，加大违法成本，强化法律的震慑力仍任重道远。

东南大学经济管理学院江其雯则提倡，解决会计教育道德化问题，“不仅要从会计职业道德教育入手，还要从全民道德水准入手”。这与中央提倡的加强公民思想道德建设的精神是一致的。

从以上言论，我们不难发现，会计教育道德化仍是个值得关注的问题。究其原因，是多方面的，归结起来在于：其一，教育体制存在问题；其二，违法成本过低，纵容了犯罪。

我们认为，在解决会计教育道德化问题的过程中，着力于上述两方面是必要的，但是关键还在于树立明确的德育理念——大学教育的核心是培育人，而非制造工具。韩国干细胞研究专家黄禹锡为他在美国《科学》周刊的论文中造假道歉，很深刻地谈道，“道德和科学是驱动人类文明的两个车轮。科学研究该在道德界限内进行，但现实是有时没有配合（迅速发展的）科学的道德规范”。不仅是会计教育，整个高等教育都应该从黄禹锡的反省中得到启示。

（二）考研对会计教育的冲击

自2000年硕士研究生大幅扩招以来，出现了一种社会现象——“考研热”。这不仅体现在媒体对考研热潮的关注上，更集中表现在数据统计上。从表1的统计数据我们可以强烈地感受到其“热”度。

表1反映了2001年至2006年考研报名人数及其增长情况，近年来研究生报考人数呈大幅上升之势。

随着研究生教育的日趋膨胀以及就业压力的驱使，越来越多的本科生投身于考研大军的茫茫洪流中。考研肯定是好事，社会进步必然要求更多的高端人才，但从我们的观察来看，“考研热”对会计教育造成了不小冲击，比如学生逃课现象增加，学生要求教学与考试用书相一致，一些学生甚至认为听课无用，不如花时间考研（考证）等。这给部分老师的教学造成了困扰，于是，会计教育界持什么看法，如何寻求考研（证）与会计教育的平衡点成了我们关心的问题。

表1　　2001—2006年考研报名人数及增长情况

年份	报名人数（万人）	增长人数（万人）	增幅
2001	46	6.8	17.30%
2002	62.3	16.3	35.60%
2003	79.7	17.4	27.70%
2004	94.5	14.8	18.40%
2005	117	22.7	24.10%
2006	127.5	10.5	8.97%

东北财经大学王孝忠副教授提出了“全国联考”的构想。王教授指出，学生“考研（证）”是好事，“逃课”不必管，教师该怎么讲还怎么讲、该怎么考核就怎么考核，不降低考核标准，不照顾“考研（证）”，不处罚“逃课”，不强制学生听课，能统考的课程尽量统考，不及格就补考、留级，实行宽进严出。

王教授继续解释道：“正因为有全国统一高考这个‘天平’，所以，中学各校的教学质量得到大家承认。像大学英语、计算机、高等数学、政治经济学、哲学、基础会计、财务会计、财务管理、审计、管理会计等比较成熟的课程，完全可以实现全国联考，大部分题目实行计算机评卷，网上公开公布各校及格率。大学本科的30—40门课程，如果统考一半，统考课程学分不够，不允许其毕业，问题将迎刃而解。”

山东行政学院财务与会计系王振东主任认为，“某种程度上讲，会计教育与考研并不矛盾，应划定会计教育教学的底线，即使参加考研的同学也不例外。加强考试、考核，避免‘人情分’；与此同时，调整部分课程教学”。另外，“国家调整考研政策。会计专业研究生招生考试，不只限定几门课程的考试，而更注重专业素质和综合素质的考核，采用类似于会考的一种制度”。

也有从课堂教学出发寻找问题的。石家庄经济学院的马瑜说，“教学如果脱离实际太多，必然出现此类问题，关键是如何对学生和市场需求做出分析”。东南大学经济管理学院的江其雯提倡：“提高教学质量，增加教学内容，上课组织小组发言或讨论，使课堂教学更能吸引学生”。

也有从学生个人角度出发看问题的。“考研，目前的社会潮流或多或少对教育有冲击，个人认为毕业生应冷静下来，对自己进行深入的分析，明确自己未来的发展方向，不能盲目跟随社会潮流而动。学校所设置的课程基本上是大学生应具备的基础知识，目前看来一时没有用处，不见得将来也没有用处。”

“考研热”的出现，除受研究生扩招的驱动外，就业压力是最大的影响因素。随着教育产业化的推进，高等教育走向大众化，高校规模逐渐膨胀，大学毕业生急剧增加，就业压力随之凸显。这种压力推动了更多本科毕业生对高学历的追求。但是，从目前研究生的就业形势也不乐观来看，这种追求是否盲目也值得商榷。甚至有人还提出了“考研究竟是上进，还是逃避”的质疑。

为此，我们试图从以下几个方面寻求“考研热”与会计教育间的平衡点。

（1）国家是否可以考虑给“考研热”降温？诚然，将高等教育由从前的精英教育转变成大众教育有一定的说服力。但是，从本科教育扩大到研究生教育是否可行应慎重考虑。正如中国科技大学校长朱清时院士在一次讲话中所指出的，“社会上，各个地区、各个部门都有一些很强烈的行政要求，希望在其部门、地区学校都招收研究生……这样的结果对我们国家是个灾难，一个国家教育体系要多样性，就像生物有多样性一样，其好处是它可以优势互补，保持生态平衡。教育多样性就是保证社会需要的各种人才都能培养，互相补充。我们不能想象我们国家培养出的人都变成理学博士，都去搞研究，都去当指挥员，那这个国家就会乱，谁也做不好……”

（2）学校是否可以考虑加强引导？很多学校对考研工作相当重视，专门出台措施鼓励学生考研，诸如报销考研报名费，设立考研奖学金，开辟专用考研教室等，甚至不惜纵容本科教学给考研让路。从这一点上看，考研对日常教学的冲击，学校也要负一定的责任。

（3）学生在选择考研的决策中应变得更理性。潮流的力量很大，让人自觉不自觉地就会跟着它走，考研一经成为潮流便有了这样的魔力。所以，学生在考研决策中应更为理性，正如前文所说的，要冷静地深入分析自己，明确发展方向，走适合自己发展的道路。否则，历经万难考上研究生，蓦然回首，竟然发现研究生教育，招得糊涂，读得也糊涂，就太得不偿失了。

（三）毕业生质量下滑问题

毕业生质量一直是受到广泛关注的问题，各种评价都有。其中，“毕业生质量下滑”的论断无疑给高等教育带来了巨大震撼。保证毕业生质量越来越为我国高校所重视。那么，高等教育毕业生质量究竟如何，应当如何保证？我们希望从与奋战在教育一线的高等教育工作者的交流中得到启示。

调查中我们发现，19 名受访者中 13 人认为我国高校毕业生质量下滑或有问题，占 68.42%；仅 6 人不认同毕业生质量下滑的事实，占 31.58%。

关于毕业生质量问题，主要有以下几种典型的看法。

北华航天工业学院会计系主任程玉民教授认为，本科毕业生质量的确出现了普遍下滑的趋势，但并非一概而论，而应“分层化”看待。对于像北京大学、清华大学这样的重点院校以及出国留学的这部分学生而言，其质量在上升，且人数的绝对量也在增加；但在一些二流、三流院校，由于其教学体制、学习氛围等的限制，毕业生的层次比较低。也正是由于这类学生的增多，给用人单位造成了毕业生质量下降的印象。

相对于程玉民教授的“分层论”，东北财经大学王孝忠副教授则提出了“供求论”。若说大学“毕业生质量越来越差”，这是个误解，因为我国的大学教育是从“精英”教育向“大众”教育转变。二三十年前，能够接受高等教育的青年不会超过同年龄段人数的 5%，而现在有可能已经达到或超过 20%。由于当时大学毕业生资源紧缺，国家包分配。而现在大学毕业生不再是“皇帝女儿不愁嫁”了，有了失业风险和危机感。眼下，在本科生、硕士生、博士生、留学归国学生也不鲜见的情况下，用人单位自然提高了门槛，于是认为本科毕业生质量下降。

年长的学者则认为，毕业生的质量问题，是高校扩招初期，由于师资暂时跟不上教育发展而影响到教学质量，是客观存在的事实。随着时间的推移，教育质量会提高，加上大学新生的素质提高，未来高校毕业生的质量会越来越好。

而石家庄经济学院杨武岐副教授则用“两点论”来分析问题，他认为，“伴随着社会、科技、环境的进步，‘毕业生质量’显然在同步进步；但因办学经费紧张等影响，其‘实践能力’普遍不足”。

可见，尽管从感情上难以接受，但在众多会计教育工作者看来，毕业生质量下降是有目共睹的事实。试问，我们的会计教育到底出现了什么问题？

将问题归咎于宏观政策有之。石家庄经济学院的马瑜认为，扩招必然带来一系列问题，如师生比例不恰当，没有一个好的比例关系。规模化生产的前提是每个程序控制到位和精准，无此前提，规模化大生产必然产生大批量的残次品。而东南大学经济管理学院的江其雯则认为是整体教育体制的产物。

将问题归咎于学校和教师有之。重庆工学院会计学院乔印久老师认为，现在全国都沉浸在一片形势大好的气氛中，人心浮躁，只关注眼前的利益，过于急功近利，像（导师）逼迫研究生发一些次品文章，没有从现实问题和深层问题出发做学问，导致毕业生质量下降。湘潭大学商学院阳杰老师则认为，教师浮躁不可忽视。现在教师重学术、轻教育，是导致学生没能接受更好教育的重要原因。

将问题归咎于学生素质下降亦有之。中山大学管理学院韦沛文教授认为，不能说会计毕业生质量越来越差，应该是知识水平差不多，差的是为人品行上。东北财经大学会计系王孝忠副教授认为，现在的学生在道德品质修养、吃苦耐劳、艰苦奋斗精神、社会实践经验等方面，比一二十年前的学生是要差些。

根据以上材料，我们不难发现，从某种程度上讲，即便是自己带出来的毕业生，其质量也没有得到认可，这不能不说是一种悲哀。

当然，教师的感觉未必等于现实的判断。教育部高校学生司指出，毕业生作为高校培养的特殊“商品”，质量究竟如何还得听用人单位的意见，于是，出现了毕业生情况调查表这一新生事物。而问题往往就是这样，你越重视它，说明这个问题就越严重或者说越迫切。从这个角度来说，我国大学毕业生的质量不太令人满意。

应该说，在我国践行“科教兴国”战略的今天，国家对教育的重视与投入达到了前所未有的水平，高等教育也在不断地进步与发展。就是在这样的大好形势下，毕业生的总体质量却受到多方质疑，实在令教师汗颜，令学生汗颜，令整个高等教育汗颜。教育部门应对此引起足够的重视和反思。

(四) 会计教育成败与得失

在我们所做的一个“您对当前会计教育的现状是否满意”的调查中，19人中有9人明确表示“不满意”或“不甚满意”，占47.37%；仅有4人明确表示“满意”或“基本满意”，占21.05%。应该肯定，近年来，会计教育改革卓有成效，会计体系已初步建立并与国际惯例接轨，但出现这样的结果本身就令人深思。

目前，“教育改革失败”的说法仍有市场，也有人说现在的学士、硕士、博士、教授的水平越来越低。会计教育界本身对此是否认同？作何想法？

东北财经大学王孝忠副教授是明确表示满意当前会计教育现状的一位。他认为，“会计准则、会计制度改革是成功的。就‘会计’、‘财务’专业核算方法和内容、科目、账簿、报表，财务与会计管理、分析、预测、决策的深度和广度等方面来说，我们与西方发达国家相比，理论上已经没有多少差距了”。

关于“教育改革失败”一说，王教授表示，“不敢苟同。无论从‘中、小学教育’，‘高等教育’，‘不包分配、双向选择、自主择业’，‘扩大招生规模’，‘合并院校’，哪一项都谈不上失败”。

当然，目前会计教育的发展远不能说尽善尽美，他看到的不足在于“（会计教育界）对于21世纪会计的新发展研究似乎不够，特别是‘现代信息技术对会计的影响’重视不够”。并据此指出，“计算机网络化、信息化对将来整个社会影响巨大，会计的新发展与新技术、新知识密切相关，会计界对此应引起足够重视”。

另一位表示满意的是华南农业大学经济管理学院会计系主任王玉蓉教授，他认为，“（会计教育）总体上不错，取得了成绩，满足了我国对会计人才的需求”，不足之处在于“盲目升级，合并扩张，并不能够带来水平和质量的实质性提升。且摊子铺得太大、太滥。成了全民办会计、全民学会计，缺乏系统控制”。

不满意当前会计教育现状的教师可以分为两类：一类以年长者居多，在对现实思考的基础上，更多的是对未来的希冀。代表性的提法有“随着国家宏观调控以及教育发展思路的调整，未来五年内，学士、硕士、博士、教授的水平会提高。对会计教育现状不满意，但有希望”。中山大学管理学院韦沛文教授认为，学士、硕士、博士、教授水平低，

“主要低在为大众服务上、为多数人谋福利上，低在对工农等弱势人群的同情心上。脱离政治的所谓‘纯学术’并不低”。

另一类为年轻教师，思维比较活跃，甚至有些“愤青”。湘潭大学商学院的阳杰老师认为，“（会计教育）是失败的，（体现在）学术浮躁，重学术、轻教育”；重庆工学院会计学院的乔印久老师则说，“不光是会计教育，中国现在的教育是新中国成立以来最大的失败，培养了一批丧失良心的所谓的知识分子”；北京语言大学国际商学院的杜美杰老师则认为，“会计教育有时脱离实际，缺乏现实意义”；太原理工大学经济管理学院管理系主任李刚副教授则认为，“将会计学科定位于工商管理学科下的二级学科（预算会计能说属于工商管理范畴吗?）是最大的失败，应参照国际惯例进行改革，提升学科地位，改小会计为大会计”；山东行政学院财务与会计系王振东认为，“会计教育有问题。一方面，办会计教育的学校多、杂、乱，部分学校的会计教育问题多；另一方面，一些老牌学校也有会计教育投入过低，导致信息设施和教学手段缺乏”。

针对会计教育改革中存在的问题，会计教育工作者们有着深刻的认识，并有自己的想法。山东行政学院财务与会计系王振东老师认为，应调整不同层次会计教育的教学内容，各层次教学内容要有一个明确的标准来实施。东北财经大学会计系王孝忠副教授说，国家应认真整顿高等教育，尽量组织全国、全省统考，公布各校及格率，实行优胜劣汰机制，优化教育资源的合理使用，从根本上解决“文凭贬值”现象。

四　补白

从以上的材料看，我国会计教育在教学与学术研究上确实存在比较严重的问题，亟待会计教育工作者去思考与解决。我们认为，以上的调研材料基本上反映了会计教育一线工作者对几个热点问题的看法，是诚恳而真实的。

在与相关人员的交流中，我们也得到了不少启发。

其一，我们发现，在会计教育道德化问题中，绝大多数老师都将矛头指向会计职业道德败坏或者德育内容缺失，而很少有老师从自身学术研究方面反思。有个问题，说得轻些，叫学术浮躁；说得重些，叫学术腐败，却被一略而过。

学术腐败，一方面是职称评定的逼迫。北华航天工业学院程玉民教授在采访中指出，职称与学术研究挂钩迫使一些只擅长教学的老师以非常的手段完成学术研究“任务”。另一方面更多的是学术道德失范。对此，江新华认为，“学术道德失范的原因在于学术制度供给不足和社会政治、经济、文化（教育）制度的缺陷”。但我们认为，这与教师个人道德品质也有很大的关系。因此，教师在会计教育道德化中，应以身作则，把好道德观。

其二，对教师重学术、轻教学有点想法。我们认为，之所以出现这种情况，除了与职称评定制度有关外，还与对教师科研要求上的“一刀切”有关。从多样性的角度看，有的教师精于研究，有的教师长于教学，这都是正常的现象。因此，我国很多高校对教师都有科研要求，本来就不是具体问题具体分析的做法。

我们认为，可以考虑划分教学型与研究型的界限。大学可以有教学型和研究型之分，大学内部教师也可以有这样的分法。对于教学型的大学或者教师没有科研上的硬性要求。这样，可以让不同类型的大学、不同类型的教师发挥所长。

（郭强华、徐少春、方春凤）

你是学生心目中的最佳会计教师吗？

——来自浙江七所高校500份问卷调查

什么样的会计老师最受学生欢迎？学生最欣赏的会计教师行为是什么？最讨厌的会计教师行为又是什么？学生在意会计教师的仪表吗？诸如此类问题，有些是我们教师关注的问题，有些是我们教师疏忽的问题。为此，我们于2007年12月至2008年4月，对浙江七所具有代表性的高校进行了学生调查，毋庸置疑，这是一份写给会计教师看的调查报告。

一 调查方法

（一）调查对象

选取浙江省具有代表性的高校会计专业学生进行问卷调查。它们是：浙江大学、浙江工商大学、杭州电子科技大学、浙江财经学院、宁波大学、浙江宁波理工学院、宁波工程学院。其代表性表现为，有4所院校具有会计硕士点，它们是浙江大学、浙江工商大学、杭州电子科技大学、浙江财经学院；浙江大学同时还具有会计博士授予权；宁波大学招收财务管理方向研究生。

调查主要采用随机抽样法抽取样本，每所学校原则上平均抽取一个班，考虑到学生的知情度和体会感，我们舍弃了大一学生，样本特征集中在各校大二、大三的会计专业的学生身上。本次调查共发放调查问卷500份，回收了469份，回收率为93.8%。

（二）调查内容

问卷设计包含以下内容：（1）学生心目中的最佳会计教师硬件指标：最佳会计教师的年龄、教龄、性别、学历、学位、职称等。

(2) 学生心目中的最佳会计教师软指标：最佳会计教师的能力素质（专业知识、教学能力、科研能力）、最佳会计教师的个性品质以及应具备的专业特质。(3) 学生最想对会计教师说的话。

问卷由21个单选题、1个多选题和3个开放式问题组成。21个单选题有3—5个不等的答案供学生选择，学生只要选择自己所认定的答案即可。1个多选题可以有多个选择。而3个开放式问题的答案不受限制，学生可以根据自己的意愿畅所欲言，从中我们也获得了一些意想不到的信息。

二　最佳会计教师的调查结果

（一）最佳会计教师硬件指标调查结果

1. 最佳会计教师的最佳年龄（见表1）

表1　最佳年龄

A（25—35岁）	B（35—45岁）	C（45—55岁）	D（无所谓）
10.67%	56.29%	14.93%	18.11%

调查数据显示，最佳会计教师的年龄结构依次为："35—45岁"、"45—55岁"、"25—35岁"，以及"无所谓"，其中有56.29%的同学选择"35—45岁"，即学生心目中会计教师的最佳年龄是"35—45岁"。

2. 最佳会计教师的最佳教龄（见表2）

表2　最佳教龄

A（5—10年）	B（10—15年）	C（15—20年）	D（20年以上）
18.98%	53.09%	20.47%	7.46%

调查数据显示，最佳会计教师的教龄依次为："10—15年"、"15—20年"、"5—10年"、"20年以上"，其中赞同"10—15年"的占53.09%，即学生心目中的最佳会计教师的最佳教龄是"10—15年"。

3. 最佳会计教师的最佳学历（见表3）

表3　最佳学历

A（专科）	B（本科）	C（研究生）
1.71%	21.11%	77.18%

调查数据显示，最佳会计教师的最佳学历方面依次为："研究生"、"本科"、"专科"，其中研究生的选择率达77.18%，即学生心目中最佳会计教师的最佳学历是"研究生"学历。

4. 最佳会计教师的最佳学位（见表4）

表4　最佳学位

A（学士）	B（硕士）	C（博士）	D（无所谓）
3.20%	36.25%	27.93%	32.62%

调查数据显示，最佳会计教师的最佳学位依次为："硕士"、"无所谓"、"博士"、"学士"。虽然有32.62%的学生对会计教师的学位表示无所谓，但是，选择高学位的却高达64.18%（36.25%+27.93%），其中有36.25%的学生选择"硕士"学位，然后是"博士"，只有3.20%的学生选择"学士"。说明学生对最佳会计教师的学位要求较高。

5. 最佳会计教师的性别（见表5）

表5　性别

A（男）	B（女）	C（无所谓）
13.22%	28.57%	58.21%

调查数据显示，最佳会计教师的最佳性别依次为："无所谓"、"女、男"。有58.21%的同学认为"无所谓"，尽管如此，通过数据比较分析发现，选择女会计教师的比例是选择男会计教师比例的2倍多，这也说明了，在一定程度上，女会计教师比男会计教师更受学生的青睐。这是否说明会计教师有性别特征呢？这个问题值得我们研究。

6. 最佳会计教师的最佳职称（见表6）

表6　　最佳职称

A（助教）	B（讲师）	C（副教授）	D（教授）
0.42%	17.06%	25.16%	57.36%

调查数据显示，最佳会计教师的最佳职称依次为："教授"、"副教授"、"讲师"、"助教"。其中选择"教授"的有57.36%，选择"副教授"的有25.16%，说明学生心目中会计教师的最佳职称首先是"教授"，其次是"副教授"。

7. 最佳会计教师的最佳专业（见表7）

表7　　最佳专业

A（财会类）	B（财经类）	C（管理类）	D（无所谓）
50.32%	28.57%	4.91%	16.20%

调查数据显示，最佳会计教师的最佳专业依次为："财会类"、"财经类"、"无所谓"、"管理类"。认为"财会类"的达50.32%，因此，学生心目中最佳会计教师的最佳毕业专业最好是"财会类"的。

8. 最佳会计教师应取得的会计人员职称（见表8）

表8　　会计人员职称

A（助理会计师）	B（会计师）	C（高级会计师）	D（不需要）
1.70%	33.26%	46.06%	18.98%

调查数据显示，最佳会计教师除了获得高校教师职称之外，还应取得会计人员职称，并且学生普遍认为职称越高越好，因为认同"高级会计师"的选择率达46.06%，其次是"会计师"33.26%。

9. 最佳会计教师从事实务经验的要求（见表9）

表9　　实务经验的要求

A（一年）	B（两年）	C（三年以上）	D（没要求）
1.91%	8.96%	83.16%	5.97%

调查数据显示，有 83.16% 的学生认为，最佳会计教师应该具备“三年以上”实务经验，由此可见，学生们对会计教师的实务经验要求很高。

10. 最佳会计教师是否应具备较好的英语水平（见表 10）

表 10　英语水平

A（应该）	B（一般）	C（无所谓）
36.03%	35.39%	28.58%

调查数据显示，最佳会计教师是否应具备较好的英语水平，学生选择依次为：“应该”、“一般”、“无所谓”。学生虽然觉得会计教师应该具备较好的英语水平，但是比例不高。

11. 最佳会计教师的最佳类型（见表 11）

表 11　最佳类型

A（学者型）	B（科研型）	C（教学型）	D（实务型）
10.02%	5.97%	38.59%	45.42%

调查数据显示，学生喜欢的会计教师类型依次是：“实务型”、“教学型”、“学者型”、“科研型”。其中选择“实务型”的会计教师比例达 45.42%，即学生最喜欢“实务型”的会计教师。而选择“科研型”的会计教师比例只有 5.97%。这对高校科研至上的观点，无疑是个挑战。

（二）最佳会计教师软指标调查结果

1. 会计教师的教学态度、教学方法和教学能力哪个最重要（见表 12）

表 12　教学素养

A（教师人品）	B（教学方法与态度）	C（专业知识能力）	D（教学能力）
8.53%	39.66%	25.37%	26.44%

调查数据显示，最佳会计教师最应该具备的是：“教学方法与态

度”、“教学能力”、“专业知识能力”、“教师人品”。我们注意到，学生对会计教师的教学方法与态度的选择要远高于教师的教学能力及专业知识。

2. 会计教师的最佳课堂教学内容（见表13）

表13　最佳课堂教学内容

A（以教学大纲为主）	B（“教材+教师个性发挥”）	C（以教材为主）	D（以注会考试为主）
4.48%	76.55%	4.26%	14.71%

调查数据显示，有76.55%的学生希望会计教师课堂教学的内容是“教材+教师个性发挥”，而选择“以注会考试为主”的只占14.71%，强调“以教学大纲为主”和“以教材为主”的分别只有4.48%和4.26%。这一现象值得关注，首先，我们教学一贯主张的按照教学大纲规范内容，或以教材为主要内容的授课模式已不能满足学生的要求了；其次，以注册会计师考试教材为教学内容的观点也被颠覆；最后，学生要求教师的个性发挥的呼声，表明个性教育要从教师开始。

3. 会计教师针对学生的培养内容（见表14）

表14　培养内容

A（专业知识）	B（专业技能）	C（职业价值道德与态度）	D（注册会计师考试能力）
12.58%	37.95%	42.22%	7.25%

调查数据显示，在“专业知识”、“专业技能”、“职业价值道德与态度”、“注册会计师考试能力”四个方面，学生认为会计教师首先要重视职业价值道德与态度的占42.22%，其次才是“专业技能”占37.95%。说明学生并不是一味追求学习会计的操作技能。

4. 会计教师对科研的重视程度（见表15）

表15　对科研的重视程度

A（重视）	B（较重视）	C（一般）	D（无所谓）
5.76%	30.70%	44.14%	19.40%

调查数据显示，关于会计教师的科研水平，44.14%的同学认为“一般”即可，另外“重视”的与“较重视”的比率共36.46%，说明学生对待教师的科研水平，并非如学校和教师本身那么重视。

5. 教学与科研重要性的比较（见表16）

表16 教学与科研重要性的比较

A（教学）	B（科研）	C（教学与科研并重）	D（无所谓）
52.45%	3.84%	37.74%	5.97%

调查数据显示，在教学与科研之间，52.45%的学生认为教学比科研重要，赞同“教学与科研并重”的达37.74%，只有3.84%的学生认为科研比教学重要。

6. 会计教师与学生的最佳相处方式（见表17）

表17 最佳相处方式

A（朋友式）	B（导师式）	C（“朋友+导师式”）	D（无所谓）
3.20%	6.40%	87.85%	2.55%

调查数据显示，87.85%的学生希望他们与会计教师的关系是“朋友+导师”式的。现在的学生对会计教师的要求不仅仅是传授知识，而且追求与教师之间的心灵沟通、情感交流。即会计教师一方面要有为人师表的原则；另一方面也要以一种平等的心态爱护、接纳和尊重学生，与学生建立一种亦师亦友的关系。

7. 学生对会计教师的仪表要求（见表18）

表18 学生对会计教师的仪表要求

A（很在意）	B（在意）	C（一般）	D（不在意）
4.26%	35.39%	48.83%	11.52%

调查数据显示，对于学生是否在意会计教师的仪表问题，选择“在意”和“很在意”的共有39.65%，选择“一般”的占48.83%，而选“不在意”的只占11.52%。可见，学生对会计教师的仪表还是比较在意的。可以说，学生也越来越关注教师的外在形象，时尚靓丽可爱的会计教师显然已是这个时代的学生心目中的新宠。

8. 学生对会计教师兼职的看法（见表19）

表19 学生对会计教师兼职的看法

A（可以理解，但不能影响教学）	B（不喜欢，教师应以教书为重）	C（无所谓）
73.56%	9.17%	17.27%

调查数据显示，对会计教师在外兼职这个问题，学生的看法是比较宽容的，有73.56%的同学表示“可以理解，但不能影响教学”，而只有9.17%的同学认为“不喜欢，教师应当以教书为重”。

9. 会计教师参加继续教育的接受度（见表20）

表20 参加继续教育的接受度

A（应该）	B（不应该）	C（无所谓）
82.52%	2.13%	15.35%

调查数据显示，对会计教师是否应该参加继续教育或培训这个问题上，选择“应该”的有82.52%，占绝大多数，选择“不应该”的只有2.13%。说明学生对会计教师的继续学习能力有很高的要求。特别是新会计准则的出台，要求会计教师不断提高自身的专业水平和业务能力，从而更好地为会计教育、教学服务。

10. 会计教师最重要的个性品质

问卷中有一个多选题，是对会计教师个性品质的调查，共有17条可供学生多项选择。

根据“你认为作为会计教师最重要的个性品质是哪几条”问题的统计结果，按照学生投票顺序情况见表21。

表 21 会计教师最重要的个性品质

排序	个性品质	占比	排序	个性品质	占比
1	讲授吸引力	72.39%	10	讲究教学方法	44.44%
2	专业知识扎实	69.02%	11	学识水平	42.09%
3	品德	64.98%	12	教学投入	38.05%
4	责任心	63.64%	13	善于启发学生思考	37.71%
5	知识更新	61.95%	14	教学方式多样	35.35%
6	和蔼可亲、平易近人	57.91%	15	谈吐仪表	31.99%
7	能及时与学生交流	57.58%	16	重视学生参与	30.98%
8	教学态度	46.80%	17	作业适度	19.53%
9	公正客观	46.13%			

（三）学生心目中的最佳会计教师素描

综合上述分析，学生心目中的最佳会计教师应该是这样的：

他的年龄应该在 35—45 岁，教龄在 10—15 年，财会类专业毕业，研究生学历，硕士或博士学位，职称起码是副教授，最好是教授，同时具有高级会计师职称，有 3 年以上的实务经验，是实务型的会计教师。

他讲究教学方法，讲课具有吸引力，课堂教学的内容崇尚“教材 + 教师个性发挥”，重视培养学生的会计职业价值观念、道德与态度，他不一定科研水平十分突出，但应该始终坚持教学第一、科研第二的观点，与学生的关系是“朋友 + 导师”式的，并且注重自己的仪表，终身学习，知识不断更新。

三 “学生最欣赏的会计教师行为”的统计结果

问卷中有三个开放式的简答题，答案不受限制，学生可以根据自己的意愿，畅所欲言。第一题是“你最欣赏的会计教师行为是什么？”我们进行的统计排序如下：

(1) 有很好的教学方法，可以让学生把所学的知识充分用到实际工作生活中，学以致用。有丰富的实务经验，能够结合实务讲授课本内容。 (23.23%)

(2) 平易近人，愿意帮助学生解决问题。负责任，幽默风趣，能和学生打成一片，性格天真快乐，整天都是笑脸，靓丽、可爱，善解人意。 (20.71%)

(3) 多与学生交流聊天，了解重视学生的知识掌握程度，乐意倾听、体谅学生，对待学生一视同仁，尊重学生，答应学生的事能做到，言行一致。 (10.10%)

(4) 讲授有吸引力，能使学生对会计产生浓厚的兴趣。 (8.59%)

(5) 有很好的语言表达能力，掌握丰富的知识，专业知识扎实，有较高的威望，学识渊博，能够宏观剖解时事财经，能举一反三，有个人魅力，在考试前讲考试范围。 (8.08%)

(6) 讲课耐心全面、形象，态度认真，能吸引学生的注意力。 (7.58%)

(7) 与时俱进，及时更新、扩充新知识。 (7.58%)

(8) 以学生利益为主，注重不同学生的培养，对待学生的作业、考卷态度认真，仔细批阅，谦虚、教学态度好，注意细节。 (4.55%)

(9) 言传身教，品德高尚，谈吐不凡，课后辅导学生，教学投入，作业适度，布置的作业寓教于乐，通情达理，教学严谨。 (3.03%)

(10) 作业有选择且对学习有用。 (3.54%)

(11) 当老师发现自己有错时，老师会说出来并不会掩饰。 (1.505%)

(12) 上课准时，下课不拖延，经常讲考试重点。 (1.505%)

四 “学生最讨厌的会计教师行为”的统计结果

问卷中第二个简答题是：“你最讨厌的会计教师行为是什么?”我们进行的统计排序如下：

(1) 拖堂，照本宣科，只讲书上的，没有联系实际，教学方法单一，课堂内容枯燥，讲课条理不清楚。 (47.92%)

(2) 上课准备不充分，不负责任，态度不谦逊。 (20.12%)

(3) 讲课不切实际，天马行空，讲太多与专业知识无关的废话。 (5.90%)

(4) 不按课表上课，随意调课，心胸狭隘，消极看社会现状。 (5.28%)

(5) 专业知识不扎实，讲课口齿不清，一句话重复好多次。 (5.01%)

(6) 教学能力差，上课犹如催眠。 (3.07%)

(7) 教学随意，敷衍了事，上课使用电话。 (2.98%)

(8) 乱订资料，乱收费，板书太多，字迹潦草看不懂。 (2.23%)

(9) 回答学生问题时不耐烦，上课语速太快。 (1.52%)

(10) 作业太多，思想落后，不能理解学生，只管自己授课，不考虑学生。 (0.60%)

(11) 过于严厉，一副愤世嫉俗的样子，情绪化，在课堂上发脾气。 (0.54%)

(12) 高高在上，自以为是，对学生冷漠，经常刁难学生。 (0.52%)

(13) 给学生评分时凭感觉，打印象分，加感情分，歧视差生，偏爱优生、女生。 (0.44%)

(14) 批评学生时，态度粗暴，侮辱学生人格。 (0.21%)

(15) 弄虚作假，剽窃他人和学生的学术成果。 (0.06%)

五 “老师我想告诉你”的统计结果

问卷第三个简答题是：“对现任会计教师，你最想说什么?”我们进行的统计排序如下：

（1）专业与实务并重。（38.06%）

（2）学生提问时，您要认真帮助解答。（9.70%）

（3）可以适当严格一点，多让学生学习、利用知识，注意启发学生学习专业知识的兴趣。（8.96%）

（4）上课生动有趣点，多点吸引力，讲点有关学科的社会热点及经验。（7.46%）

（5）增加个人魅力。（4.48%）

（6）口齿要清楚，要讲究重点，让学生听得明白。（4.48%）

（7）在课堂上，与学生多点互动，改变姿态，与学生多交流。（5.22%）

（8）大多数教师都还不错，有些教师教学水平有待提高。（3.97%）

（9）继续努力。（3.73%）

（10）希望教学方式多样化。（2.96%）

（11）讲清每一个知识点，多传授与专业知识有关的信息，注意细节。（2.87%）

（12）提高专业知识，跟上时代，更新知识。（2.24%）

（13）授业同时教授会计人员的职业操守。（1.95%）

（14）上你的课要不停地抄笔记，没有喘息的时间。（0.03%）

（15）上课多些题练习并分析，选择教材时，不要选和上课内容很不契合的书。（0.10%）

（16）老师，如果您没有作业那真的很好。（0.03%）

（17）不要一下课就走。（0.02%）

（18）教书育人，不要误人子弟。（0.02%）

六 “学生对会计教师满意度”的统计结果

表 22 学生对会计教师满意度

A（很满意）	B（满意）	C（一般）	D（不满意）
3.84%	33.90%	56.29%	5.97%

表22显示，学生对自己的会计教师的满意度依次为：“一般”、“满意”、“不满意”、“很满意”。说明学生对目前会计教学现状的评价是“一般”，选择“很满意”和“满意”的比例之和为37.74%，居第二位，不满意的只有5.97%，由此可见在学生心目中，会计教学现状是一般稍好。

（郭强华、江茜、林芳）

浙江高校会计教育水平如何?

——基于浙江大学等5所高校的问卷调查

2013年5—12月，我们通过调查问卷的方式对浙江高校几个水平较高的会计专业学生进行了问卷调查，内容包括学校会计教学水平、教师素质、教学环节和会计教育弊端等。以期为浙江会计教育发展提供改进路径。

一　调查方法——问卷调查法

本次研究调查采用调查问卷形式，问卷分为两部分。第一部分是调查高校学生对当前会计教育弊端及对本次调查问卷内容现象的一些态度。内容包括：对学校教学水平的调查、对教师职业素质的调查、对学生学习的调查、对课程设置的调查、对教学场地及实验器材的调查、对教学内容及实用性的调查、对教学方式及手段的调查、对考核方式的调查评估共8项。每项指标从满意到不满意设5个选项，即“非常满意”、“比较满意”、“一般”、“不太满意”和“很不满意”。分值分别为5分、4分、3分、2分、1分。由学生对指标进行选择打分，然后由我进行统计并计算评估分，以此判断指标的优劣（四舍五入）。“非常满意”指标为4分及以上，“比较满意”指标为3—4分，低于3分为较差指标。第二部分调查高校学生对当前会计教育一些弊端反映的一些问题及其进行改革的愿望，为多选题，目的是让高校学生们全面反映会计教育存在的一些弊端及对改革方向的一些要求。2013年12月，我们到杭州做了498份问卷，回收有效问卷477份，有效回收率95.78%。问卷的发放与回收，均由我及同学帮忙负责完成。

（一）调查对象

关于笔者的论文调查对象，为了使笔者的论文更具代表性，笔者选择了杭州高校作为对象，分别为浙江大学、浙江财经大学、杭州电子科技大学、浙江工商大学、中国计量学院。浙江大学是浙江省的名牌大学，浙江财经大学是经济管理类非常有名和具有权威性的一所大学，还有杭州电子科技大学也是会计专业比较出名的大学。通过朋友的帮助，实地做调查问卷来作为笔者的统计对象。

参与问卷调查的高校会计学生主要分布在浙江省杭州市的高校。

调查样本的基本情况：总共有498份调查问卷，无效问卷有21份，有效问卷有477份，有效回收率为95.78%。在学校方面，浙江大学有85份，占17.82%；浙江财经大学有214份，占比44.86%；杭州电子科技大学有94份，占比19.71%；浙江工商大学有52份，占比10.90%；中国计量学院有32份，占比6.71%。

在性别方面，女生394人，占82.60%；男生83人，占17.40%；女生比例占比较多。在专业方面，会计占74.32%，财务管理占10.48%，审计占8.63%，税务会计占3.25%，其他占3.32%。在年级方面，大一有85人，占17.82%；大二有163人，占34.17%；大三有178人，占37.32%；大四有51人，占10.69%，样本大部分集中在大二、大三年级段，因为大二、大三已经对会计这个专业有了一些了解，而大四学生课程比较少，而且临近毕业，事情比较多，所以不太容易获得大四的调查问卷。

（二）调查内容

笔者的调查问卷主要有以下几个当前会计教育的弊端问题研究：（1）对学校教学水平的调查；（2）对教师职业素质的调查；（3）对学生学习的调查；（4）对课程设置的调查；（5）对教学场地、实验器材的调查；（6）对教学内容及实用性的调查；（7）对教学方法及手段的调查；（8）对考核及评价方式的调查。我的调查问卷主要由15个单选题、13个多选题和2个开放式问题所组成。15个单选问题对应有3—5个的答案可供学生选择，13个多选题可以同时有多个选择，而2个开放式的答案不受限制，学生可以结合自身的体会发表自己的意见及建议，说出心中所想。

二　会计教育弊端调查——主观方面

（一）对学校教学水平的调查

1. 经调查分析，大约有70%的学生对当前学校教学水平整体程度表示满意（见表1）

表1　　对学校教学水平的满意度

满意程度	满意比值	分值
非常满意	5.28%	5
比较满意	65.00%	4
一般	26.67%	3
不太满意	2.78%	2
很不满意	0.28%	1
评估分		3.7225

根据调查统计数据显示，对学校教学水平表示“满意”的占70.28%，感觉“一般”及以下的将近占了30%。由此可见，浙江高校对学校会计教育的教学水平是非常认可的，但还是有一些学生觉得学校教学水平还可以有一些提高，我们可以明确会计教育的教学目标，劲往一处使，从各方面提高教学水平。

从指标评估分值看，对学校教学水平调查的评估分为3.7225，超过一般水平的指标，四舍五入为4，为较满意指标，表现出对学校的教学水平是满意的。

针对当前会计教育水平的一些调查，笔者又设了一个“对学校的会计教育存在的一些具体问题”的多项选择题，使问题直观地体现出来。

2. 对学校的一些会计教育存在的问题有以下哪些？（可多选）

根据表2数据显示，“缺乏案例式的教学、师生互动式教学”；“学校的考核方式太过于依赖卷面考试”；“学校教材与实际需求配合度不高”这三项排在前三。

表 2　　会计教育存在的问题

学校课程设置不合理，专业课之间内容重复	17.86%
缺乏案例式教学、师生互动式教学	51.19%
学校教材与实际需求配合度不高	35.71%
学校的考核方式太过于依赖卷面考试	44.05%
师资水平有待提高	13.10%
其他	3.57%

由此可见，当前学生对于“案例式教学、师生互动式教学”的期望比较高，希望老师能够根据具体的案例来进行会计的教学，使会计更加贴近生活。学生也反映出一个教材与实际需求配合度不高的问题，这说明学生希望教材更加贴近实际，增加教材的实用性，使学到的知识更多地用于实际。对于会计考核评价方面，当前学生们觉得考核方式十分依赖卷面考试，而不是综合地检查所学的知识，反映出学生的综合素养，希望对其进行改革。

综上所述，我们可以分析得到以下结论：学生对当前学校的总体教学水平表示满意。但他们迫切地渴求一种双向交流的课堂环境，希望学到的会计知识能够用于实践，希望能得到历练，也对学校的考核方式提出了一些意见，使学校的考核更加全面与灵活，能综合反映一个学生的素养。

（二）对教师职业素质的调查

1. 近 85% 的学生对当前会计老师的素质表示满意（见表 3）

表 3　　对会计教师素质的满意度

满意程度	满意比值	分值
非常满意	17.86%	5
比较满意	66.67%	4
一般	13.10%	3
不太满意	2.38%	2
很不满意	0	1
评估分		4.0004

根据调查统计数据显示，当前学生们对于会计老师的素质是处于一个“非常满意”的状态，“比较满意”的占66.67%，接下来便是非常满意的占17.86%，然后是一般的占13.10%。

从指标评估分值看，它的分值为4.0004，是一个比较高的分值，说明当前会计老师的素质是令人满意和放心的。

2. 由表4可见，大约75%的学生对任课老师在学生的问题指导和认真讲解的态度表示非常满意

表4　　会计教师教学认真负责的程度

满意程度	满意比值	分值
非常认真	23.81%	5
对突出问题进行指导	52.38%	4
只做一般指导	21.43%	3
不做指导	2.38%	2
没有指导老师	0	1
评估分		3.9762

根据调查统计数据显示，会计教育的任课老师有52.38%对“突出问题进行指导”，23.81%的学生觉得老师是“非常认真”教学的，而21.43%的学生认为老师“只做一般指导”，也有2.38%的学生认为老师根本“不做指导”或“没有指导老师”。可以看出，老师们对于一些重难点问题及容易混淆的问题的解答态度十分认真，可以看出会计系的老师们在有限的课堂教学时间里教学非常认真负责。

从指标评估分值看，对学校教学水平调查的评估分为3.9762，超过一般水平的指标，4为较满意的指标，所以在老师对学生的教学问题指导上面，学生们还是觉得非常满意的。针对一些老师职业素质的调查，笔者又设了一个“对于会计系老师，您觉得他（她）们有以下哪些课堂上存在的不良表现?”的多项选择题，来直观反映教师的一些问题。

3. 对于会计系老师，您觉得他（她）们有以下哪些课堂上存在的不良表现?（可多选）

根据表5统计数据显示，会计系老师的不良的课堂表现依次主要有

“自顾自上课，不管课堂纪律，和学生没有互动”，占比46.43%；“拖堂”，占比25.00%；“普通话不标准，口齿不清”，占比23.81%；“手机未设置静音，课堂上发短信，打电话”，占比16.67%。老师们可以从这几个方面来提升自己的一些素养。

表5 会计教师课堂上的不良表现

普通话不标准，口齿不清	23.81%
手机未设置静音，课堂上发短信，打电话	16.67%
自顾自上课，不管课堂纪律，和学生没有互动	46.43%
言行举止不文明	2.39%
迟到早退	1.19%
拖堂	25.00%
没有公平对待学生	4.76%
其他	17.86%

综上所述，我们可以分析得到以下结论：学生们对会计老师的态度是处于一个满意的状态。老师的教学态度也非常认真，但也希望老师在课堂上能够与学生互动，调节课堂气氛，增强教学的纪律。

另外，会计老师是学校的中坚力量，他们担负着重要的责任，引导学生进行教学，培养人才，在这里，老师应该注重两个方面的掌握：一是改革的新版会计知识的学习，知识的掌握要与时俱进；二是对于会计职业道德的注重和教育，现在学校都非常注重会计专业知识的教导，而忽视了会计职业道德的教育，老师要以身作则，时刻提醒学生会计职业道德的重要性，来引起学生的重视。

（三）对学生学习的调查

1. 近一半的学生表示自己学习处于一个努力的状态，而另一半则表示学习认真程度一般（见表6）

根据调查统计数据显示，近一半的学生觉得自己是处于一个努力的状态，积极地学习书中的知识，从而融会贯通，熟练运用。有39.29%的学生认为自己努力程度比较“一般”，是在一种既不积极主动学习，又不扔下知识，是处于一个得过且过的状态，作为学生的这样一种角色，应做好自己的本分工作，而不应该贪图享乐。

表6　　学生学习的努力程度

满意程度	满意比值	分值
非常努力	15.48%	5
比较努力	34.52%	4
一般	39.29%	3
不太努力	9.52%	2
很不努力	1.19%	1
评估分		3.5358

从指标评估分值看，它的评估分是3.5358，总的来说，是处于一种一般努力和比较努力的状态之间。由此可见，现在大学生学习风气普遍一般，没有初高中那么浓厚，所以，作为学生，应该做好自己的本职，应更加努力学习，增加自己的知识量，才能有立足于社会的本钱。

2. 由表7可知，有将近三成的学生在课堂或课后会主动询问老师会计问题

表7　　学生询问老师问题情况

满意程度	满意比值	分值
非常频繁	11.90%	5
比较频繁	22.62%	4
一般	30.95%	3
不太频繁	28.57%	2
很不频繁	5.95%	1
评估分		3.0592

根据调查统计数据显示，占比从高到低排列为“一般”（30.95%），“不太频繁”（28.57%），“比较频繁”（22.62%），“非常频繁”（11.90%），“很不频繁”（5.95%）。从数据上看，近三成的学生不问老师问题，表现也不积极，另三成的学生表示问问题的频率比较一般。还有将近三成的学生是比较频繁地问问题的，他们主动地学习会计知识，不懂便问，搞清楚，问明白，努力在脑海里构架出一个会计的知识体系，成为一个有能力的人。

从指标评估分值看，它的评估分为3.0592，是在一个较低的分值，

是一种一般的状态。由此可见，作为学生应该端正学习态度，大学文凭固然重要，大学里学到的知识也非常重要，我们要好好学习知识，做一个对社会有用的人。

综上所述，我们可以分析得到以下结论：学生对自己学习的努力程度感觉比较满意，但学生缺乏一种主动性，如主动问老师问题、主动与老师进行讨论等，缺乏一种学习的积极性。所以学生更应好好学习，增强知识的掌握，融会贯通，灵活使用。

三　会计教育弊端调查——客观方面

（一）对课程设置的调查

1. 由表 8 可见，有将近六成的学生对于学校会计课所设置的课程内容表示满意

表 8　　　　会计课程设置的满意度

满意程度	满意比值	分值
非常满意	10.71%	5
比较满意	47.62%	4
一般	39.29%	3
不太满意	2.38%	2
很不满意	0	1
评估分		3.6666

根据调查统计数据显示，近六成的学生对会计课程设置处于一个满意的状态，而近四成的学生觉得课程设置一般，所以学校可以尽可能地满足学生对课程的一些要求，听取学生的心声，从而进行课程设置的改革。

从指标评估分值看，它的分值为 3.6666，是处于一个比较满意的状态，所以学生对当前学校的课程设置还是比较认可的，学校应积极改正不足的地方。

针对学校课程设置问题的一些调查，笔者设置了“您认为学校课程设置有什么问题?”及“对于在学校的课程设置里，学校应加强以下哪些课

程?”的一个多项选择题，来直观地反映学校课程设置的一些不足之处。

2. 您认为学校课程设置有什么问题？（可多选）

表 9　　　　学校课程设置存在的问题

专业课之间内容重复	5.95%
学校会计专业课多，但培养学生综合素质的基础课少	52.38%
实验和模拟课程及课时少	47.62%
各个学期不同层次及性质的课程分布不够合理	33.33%
缺少会计职业道德课程	27.38%
其他	7.14%

根据表 9 统计数据显示，问题占比从高到低依次为“学校会计专业课多，但培养学生综合素质的基础课少”（52.38%），“实验和模拟课程及课时少”（47.62%），“各个学期不同层次及性质的课程分布不够合理”（33.33%），“缺少会计职业道德课程”（27.38%），“其他”（7.14%），“专业课之间内容重复”（5.95%）。

由此可见，学校比较注重专业课的教学，而忽视了培养学生的综合素质和会计职业道德教育，虽然会计学习课程和内容比较多，但学校还是要注重对学生的素质教育。

3. 对于在学校的课程设置里，学校应加强以下哪些课程？（可多选）

表 10　　　　有待加强的课程

外语、计算机	22.63%
管理类	16.67%
法律类	21.43%
相关经济类	36.90%
心理学	39.29%
注册会计师 CPA	79.76%
会计职业道德素质	22.62%
其他	1.19%

根据表 10 统计数据显示，占比从高到低依次为“注册会计师

CPA”（79.76%），“心理学”（39.29%），“相关经济类”（36.90%），“外语、计算机”（22.63%），“会计职业道德素质”（22.62%），“法律类”（21.43%），“管理类”（16.67%），“其他”（1.19%）。

由此可以看出，学生们有种迫切希望学校课程能够增设注册会计师CPA的课程，使学习体系更加完整，与社会接轨，也有利于考注册会计师CPA。

同时，学生们也对以后踏上会计这条路的工作有些迷茫，希望加设心理学的课程，不做假账，能够好好调整自己的心理状态。另外，学生们也希望加设一些相关经济类的课程，外语、计算机，会计职业道德素质，法律类，管理类的课程，而不是仅仅专注会计的专业教学。

综上所述，我们可以分析得到以下结论：学生对学校的课程设置是处于一种比较满意的状态。但学校的专业课程可能设置比较多而忽视了学生综合素质的基础课和实验模拟课程的设置。另外，学生们认为学校应加强中国注册会计师CPA的课程教育，与社会接轨，让学生更系统地学习会计知识。

对于课程设置的问题，主要有两个方面：一是有些学校设置的课程可有可无，可学可不学，对于会计学生的价值一般；二是一些课程对会计学生根本没有用或者不重要。我们应加强实验和模拟课程的设置，增强学生的职业技能。

另外，现在社会盛传一句话：“毕业等于失业”，所以对于就业压力比较大，课程上应该加上一些心理学的知识，使大学生健康地发展，使毕业生能够以一个良好的状态来应对就业。

最后，对于一些职业道德和一些基础课程，只是作为选修课的形式存在，并没有引起学校的重视，学校也应该注重学生道德方面的教育。

（二）对当前学校的教学场地、实验器材等的调查

1. 对于当前学校的教学场地、实验器材等设施的态度，近六成的学生表示比较满意（见表11）

根据调查统计数据显示，将近六成的学生对学校的教学场地和实验器材保持一个满意的状态，而有近三成的学生对其态度表示一般。由此可见，学生们对学校的教学场地和实验器材还是比较认可的，但是学校还要进行改革，争取与时俱进，顺应社会经济发展，增加学校一些器材

的购买，增强客观教学质量。

表 11 对教学场地及实验器材的满意度

满意程度	满意比值	分值
非常满意	4.76%	5
比较满意	55.95%	4
一般	29.76%	3
不太满意	4.76%	2
很不满意	4.76%	1
评估分		3.464

另外，从指标评估分值看，它的分值为3.464，在一般和比较满意之间，这也说明了学校对教学场地和实验器材还有一些可待提高的地方，所以学校要做好一些场地及器材的准备工作，使学生的学习更加方便和快捷。

针对当前学校的教学场地、实验器材等设施的问题，笔者又设置了“学校对会计信息系统课程这样一种用计算机来教学的方式存在哪些问题?”的一个多项选择题，来直观地反映一些问题及学生们的态度。

2. 学校对会计信息系统课程这样一种用计算机来教学的方式存在哪些问题?（可多选）

表 12 计算机教学方式存在的问题

电脑配置数量不够	27.38%
使用单一软件教学	65.48%
指导操作教师的实践经验不够	29.76%
指导老师没有耐心	8.33%
其他	4.76%

根据表12统计数据显示，关于会计信息系统的教学主要存在的问题是“使用单一软件教学”，占比65.48%，可见学校只用一种软件进行电算化教学，使学生只会一种软件操作，而社会上会计电算化软件何其多，只用单一软件适应不了社会发展，所以学校应与时俱进，多教学

一些会计软件，使学生能够熟练应用。

另外，“指导操作教师的实践经验不够”，占比 29.76%，“电脑配置数量不够”，占比 27.38%。这些问题也需学校帮忙解决，使学生能在一个便利的环境中学习。

综上所述，我们可以分析得到以下结论：学生对教学场地、实验器材基本表示满意。但学校仅使用单一软件教学，缺乏会计软件的多样性，不利于学生的学习，学校应引进社会多项软件来对学生进行培训。另外电脑数量不够，学校缺乏硬件上的设施。

（三）对当前学校的教学内容及教学内容实用性的调查

1. 近一半的学生对学校会计软件培训比较满意（见表 13）

表 13　　对会计软件培训的满意度

满意程度	满意比值	分值
非常频繁	3.57%	5
比较频繁	47.24%	4
一般	46.43%	3
不太频繁	2.53%	2
从不培训	0.23%	1
评估分		3.5139

根据调查统计数据显示，对学校会计软件的培训有 47.24% 的学生感觉“比较频繁”，有 46.43% 的学生感觉“一般”，所以学校应加大金蝶、财务通等会计软件的培训，使学生满意，增加学生对会计软件使用的熟悉性和灵活性。

另外，从指标评估分值看，学校需要加强对学生的培训，来增强他们进入社会的资本。

针对学校教材问题，笔者还特意设置了两个多项选择题，即“对于当前学校，您认为贵校的会计教材里面内容存在以下哪些问题?”、“您对学校选用教材有什么建议?”来直观反映学生的一些心声。

2. 对于当前学校，您认为贵校的会计教材里面内容存在以下哪些问题?（可多选）

根据表 14 统计数据显示，对本校会计教材内容问题占比由高到低依次为“教材不能满足当前社会需求，缺乏实用性”（48.81%），“教学内容滞后于经济的发展”（38.10%），“缺乏启发性”（22.62%），“教学内容过深且不符合认知规律”（20.24%），“教学课程的结构不合理，课程内容交叉重复”（14.29%），“忽视实训教学内容”（7.14%），“其他”（4.76%）。

表14　会计教材存在的问题

忽视实训教学内容	7.14%
教学内容滞后于经济的发展	38.10%
教学内容过深且不符合认知规律	20.24%
缺乏启发性	22.62%
教材不能满足当前社会需求，缺乏实用性	48.81%
教学课程的结构不合理，课程内容交叉重复	14.29%
其他	4.76%

所以学生迫切要求会计教材能够增强实用性，符合社会需求，会计内容能够联系实际，与时俱进，而不是脱节于社会。另外，学生还觉得会计教材缺乏启发性，不灵活，必须死记硬背。

3. 您对学校选用教材有什么建议？（可多选）

表15　教材的选用

西方原版教材	30.95%
名牌高校教材	64.29%
国家统编教材	15.48%
教师指定教材	26.19%
自编讲义	38.11%
其他	1.18%

根据表15统计数据显示，学生们比较倾向于使用“名牌高校教材”，占比64.29%，认为名牌高校教材内容清晰、完整，比较灵活。然后是喜欢老师“自编讲义”，占比38.11%，可能老师自编讲义比较符合学生的学习进度和学习状况，而且老师自编的讲义，老师内容会讲

得比较深刻、形象、有内涵，易于学生的理解。接下来便是“西方原版教材”，占比30.95%，比较国际化和权威性。“教师指定教材”，占比26.19%。“国家统编教材”，占比15.48%。“其他”，占比1.18%。

综上所述，我们可以分析得到以下结论：学生们对学校的教学知识的实用性产生怀疑，他们迫切地希望学校的教材能够满足社会需求，联系实际发展，来适应经济发展，与时俱进。还要求学校的教材具有启发性和灵活性，争取成为现在社会稀缺的创新性人才。原来以“记账、算账、报账、用账”为指标培养的人才已不是新时代所培养的会计人才的目标，而是需要一种更为全面的人才，更加创新和灵活。

同时，选用教材方面，学生们倾向于名牌高校教材，说明学生们希望学到具体、系统、先进的知识，他们希望教材也能够顺应会计教育国际化，来适应经济全球化的竞争。

（四）对教学方式及手段的调查

1. 由表16可见，大约75%的学生对会计老师的教学方法评价表示满意

表16　　对教学方式及手段的满意度

满意程度	满意比值	分值
非常满意	8.33%	5
比较满意	67.90%	4
一般	17.86%	3
不太满意	4.72%	2
很不满意	1.19%	1
评估分		3.7516

根据调查统计数据显示，对于会计老师的教学方法评价占比从高到低依次为“比较满意”（67.90%），“一般”（17.86%），“非常满意”（8.33%），“不太满意”（4.72%），“很不满意”（1.19%）。所以大约75%的学生对当前学校的会计老师的教学方法表示满意。

另外，从指标评估分值看，评估分为3.7516，是处于比较满意的状态。

针对教学方式及手段的调查，笔者又设置了“您倾向于哪种教学方

式?”及“对于当前的会计教学方式，您认为教导的老师存在以下哪些问题?”的多项选择题，来直观地反映学生们的态度。

2. 您倾向于哪种教学方式?（可多选）

表 17　　教学方式

教师讲解	21.43%
教师起主导作用，学生走上讲台	36.91%
“自学+教师讲解”	26.19%
案例教学，分组讨论	32.14%
计算机辅助教学	16.67%
邀请实务界人士讲学	39.29%
企业实习	33.43%
其他	0.21%

根据表 17 统计数据显示，根据占比由大到小依次为“邀请实务界人士讲学”（39.29%），“教师起主导作用，学生走上讲台”（36.91%），“企业实习”（33.43%），“案例教学，分组讨论”（32.14%），“自学+教师讲解”（26.19%），“教师讲解”（21.43%），“计算机辅助教学”（16.67%），“其他”（0.21%）。

由此可以看出，学生们希望学校邀请实务界人士来学校讲学，来传授一些工作上的经验和知识，让学生们开阔眼界，更加了解社会，了解会计知识的侧重点，来更好地学习。他们也希望课堂上更加主动有意思，同学们之间可以互相交流讨论。他们也渴望会计类的社会实践，渴望接触社会，希望能从社会中学到更多，更自信地步入社会。

3. 对于当前的会计教学方式，您认为教导的老师存在以下哪些问题?（可多选）

根据表 18 统计数据显示，学生觉得老师教学方法的不足之处主要有“教师自顾自讲课，缺少与学生的双向互动”，占比 58.33%，“缺乏问题讨论和案例分析”，占比 40.48%，反映出老师教学时候未与学生有双向的交流，老师只顾自己讲课，缺少与学生的互动。另外也反映出师生间对于问题和案例没有太多的交流和讨论。

综上所述，我们可以分析得到以下结论：学生们对于老师教学方法还是比较满意的，只是学生们希望课堂上老师能够调动学生的上课气氛，而不是在讲台上照本宣科，“满堂灌”；学生们在讲台下死记硬背。学生们希望能有一种更为灵活的教学方式，实现老师与学生的双向沟通。同时也希望社会实务人士来学校对即将走上社会的学生传授一些经验和知识，建立一个学校与社会的桥梁。

表 18　　教师教学方式中存在的问题

老师照本宣科，根本不熟教材内容，无法帮学生解惑	13.10%
教师自顾自讲课，缺少与学生的双向互动	58.33%
教学局限于书本的理论知识，却无法联系实际	17.86%
缺乏问题讨论和案例分析	40.48%
未能有效传授会计的学习方法，不善于启发	22.62%
其他	3.57%

我们每个学校都应该有自己的特色和目标，根据目标来合理地设置课程，创新自己特色的一种教学方法，让学生更加主动地学习。培养适应于社会的“创新型”的人才，来应对中国日新月异的经济发展，而不是让知识与社会脱节。

（五）对考核方式的调查

1. 由表 19 可见，近一半的学生对学校的考核评价指标及方式表示满意

表 19　　对考核方式的满意度

满意程度	满意比值	分值
非常满意	7.12%	5
比较满意	42.86%	4
一般	45.14%	3
不太满意	4.06%	2
很不满意	0.82%	1
评估分		3.528

根据调查统计数据显示，近一半的学生满意，45.14% 的学生感觉“一般”，所以学生对考核方式的态度总体上还是比较满意的。

另外，从指标评估分值看，评估分为3.528，处于一般和比较满意之间，总体来说是较优的一个态度。但学校的考核方式还需进一步的改革，更能贴近学生，全面反映学生的综合素质。针对学校考核方式的调查，笔者又设置了“您觉得考试的内容怎么样?”和“您认为当前学校的期末考核方式有哪些缺点?”的多项选择题，来直观反映学生对学校考核方式的一些态度。

2. 您觉得考试的内容怎么样?（可多选）

表20　　考试的内容

考试未脱离传统命题形式，学生需死记硬背	41.67%
考题脱离实际运用	29.76%
考试内容题型单一，缺少灵活性	51.19%
不能全面体现考试的功能	30.95%
其他	1.65%

根据表20统计数据显示，“考试内容题型单一，缺少灵活性”和“考试未脱离传统命题形式，学生需死记硬背”所占比例较大，分别为51.19%和41.67%，显示出学生考试内容呆板，僵硬，缺少灵活性，不能融会贯通，题型也比较单一，学生需要死记硬背。

所以学校考试内容可以灵活些，从实践、平时回答问题，到课率等来共同组成考核的内容，能整体反映学生的综合能力和知识掌握情况，考试的试卷题型可以进行改革，能综合反映学生的学习情况。

另外，“不能全面体现考试的功能”所占比例为30.95%；“考题脱离实际运用”所占比例为29.76%。都体现出一个问题：考核方式应全面反映学生的学习情况，更要结合实际运用进行改革。

3. 您认为当前学校的期末考核方式有哪些缺点?（可多选）

根据表21统计数据显示，考核方式的缺点比例从高到低分别为“学校未注重对学生理解和解决能力的考察”(52.38%)，“对于实践技能及课堂表现的考核比重不多”(39.29%)，“考核过于依赖卷面成绩，学生需死记硬背”(32.14%)，“方式单一，缺少灵活性”(25.00%)，“学校不能公正评价和衡量学生的总体素质”(22.62%)，“其他”(1.19%)。

表 21　　考核方式的缺点

考核过于依赖卷面成绩，学生需死记硬背	32.14%
学校未注重对学生理解和解决能力的考察	52.38%
对于实践技能及课堂表现的考核比重不多	39.29%
方式单一，缺少灵活性	25.00%
学校不能公正评价和衡量学生的总体素质	22.62%
其他	1.19%

以上情况反映出学生认为学校考核应注重对学生理解能力、解决能力的考察，比例超过五成。同时学生们认为应加强对实践技能、课堂表现的考核。学校考核需灵活，考核的结果应体现学生的综合素质。

综上所述，我们可以分析得到以下结论：学生对学校考核方式大体上表示满意，但还需健全教学评价制度、具体的考核方式。他们觉得学校未脱离传统的考核命题形式，作为学生需死记硬背，这样的考核方式不易调动学生对会计学习的积极性。而且学校考核未注重对学生理解和解决能力的考察，学生的实践技能、课堂表现的考核所占比重不多，大都是书本上原封不动的知识，我们可以在考试内容上出一些开放型的题型，进行“头脑风暴”；考核方式上可以有开卷考试，如论文、案例分析等；计分上增加课堂表现和到课率的比重等方面的改革。

（郭强华、王蕾）

学生对会计教师的九大不满
——来自浙江高校的调查

一　调查样本选择与结果

调查样本涉及宁波大学、浙江财经学院、浙江工商大学、浙江工业大学的会计系学生，共发了问卷219份，收回192份。其中，空白问卷52份；有效问卷140份，其中满意或无意见问卷43份，有意见的问卷97份。

对调查问卷各选项的选择人数的统计结果见表1。

表1　　　　样本分布

方面	选项	选择人数
学习	迟到	18
	拖堂	33
	课堂中随意使用手机	26
	方言重，废话多，不知所云	42
	对学生指导不够	24
	会计相关专业知识掌握不够；实践能力和经验不足	18
	过于强调考证	15
	会计课程教学方法有问题	45
	兼多门课程，甚至跨学科，精力分散	27
	与学生没有交集	45

续表

方面	选项	选择人数
工作	给人古板顽固的印象	45
	交际能力差	12
	没有活力	33
	态度不认真	18
	工作缺乏激情	33
	压力大，精神状态不佳	6
	没有责任心	30
	接受新知识、变化的能力差	21
	对会计学科没有兴趣	6
	除会计教师外身兼多职，没有全力投入工作	33

二　如何解决九大不满问题

（一）关于会计课程教学方法有问题

1. 造成教学方法问题的原因

传统的会计教学方法，可以归纳为“教师讲，学生听；教师写，学生抄；教师考，学生背”的比较呆板的公式化的教学模式，存在费时费力，知识输出量少；重理论，轻实践；不能全面启发学生的思维，忽视了学生在学习上的主动性，不能激励学生的创新精神，难以培养出发展后劲足、开拓创新型的会计人才等弊端。长此下去，势必会造成一种沉闷的课堂氛围，扼杀学生的主观能动性，这些弊端严重地制约了教学实践和教学效果的提高，在一定程度上形成了只强调知识传授而忽视学生能力培养的局面，最终不可能达到教学的根本目的。

造成以上问题的原因主要有：

（1）传统教学方式的延续，严重束缚了学生的想象力，压缩了学生想象的空间。

（2）课程设置不尽科学，课堂结构不合理，内容重复，造成课时浪费。课程的设置，取决于培养目标。

（3）现代教育工具应用不够广泛，多媒体教学目前还尚未应用到所有的专业课程中，尤其是会计教学多采用小班授课，多媒体教学受到限制，其他现代化教学手段也非常少。

（4）实践环节少，造成学生动手能力差。

2. 对会计教学方法的建议

（1）案例教学法。案例教学法是经过一个具体学习情境的描述，引导学生针对这些情境进行讨论的方法。案例教学法大大缩小了教学与实际生活的差距，它有利于学生树立角色意识，提高学生独立思考能力、决策能力，并在一定程度上培养学生的团队协作精神。在运用这种方法时，首先，教师应根据教学内容，深入企业收集现实案例，经过加工分析制作成教学案例；其次，教学时先从小的案例教学入手，学生适应后再进行大的案例教学；最后，在案例分析时还要做到教师与学生的有效互动，有分析、有思考、有讨论、有总结。

（2）换位教学。又称学生讲课方式，这是一种学生拿着自己准备的教案讲课，而老师听课的过程。这种方式能培养学生换位思考的习惯，让学生去体会老师备课的辛苦，从而更加认真地去对待每一堂课。

（3）小组讨论法。此方法要求教师首先应结合当今会计界最关注的事件并结合本节的教学内容，提出讨论的主题。然后给学生分组，每个小组的成员在教师的点拨和提示下，对问题进行思考，再通过相关资料的搜集和整理，进行书面写作，再在课堂上展开讨论，学生各抒己见。最后教师对学生的观点做出评价并进行总结，点明主题。这种方法可以调动学生的学习积极性，锻炼学生上网查阅资料、综合运用所学知识解决实际问题的能力。

（4）项目教学法。这是目前教学方法中应用最广泛的一种方法。它把教学内容分成若干项目，每个项目下又设有不同的任务。由老师布置任务，然后学生通过查阅资料后，经过分析、思考完成任务，以达到使学生在完成任务的过程中掌握知识的目的。这种方法也有它的缺点，教师若对此方法把握不好则容易使项目之间联系不大，从而导致项目与项目之间内容脱节，使学生不能系统地掌握知识，也不利于培养学生的职业能力。

（二）关于与学生没有交集

1. 与学生没有交集的原因

由于长期受应试教育的影响，在实际的教育、教学中，只注重认知的培养，而忽略了情感的培养，使不少学生对会计缺乏足够正确的认识和积极的情感，对会计有不同程度的厌烦和恐惧心理。

（1）情感教育可促进认知的发展。苏联教育家斯卡金特认为，未经过人的积极情感强化和加温的知识将使人变得冷漠，由于它不能拨动人们的心弦，而且很快就被遗忘，因此情感是认知能力发展的动力。

（2）情感教育可以培养学生良好的心理个性品质，会计的学习过程需要坚强的毅力，学生通过各种的计算，能认识到自己的力量，增加学习的乐趣，从而增强自信心。

（3）情感教育可以培养学生对会计的积极情感，通过教师满腔热情的引导和充分挖掘会计之美，都可以激发学生学习会计的热情。

2. 如何在会计教学中实施情感教育

（1）师生之间首先是人与人之间的平等关系。学生容易受教师的影响，要使学生产生积极的情感和培养他们的良好个性品质，教师首先必须投入积极情感，如对会计的热爱，对工作的执着，以及对学生的关爱和学习中的鼓励均可激起师生之间的情感共鸣。

（2）在课堂教学中，必须提高学生的参与程度。教师时时不要忘记学生是学习的主体，让学生参与到知识的建构过程中。教师应提供更多机会，让学生多动手，加强师生之间、学生之间的交流。在交流过程中培养互相协作、勇于表达、互相尊重等良好的个性品质。

（3）培养兴趣，激发学生乐于学习会计的情感。孔子曰："知之者不如好之者。"爱因斯坦曾说："兴趣是最好的老师。"培养兴趣，可通过精心创设问题情境，把会计知识与学生的实际联系起来。

（三）关于给人古板顽固的印象

1. 学生对教师印象的重要性

倘若学生不能对教师形成良好的印象，则教师的教育教学效果将事倍功半，其自身价值也无法实现。因此，研究学生对教师的印象形成机制及教师的对策，对于不少教师走出"印象"困境，提高教书育人效果，是大有裨益的。

不论是有意识还是无意识，学生对教师的判断评价总是伴随着整个教育教学关系的始终而发展的。当一个陌生的教师开始任课的时候，学生的判断评价意识都特别强烈，他们会细心观察潜心揣摩以形成印象。即使后来对教师很熟悉了，其判断评价意识仍然要对既成印象无休无止地进行印证、补充、修改和深化，只是外部直观表现要淡化些。

2. 会计教师应注意运用印象管理的技巧与策略

（1）角色调控，强化第一印象。在人际交往中，第一印象往往是强烈而深刻的。学生对教师的第一印象的好坏，直接影响教育者威信的树立和工作的开展，因为第一印象一旦形成就不易改变。因此在教学过程中，会计教师要善于利用第一印象。重视初次与学生接触时的仪表展示、言行表现和才学发挥，努力创造最佳的第一印象，为进一步的教育打下良好基础。

（2）心理换位，淡化说教印象。会计教师在知识教学过程中，容易给学生造成照本宣科的印象。所谓心理换位，就是要求教师转换自己的角色意识，站在学生的立场换位思考，以此对待和处理教学过程中的问题。这就要求教师从学生的心理特点出发去认识他们，提出恰当科学的教育教学方案，并设身处地、合情合理地对待学生中出现的一些问题，实行人性化教学和弹性管理，提高教育的针对性和实效性。

（3）关心赞美，建立亲和印象。印象获得是一种主观判断，这种判断与认知和情感过程有关。情绪、情感会直接影响评价活动，评价者会出现“选择性注意”，即搜索与他对被评者情感一致的信息，此类信息被赋予更大的权重。因此，会计教师要善于和学生保持良好关系，关心学生，适度赞美和肯定学生，发挥情感因素对认知的促进作用，建立亲和型教师印象。

（4）适度展示，宣传特色印象。恰当的自我展示是印象管理的重要策略。人们倾向于喜欢那些喜欢自己且自认为能力强的人。因此，会计教师有必要在恰当的时候，以适当的形式在学生面前充分展示自己的长处，进行积极的自我宣传，展现自我特色和人格魅力，进一步确立自己丰富多彩的立体形象。

（5）创设情境，打造和谐印象。伴随着强烈情绪体验的活动会在不知不觉中一次就纳入人的长时记忆系统，给人留下不可磨灭的印象。

（四）关于老师方言重，废话多，不知所云问题

笔者认为，这个选项的重点在于不知所云，因为在收到的调查问卷中有学生选了这个选项后重点圈了“不知所云”这部分。同时，笔者认为这部分与教学方法具有一定的联系，但也有区别。区别在于该选项还涉及一定的“教育叙事”的方面。

教育叙事，即讲有关教育的故事。它是教育主体叙述教育教学中的真实情境的过程，其实质是通过讲述教育故事，体悟教育真谛的一种研究方法。非为讲故事而讲故事，而是通过教育叙事展开对现象的思索，对问题的研究，是一个将客观的过程、真实的体验、主观的阐释有机融为一体的一种教育经验的发现和揭示过程。

教育叙事实际上是一项具有一定文学创作色彩的工作，而非简单的研究。教育叙事在叙事时隐蔽了一些众所周知或理所当然的大道理，同时又让一些深层事理得到敞开、显露，使人有所领悟。为了做到这一点，教育叙事极力提倡用自己的方式说话。个性化的表达风格是为了使独特的、个性化的案例更具震撼性和威慑力，以便引人深思，使看似非常有限的事件的意义得以扩大，从而达到一定的代表性。

（五）关于拖堂

课堂教学是千变万化的，有时为了处理偶发事件，有时为了保证学生能进行自主探究，有时因为知识点太多、容量太大，有时又因为把握学情不够，因此时有“拖堂”现象。

拖堂有许多危害：

（1）不尊重学生的“休息权”。

（2）干扰下一节课的正常运作。

（3）不利于调适师生之间的关系。

（4）不利于教师之间的合作。

改变拖堂现象的策略：

（1）更新观念，提高认识，培养教师不拖堂的内驱力。

（2）注重教研，加强合作，提高教师业务水平。

（3）加大检查力度，从严管理，严格遵守作息制度。

（六）关于没有活力

1. 教师活力的具体表现

教师有良好的心态，有一颗相对年轻、纯真的心灵，善于接受新事物、新理念，同事间相容性、协作性好，能积极为学校的发展建言献策，对待学生、对待工作有热情，有健康的生活状态，等等。

2. 从学校方面对提高会计教师活力的建议

由于会计工作和教学内容主要涉及记忆与计算，会计教师是教师中比较缺乏活力的一个群体。要提高会计教师的活力，对学校的具体建议有：

（1）激励教师参与，激发教师活力和创造力。在学校管理中应凸显教师管理者的身份，充分体现其学校“主人”的作用。树立教师的“主人”理念，其实质是要重视教师参与意识和创造意识，使教师才能得到充分发挥，个性得到完善发展。学校制定的目标要广泛征求教职员工的意见，要善于听取教师者的意见，发扬民主，集思广益。要让教师在学校事务中体现出主人翁地位，运用各种方式和渠道参与学习管理。一方面教师参与管理决策，也就实现了具体工作目标的承诺，可激发主人翁意识和责任感，激发其主动精神和创造意识，提高教师自我价值感；另一方面由于教师参与学校管理，增强了管理的透明度与可信度，增强了教师对学校工作的认同感，使全体教师对学校管理更具责任感、归属感，使学校领导与教师形成一个整体，使每个教师认识到个人的成长、发展与学校事业的发展是密切相关的，从而激发教师的积极性和创造性。

（2）营造富有人情味的工作环境，为学校教师发挥才智创造适宜的条件。马克思曾经指出：“一个人的发展，自始至终都是在整体的影响下进行的，群体对个人影响是以共识和情感为基础。”一个平等、团结、尊重的组织氛围，对于教师具有很大的感召力。对教师的尊重与信任是调动教师积极性的重要因素。“管理者的生命在教师之中”，学校管理者必须学会尊重，尊重教师人格，尊重教师工作，尊重教师合理需要。实践证明，满足人的需要是激励机制的核心。学校管理的一个主要任务就是要给全体教职工提供充足的机会来满足个人专长、爱好和事业发展需要。也就是学校除了要求教职工服从学校组织的目标外，还需要更多地顾及教职工的利益，满足教职工合理的需要，做到关心每一位教师，关注每一位教师的价值和奉献，从而激发教师的使命感、责任感。

（七）关于工作缺乏激情

1. 会计教师激情缺乏的原因分析

（1）源于时间和工作的压力。会计教师通常觉得时间不够。大量的案头资料，如月计划、周计划、日计划、案例整理、观察反思、学生反馈等，剥夺了剩余的时间，使老师们苦不堪言。加上一些其他活动，越发焦头烂额。可见紧张的工作与时间的缺少是形成会计教师心理压力的主要原因。

（2）源于角色双重或多重性的压力。站在学生面前的教师，是师长，更或许是孩子的家长，是父母的儿女，是领导的下属，是下属的领导，多重的社会身份，不得不承担起社会、家庭赋予的责任重担。

（3）源于同事领导的压力。哪里有发展哪里就有竞争，由于沟通交流、生活习惯、个性品质的差异等构成了交往中的一些不和谐。

（4）源于社会环境的压力。社会环境作为一个重要的心理压力源，包括社会成员对教师的要求和期望过高，他们要求教师恪守职业道德，只求奉献，不讲享受，认为教师就应该安贫乐道，任何事情都比一般人做得好。

2. 激发教师工作激情的有效途径

（1）自我调节情绪的方法。

（2）搞好培训、评价、激励教师的激情。

（3）优化管理，激励教师激情。

（八）身兼多职，没有全身心投入工作

1. 高校教师的兼职类型

（1）校际兼职，一些高校教师资源不足，对兼职教师的需求量相当大，聘请外校优秀教师来校兼职，实现资源共享，其中以民办院校最为普遍。

（2）社会兼职，高校教师到社会上的一些公司、企业等机构兼职，或者自己开办公司。

（3）学术、名誉兼职，高校教师到国内外学术组织、学术刊物、学术会议上担任各种学术职务或者出席各种市场运营活动。他们合理的兼职行为通常可以带来一定的经济利益，既丰富了教师的物质文化生活，也给学校、社会做出了更大的贡献。

2. 对高校教师兼职的看法与建议

一些教师过度兼职，严重影响了正常的教学工作，使学校的教学水平出现下降。针对高校教师兼职现象的大规模出现这一现象，我们首先必须转变观念，正确认识这一现象，不能搞“一刀切”，完全禁止或者放任不管。要知道高校教师的兼职是符合教育发展的客观规律和市场经济发展的规律的。因此，我们必须对教师的兼职进行科学的管理。

（1）以身作则，尽职尽责。高校教师肩负着祖国的重托，大学生的培养关系到我们祖国的未来，因此，高校教师必须以身作则，尽职尽责，始终把教育教学作为自己的工作重心，多一些高尚，少一些低俗，自觉抵制物质方面的诱惑，促进我国高等教育事业的健康发展。

（2）制定适合自己的兼职规划和专业发展规划。高校教师要在审视自己的基础上设计自己的职业生涯、专业发展，按照生涯发展阶段的一般规律和教师专业发展的一般特质，给自己以适度的定位，按照自己所处的人生阶段和职业发展阶段的特点，对自己的各个方面做出目标设计，不能过度兼职。

（3）重视机遇、抓住机遇。无论在高校内部还是在高校外部，都存在一些专业学习、发展的机会，教师要珍惜自我发展的机遇，为机遇的到来做好准备。同时，主动参加各类专业学习、交流活动，在兼职的过程中促进自身发展。对高校教师兼职进行科学的管理，有利于实现教育与社会经济发展的“双赢”。

（九）没有责任心

导致教师责任心下降的学校要素包括：系部官僚作风、资金缺乏或资金来源被切断、班级自我管理的能力降低、对学生的把握失去控制。导致责任心下降的个人要素主要是与个人生活有关的，比如家庭破裂、疾病缠身、由于健康水平下降而导致的精力衰颓，以及在工作和生活中所投入的精力不均衡，等等。

会计教师要正确面对社会的负面影响，自觉地在道德观、是非观、价值观等方面严格地要求和管理自己。在实际工作中应该做到：理论学习与实践锻炼相结合；树立正确的世界观、人生观和价值观；积极参与以集体主义为原则的师德教育，增强自身的责任心和使命感，树立正确的教育思想和教育观念，提高职业道德素质和责任心。

（郭强华、周游）

会计教育弊端调查

——来自北京大学等15所高校网络的调查

一　调查方法

（一）调查对象

发放问卷星①网回收368份，另外来自大学样本158份，剔除不合理问卷22份，此次调查共回收504份有效问卷，问卷回收率为95.82%。

调查样本的基本情况：会计占30.56%，财务会计占21.83%，财务管理占23.81%，审计占7.54%，税务会计占5.36%，其他占10.91%。在年级方面，大一占6.07%，大二占19.36%，大三占33.82%，大四占40.75%，样本大部分集中在大三、大四年级段，因为高年级学生有更多的经验体会及更深的知情程度，对本校会计教学状况较熟，所以这符合问卷样本的代表性。在学院方面，本次调查对象主要为我国15所高校会计专业学生，包括：（1）综合类院校：浙江大学、宁波大学、北京大学、人民大学、厦门大学、复旦大学、同济大学、中山大学、武汉大学；（2）财经类院校：上海财经大学、天津财经大学、中南财经大学、东北财经大学、西南财经大学、浙江财经学院。

（二）调查内容

问卷设计主要从以下几个方面展开：（1）教师职业素质：存在哪

---

① 问卷星是一个专业的在线问卷调查、测评、投票平台，专注于为用户提供功能强大、人性化的在线设计问卷、采集数据、自定义报表、调查结果分析系列服务。

些不良课堂表现，对学生的指导等。（2）课程设置：加强哪些课程设置、有哪些问题等。（3）教学场地、器材：电脑教学存在的问题、满意度等。（4）教学内容及实用性：教学内容存在的问题等。（5）教学方式及手段：满意度。（6）考核方式：作业是否合理等。

问卷由 14 个单选题和 13 个多选题以及 2 个开放式问题所组成。14 个单选题对应有 3—5 个的答案可供学生选择，13 个多选题可以同时有多个选择，而 2 个开放式的答案不受限制，学生可以结合自身的体会畅所欲言。

二　会计教育弊端调查之一

（一）对教师职业素质的调查

（1）近六成的学生对会计老师素质表示满意。调查数据显示，对会计老师素质比较满意的占 50. 60%，加上非常满意 9. 52% 达到 60%，可见，有六成学生对会计老师的素质是比较满意的。

（2）学生眼中会计老师不良的课堂表现依次为：普通话不标准，口齿不清；手机未设置静音，发短信，打电话；自顾自上课，不管课堂纪律，和学生没有互动；拖堂；没有公平对待学生；言行举止不文明；迟到早退。其中选择前三条的比例较高，分别占 40. 67%、42. 46%、52. 18%。

（二）对课程设置的调查

（1）调查数据显示，学生认为学校课程设置存在的问题依次为：专业课多，而培养学生综合素质的基础课少；实验和模拟课程及课时少；各学期不同层次、不同性质之间的课程分布不够合理；专业课之间内容重复；缺少会计职业道德课程。这些问题分别占 54. 37%、48. 02%、45. 04%、38. 69%、18. 25%。可见，学校里的课程设置还存在许多问题。

（2）学生认为应加强的课程依次为：管理类，外语、计算机，相关经济类，法律类，心理学，会计职业道德素质，CPA。依次占 48. 61%、43. 85%、43. 85%、42. 06%、37. 10%、29. 56%、14. 88%。由此可见，学生认为学校把注意力过多地放在会计专业课程上，而专业基础课程加强不够。他们更希望在学习专业课程的同时加强专业基础课，更好地联系各个学科，拓展视野，可以更好地把知识运用到实践中。

（3）近六成的学生赞同专业课教学中对会计职业道德素质了解较少。

调查数据显示，接近62%的学生认为专业课教学中对会计职业道德素质了解得较少，37.1%的学生选择一般。由此可见，会计职业道德教育未得到足够重视，高校在培养会计人才方面，往往只注重对学生进行专业教育而忽视了对会计职业道德的教育。

综上分析，高校的课程设置不是很合理，仍有不少缺陷。问题当中最重要的几点是：①专业课与基础课的比例失去平衡，专业课程过多，而培养综合素质的会计基础课程却越来越少。②专业课程的各学期的设置过多专注于理论知识而缺少类似教学生学做人的会计职业道德课程。③专业课程之间内容重复。管理会计与财务管理等课程之间的内容重复。

三　会计教育弊端调查之二

（一）对教学场地、实验器材的调查

（1）调查数据显示，有49.80%的学生对教学场地、实验器材比较满意，感觉一般的占40.67%。说明学校在设施方面做得都还比较到位，让大部分学生都能接受，但是要想满足更多学生的需求，还有待提高。

（2）会计信息系统电脑室教学存在的问题依次是：使用单一软件教学；指导操作教师的实践经验不够；电脑配置数量不够；指导老师没有耐心。认为使用单一软件教学的占66.67%，51.59%的学生认为指导操作老师的实践经验不够，分别有39.88%和15.87%的学生表示电脑配置数量不够及指导老师没有耐心。

（3）会计模拟实验主要存在四大弊端：教师缺乏实践经验，教材无法很好地做到理论与实际相结合，实验软硬件欠缺，实验内容陈旧。

调查数据显示，学生认为会计模拟实验存在的弊端依次是：教师缺乏企业实际业务的处理经验，纯理论教学；仿真实验教材深度不够，理论与实际结合得不够紧密；实验教学的硬件和软件环境较差；模拟实验

内容陈旧、涉及面窄；模拟实验教学要求的层次低。52.38%的学生表示教师缺乏企业实际业务的处理经验，纯理论教学，后四条弊端依次占49.8%、42.46%、41.87%、19.84%。由此可见，不管是教师缺乏实践操作经验，还是教材中理论和实践结合得不够紧密，都说明学生非常看重理论与实践的结合，而这正是学校所欠缺的。

（4）建议采用名牌高校教材的占63.69%，国家统编教材的占59.72%，西方原版教材的占34.33%，教师指定教材的占26.59%，自编讲义的占13.29%。由此可见，大部分学生还是倾向于采用我国的教材，尤其青睐国家统编教材、名牌高校教材。而像教师经过一番拼凑自己编写的讲义，选择的学生只占13.29%，从中也可以看出，学生更注重的是教材的质量。而西方原版教材以超前性、适应性、开拓性也博得了学生的好感。

（二）对教学内容及实用性的调查

（1）学生对会计课所设置的课程内容比较满意的为44.44%，50%的学生感觉一般。由此可见，高校在课程内容方面让大部分学生感觉较满意，但是也有一半的学生感觉一般，现行高校会计教材普遍内容陈旧，无法与时俱进，课程内容还有待改革。

（2）近七成的学生表示学校对实践动手能力培养重视程度一般。调查数据显示，学生选择学院在实践动手能力培养不重视的占12.5%；一般的占68.85%；重视，但是各项硬件不配套的占23.31%。

（3）会计教材内容存在问题主要体现在：滞后于经济的发展，缺乏启发性，缺乏实用性。调查数据显示，学生认为学校现行的会计教材内容存在的问题依次为：教学内容滞后于经济的发展；缺乏启发性；不能满足社会需求，缺乏实用性；内容过深，不符合认识规律；忽视实训教学内容；结构不合理，内容交叉重复。其中，教学内容滞后于经济的发展以及缺乏启发性这两个问题所占比例较高，分别占49.21%和47.02%。在现在这个时代，我国高校会计教育应与国际接轨，及时更新教学内容，同时借鉴国外的经验，适时地调整课程设置，优化教学内容。

（4）近七成的学生认为会计教育应该从实践操作、案例学习这几方面进行，近五成的学生选择职业道德教育。调查数据显示，学生认为会计教育应该依次从以下几个方面进行：实践操作；案例学习；职业道德的教育；分析和处理问题的能力；会计理论知识的充实。实践操作占72.42%，案例学习占67.26%，而会计理论知识的充实相对较低，占39.09%。

（三）对教学方式及手段的调查

1. 近七成的学生对会计教学水平整体感觉满意（见表1）

表1 教学水平整体满意度

非常满意	10.91%
比较满意	58.93%
一般	25.99%
不太满意	2.08%
很不满意	2.09%

调查数据显示，学生对会计教学水平整体感觉“比较满意”的占58.93%，感觉“一般”的占25.99%，“非常满意”的占10.91%，“不满意”的占4.17%。可见，会计教学整体水平让学生较满意，但还存在一些不足的指标。

2. 近六成的学生对会计老师的教学方法表示满意，近四成的学生表示一般（见表2）

表2 教学方法满意度

非常满意	5.56%
比较满意	53.86%
一般	35.12%
不太满意	2.09%
很不满意	3.37%

调查数据显示，53.86%的学生对会计老师的教学方法“比较满意”，感觉“一般”的学生占35.12%，“不满意”的占5.46%。说明会计老师的教学方法总体还可以，但尚存在不足，还有改进的空间。当前，我国高等院校教学基本沿袭传统的教学方式，这不利于发挥学生的创造力和想象力，难以培养出善于分析及解决问题的优秀会计人才。

3. 近六成的学生表示教师教学缺少与学生的互动，近五成表示教师授课局限于理论知识（见表3）

表3　　　　　　　　教学方法存在的不足

照本宣科，不熟悉教材基本内容，无法帮学生解惑	34.72%
自顾自讲课，缺少与学生的互动	59.92%
局限于理论知识的灌输，无法联系实际	52.98%
缺乏问题讨论和案例分析	35.31%
未能有效传授学习方法，不善于启发	22.62%
其他	0.60%

调查数据显示，学生认为会计系老师教学方法存在的不足依次为："自顾讲课，缺少与学生的互动"，"局限于理论知识的灌输，无法联系实际"，"缺乏问题讨论和案例分析"，"照本宣科，不熟悉教材基本内容，无法帮学生解惑"，"未能有效传授学习方法，不善于启发"。其中，"自顾自讲课，缺少与学生的互动"占59.92%；"局限于理论知识的灌输，无法联系实际"占52.98%。可见，教师的教学方法比较单一，过多地依赖书本的知识，很少结合实际案例讲解，教学不够灵活，而且课堂上缺少与学生的交流与互动。这样被动的教学无法培养具有良好分析问题和解决问题能力的优秀会计人才。

4. 近六成的学生倾向于案例教学，邀请实务界人士讲学（见表4）

表4　　　　　　　　教学方式

案例教学，分组讨论	56.75%
邀请实务界人士讲学	54.96%
"自学+教师讲解"	36.51%
计算机辅助教学	44.25%
教师讲解	23.61%
教师起主导作用，同时学生走上讲台	25.20%
企业实习	34.13%
其他	0%

调查数据显示，学生倾向的教学方式依次为：“案例教学，分组讨论”，“邀请实务界人士讲学”，“计算机辅助教学”，“自学+教师讲解”，“企业实习”，“教师起主导作用，同时学生走上讲台”，“教师讲解”。“案例教学，分组讨论”占56.75%，“邀请实务界人士讲学”占54.96%。选择“案例教学”和“邀请实务界人士讲学”比重较大，而选择传统的“教师讲解”方式，仅占23.61%。说明学生对传统的教学模式已经不看好，大多数学生希望课堂授课可以摆脱传统教学模式，可以多点创新。他们希望走出传统的教学模式，多借助现代化科技，多联系实际教学。虽然高校配备了投影仪，但是并未真正脱离“一黑板、一堂课”的教学模式，教师只是准备了更多的PPT课件，仍是局限于“满堂灌”的形式。

综上分析，教学方式及手段比较死板，局限于传统的教学模式，而且教师与学生的互动较少，课堂的活跃气氛不够。因此，必须改变这种单一的教学模式，增加教师与学生的双向互动，课堂上多涉及一些启发性的案例讨论，充分调动学生的学习积极性。尽可能地采用各种教学手段，结合多种不同的教学方式对学生进行综合素质教育。以此来培养学生的分析判断能力，提高学生解决问题的能力和操作能力。

（四）对考核方式的调查

（1）学生认为考试的内容有各种不足，依次体现在：题型单一，缺少灵活性；未脱离传统命题形式，学生必须死记硬背；考题脱离实际运用；不能全面体现考试的功能。分别占55.36%、49.80%、47.82%、32.94%。一般考核题型都是靠记忆的选择、判断，缺少分析题。因此，应该适当减少记忆性题型，给学生充分发挥想象及创造的空间，多增加理解性和创造性的题型。

（2）学生对学校考核方式感觉“一般”的占48.41%，“比较满意”的占42.46%，“非常满意”的只占4.56%。由此可知，学生对考核方式总体感觉一般。目前的学生评价方式比较单一，结合卷面考试成绩与平时成绩打分，卷面成绩往往占到六七成，比重较大，而卷面考试过多考查学生的记忆能力，忽视解决能力等的考查。最终也很难培养学生发现、分析及解决问题的能力。

（3）学生认为学校的考核方式存在的不足依次为：“未注重对学生理解能力、解决能力的考查”，“实践技能、课堂表现的考核比重不多”，“过于依赖卷面成绩，学生死记硬背”，“方式单一，缺少灵活性”，“不能公正评价和衡量学生的综合素质”。前四项所占比率较高，依次为56.35%、51.59%、49.01%、43.65%。说明目前的考核方式还是过于依赖卷面成绩，强调的是记忆，并不能准确公正地衡量学生的综合素质。

问卷调查设计中还有几个总结性的问题，包括一道多选题和两道开放式题目。

1. 您觉得贵校会计教育存在哪些问题？

表5　　会计教育存在的问题

课程设置不合理，专业课之间内容重复	27.18%
缺乏案例教学、互动式教学	55.95%
教材与实务需求配合度不高	53.57%
考核方式过于依赖卷面考试	50.40%
师资水平有待提高	14.29%
其他	1.39%

表5数据显示，按照比例的高低，会计教育存在的问题为：“缺乏案例教学、互动式教学”，“教材与实务需求配合度不高”，“考核方式过于依赖卷面考试”，“课程设置不合理，专业课之间内容重复”，“师资水平有待提高”。其中前三项比例较高，分别占55.95%、53.57%、50.40%。这分别体现了教学方式、教学内容以及考核方式的问题，高校可以重点加强对该方面的改革。

2. 通过专业课程学习，请您结合您的体会及未来就业目标，谈谈会计学专业课程设置、考核方式、教材等方面需要哪些改进？

（1）多借鉴名牌高校及西方名校的教材和教学方式。（7.94%）

（2）最好能够多加强视频自学，教材多增加些实例图片。（5.56%）

（3）教材编写和授课应以实际应用为主导，以能力提高为目的。（23.81%）

（4）授课要注重细节，讲详细一点，讲透些。（9.13%）

（5）多做一些实例分析，让学生了解更多的知识，使知识更加全面。（34.52%）

（6）老师不能照本宣科，不要过度地依赖教材，应该理论联系实际。（21.43%）

（7）教材要与时俱进。（4.37%）

（8）掌握理论知识的同时，加强学生动手能力，增加实践操作项目。（45.63%）

（9）应该加强学生的职业道德教育。（9.92%）

（10）教材设计要合理，难易适中。（5.56%）

（11）多一些与就业单位的合作，安排学生实习。（38.89%）

（12）考核要教材考核与实际动手能力相结合。（21.83%）

（13）考核方式不能完全依赖于卷面成绩，应综合考查学生的能力。（26.59%）

（14）课堂上调动学生的积极性，多与学生互动。（26.19%）

（15）应该采取多样化的考试方式，不要单一地局限于试卷考试。（17.06%）

（16）各学期课程应该均匀分布。（5.95%）

3. 为帮助老师改进和完善今后的教学工作，您愿给老师提些怎样的意见和建议？

（1）加强课堂管理。（5.95%）

（2）走出课堂，多多增加实际操作学习和实践演练。（36.90%）

（3）注重与学生的互动，活跃课堂气氛。（22.62%）

（4）加强学生的职业道德的培养。（17.86%）

（5）不要照本宣科，要多讲些实际案例，和实践相结合。（26.19%）

（6）要耐心、认真、负责。（13.10%）

（7）要因材施教，不懂的讲详细些。（12.30%）

（8）多注重实践，多锻炼学生动手能力。（34.92%）

（9）希望老师有丰富的做账、查账经验。（8.33%）

（10）严于律己，提高教学质量。（10.71%）

（11）多邀请业界名家上课堂、开讲座。（10.32%）

（12）上课生动，注重学生反馈，理论联系实际。（7.94%）

（13）注重平时考勤，淡化期末考试比重，重能力，轻测试。（33.73%）

（14）加强普通话，学习新知识，不断提升自己的职业教学能力。（11.90%）

（郭强华、叶璐璐）

金融危机下会计毕业生的就业认知、求职困境、自我认识、工资福利期许与就业愿望的调查

——来自浙江6所高校的调查数据

金融危机使大学生就业形势更加严峻。根据中国高等教育学生信息网消息，2009年全国毕业生总人数大约为611万人，预计2010年毕业生在800万人。迅猛增加的毕业生人数以及远远没有过去的金融危机的寒流，是否对2010年的毕业生引起就业恐慌，为此，我们针对2010年会计专业毕业生设计了一份问卷，以此了解金融危机下会计专业毕业生薪资与就业愿望。

一　调查情况简介

（一）关于调查问卷

调查问卷"金融危机下会计毕业生薪资与就业愿望调查"分为五个专题，即金融危机下会计专业毕业生对就业的认知态度调查；会计专业毕业生求职中所遇到的问题调查；会计专业毕业生对自己的认识态度调查；会计专业毕业生对工资和福利的要求；会计专业毕业生就业愿望。问卷采取封闭式提问，一共20个选择题，其中11个单选题和9个多选题。每个单选题除去第一题性别提问以外都有4—5个选项供选择，而多选题则有两个或者两个以上选项。从问卷调查的结果来看我们得到了一些意想不到的答案。

（二）调查样本分析

我们从2009年11月至2010年3月，开始问卷设计并开展调查。选取了浙江省内六所院校会计专业2010年的毕业生进行问卷调查。他

们是宁波大学（41人）、浙江财经学院东方学院（102人）、中国计量学院（50人）、宁波万里学院（55人）、宁波大学科学技术学院（112人）以及绍兴文理学院（47人）。本次调查共发放问卷420份，回收了407份，回收率为96.90%。其中，男生89人，女生318人。近乎1∶4的男女比例也给我们对会计专业毕业生的性别差异带来一些思考。

二 调查结果

（一）金融危机下会计专业毕业生对就业的认知态度

（1）金融危机对会计毕业生就业的影响程度。认为金融危机对就业影响难度增大的比例达到了39.53%，然后是薪资水平降低的比例达到了29.82%。因此，毕业生认为对就业的影响体现在就业难度增大以及薪资水平的降低。

（2）对自己就业前景的估计。认为就业形势严峻，很难找到工作的占32.68%，认为找工作很迷茫的占48.40%。两者相加，比例高达81.08%，说明毕业生对自己就业很迷茫。

（3）哪些证书比较重要。排名前三的为英语四六级、注册会计师证书和会计上岗证。

（二）求职中所遇到的问题的调查

（1）求职中最困扰您的因素是什么？被调查的会计专业毕业生在求职中最困扰的因素是对企业招聘流程和基本要求缺乏了解（20.90%）。然后是学校的就业指导、信息量少、对企业岗位专业知识缺乏、能力不足、求职方法技巧欠缺、对社会缺乏了解等都占10%以上的比例。

（2）毕业生认为解决当前就业难的方法，首先是提高专业技能（23.83%）以及提高自身求职技巧（21.23%）。其次是通过调整择业期望值的占10.21%，职业培训的占7.34%，调整心态的占17.98%，拓展就业渠道的占17.66%。

（三）毕业生对自己的认知态度的调查

（1）认为与其他毕业生相比的优势。排首位的是积极的工作态度和高度责任心的占31.87%，团队精神的占19.91%，专业知识扎实的占18.60%。其次还有创新意识强的占11.02%，较好的社交能力的占

11.85%，有一定的工作经验的占2.49%。

（2）认为自己目前最缺的素质。认为自己目前最缺的素质就在于相关的工作经验或者实习经验，占了41.76%，看来普遍的会计毕业生已经认识到我们应该怎样去完善自己。其次是沟通协调能力占15.20%，承受压力、克服困难的能力占15.63%，专业知识和技能占15.63%。

（3）为就业应做的准备。31.43%的毕业生通过兼职或者实习获取工作经验，另外30.11%的毕业生努力学好专业知识。其次积极参加校内、外各种活动占16.98%，参加职业资格培训占12.33%，参加就业指导课程占5.44%，当然基本没有做过准备的占4.52%。

（四）会计专业毕业生工资和福利的要求的调查

（1）选择就业单位排序。被调查的会计专业毕业生看重就业单位的发展前景好的占46.88%，看重工资福利好的占27.16%，看重单位培养人才的占11.78%，看重工作稳定的占11.30%，看重氛围和谐的占2.88%。根据调查结果，会计专业毕业生选择就业单位最看重的还是发展前景，而把工资福利等放在其次，这是个很好的现象，从某种程度上来讲，毕业生更关注自己的职业发展。

（2）希望提供的社会保障项目。被调查的会计专业毕业生普遍关注“五险一金”以及其他社会保障项目，最关注的是医疗保险（31.06%）、社会养老保险（25.68%）、住房公积金（24.23%）。

（3）希望提供的福利待遇。被调查的会计专业毕业生除了月薪和社会保障以外还关注以下一些福利。培训计划占19.75%，节日福利占19.19%，团队建设占5.86%，餐饮补贴占7.28%，带薪休假占22.50%，弹性工作时间占15.97%，心理咨询服务占1.70%，以及女性产假占7.75%。调查结果显示，培训计划、节日福利、带薪休假以及弹性工作时间受到重视。

（五）会计专业毕业生就业愿望的调查

（1）毕业以后的首选。选择从事会计工作的占55.04%，选择考研的占10.57%，选择出国留学的占3.04%，选择考公务员、村干部、事业单位的占24.12%，还没想好的占8.11%。问卷的调查结果显示会计专业毕业生最多的还是选择从事会计工作。

（2）毕业工作目标。注册会计师占35.21%，会计人员占24.21%，公务员占15.89%，内部审计员占3.67%，银行职员和其他职业分别占10.51%。问卷调查结果显示会计专业的毕业生的工作目标最多的是注册会计师，然后是会计人员。

（3）最希望进入的单位。按比例依次是国有企业占18.67%，外资企业占18.43%，国家机关占15.23%，会计师事务所占14.00%，事业单位占13.02%，民营单位占4.91%，理财咨询师占4.42%，教师占1.47%，最后看情况的会计毕业生占9.83%。

（4）选择会计行业的原因。接受调查的会计专业毕业生选择会计的原因，因为有发展的占16.00%，因为收入高的占11.85%，性格上合适的占14.31%。调查结果显示更多的是看重发展、性格上合适与收入。

（5）工作地选择。杭州、宁波等发展较好的地方占52.33%，中小城市占5.16%，乡镇、农村占0.49%。调查结果显示会计专业毕业生更多地选择在经济发达的地区工作。

（6）选择工作地因素。有较大的发展机会的占56.17%，因为生活条件好的占19.65%。调查结果显示会计专业毕业生更多地选择在杭州、宁波等发展较好的地方工作是因为这些地方有较多的发展机会。

三　结论

（1）金融危机下会计专业毕业生普遍认为就业难度增大，就业前景迷茫，同时更注重英语四六级、注册会计师和会计上岗证等证书。

（2）会计专业毕业生在求职中遇到的问题主要表现在，对企业招聘方式、方法缺乏了解，专业知识缺乏，多数毕业生注重提高自身求职技巧、提高技能。

（3）会计专业毕业生认为积极的工作态度和高度的责任心以及相关的工作经验或者实习经验可以帮助自己找到理想工作，通过兼职或者实习可以获得工作经验，同时努力学好专业知识。

（4）从事会计工作是会计专业毕业生的首要选择，多数毕业生的工作目标是注册会计师、会计人员，选择单位以国有企业、外资企业为首选。会计专业毕业生选择会计行业是因为这个行业稳定，但是却喜欢选择杭州、宁波等发展较好的地方，理由是有较多的发展机会。

（郭强华、李莹）

会计考证：我们既爱又恨

——来自浙江的调查报告

一　调查对象及问卷的总体情况

（一）调查对象

本调查的对象是浙江省各高校的在校学生，以商科类学院、经济管理类专业为主，同时涉及部分其他专业，例如计算机类、语言文学类、医学类专业等。

（二）调查方式及时间

本调查主要采用问卷式调查，调查时间为2011年2月20日至3月27日，利用网络对浙江省内部分高校在校生进行问卷调查，包括浙江大学、宁波大学等一类本科院校，嘉兴学院、台州学院等二类本科院校，宁波大学科技学院、浙江万里学院等三类本科院校，也包括宁波职业技术学院、浙江工商职业技术学院等专科院校。

（三）问卷的基本情况

本调查共发出有效问卷300份，实际收到300份，回收率100%。其中，男生77人，占总数的25.7%；女生223人，占总数的74.3%。一年级、二年级、三年级、四年级所占的百分比分别是5.4%、32.28%、45.08%、17.24%。数据全面、翔实、可信度较高。

本调查问卷共设计题目25题，其中单项选择共计12题，多项选择共计13题（部分多项选择中包含文字填充），问卷的主要内容是关于高校在校生参与会计考证的原因、目的、准备方式、准备过程、考证费用、参与热情、利弊认知、考后体会等各方面情况。

二　问卷调查的数据分析

根据问卷中设计的问题以及数据统计的结果，本报告从以下十个方面对问卷调查结果进行详细分析。

（一）会计考证的参与情况

从问卷第 5 题“您参加过会计类的考证吗”的统计结果显示，有 47.3% 的高校在校生表示参加过会计类考证；有 15.7% 的在校生表示没参加过，正在准备参加；有 19.3% 的在校生表示没参加过，但想参加；而选择 D 选项的“没参加过，也不想参加”的只占 17.7%（具体见图 1）。

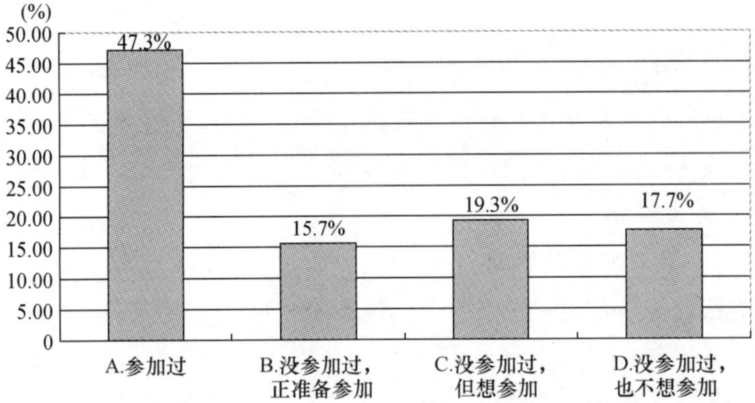

图 1　高校在校生参加会计类考证的情况

由此可见，有 82.3% 的高校在校生参加过或将会加入“会计考证一族”，校园里已经形成了一定规模的会计考证大军，而且照目前发展形势来看，这个队伍将会越来越庞大。

（二）会计证书类型的知晓情况与学生参加各种证书考试的情况

会计从业资格证书（会计上岗证）的知晓率达到了 96.3%，几乎是所有会计类证书中知晓率最高的，从而也说明了会计从业资格证书在高校学生心目中的重要性。另外，注册会计师证书（CPA）在高校生中的知晓率也是相当高的，有 85.7% 的大学生知道这一证书。会计专业技术资格考试（职称考试）的知晓率为 71.7%，相对于其他会计证书也是知晓率较高的一种考试。注册税务师考试的知晓率也超过了 50%，达到了52.3%。

从参加证书考试中的大学生比例来看，会计从业资格证书（会计上岗证）的比例占76%，因为这是用人单位比较看重的证书，是会计类岗位就业的“门槛”。另外，参加会计专业技术资格考试（职称考试）的人数占57.3%，注册会计师考试（CPA）占55.7%，这说明了这两门证书考试在工作中的含金量是很大的，同时从各方面条件（报考条件、考试难度、所需投入的财力等）来说，我们高年级高校在校生参加是比较适合的。

（三）参加会计考证的原因、主要目的

1. 参加会计考证的原因

有41%的在校大学生认为考证是为了个人兴趣，提升自己的知识能力。20%的在校大学生认为可以把考证作为自己改行的“敲门砖”。13%的在校生认为是受了周围同学的影响，有一个从众的心理。

2. 参加会计考证的主要目的

有82.7%的在校生认为参加会计考证能方便就业，多一张证书多一块“敲门砖”。60.7%的学生认为参加了相关的考试能提升会计专业方面的技能。而38.3%的在校生认为参加考证能让自己充实，避免空虚无聊的状态。31%的学生认为能培养学习意识。

（四）周围参加会计考证同学的数量

认为比较多的占38.3%，非常多的占34%。也就是说，有72.3%的大学生认为周围参加会计考证的同学数量是多的。

（五）如何准备会计考证

有63.3%和64%的在校生分别选择了努力学好相关课程和自己购买、学习相关应试课程进行学习。有25%的在校生会选择参加培训班或者网校。

（六）证书费用对参加考试的影响

有58.3%的大学生认为影响一般，不会过多地进行考虑，在可接受范围之内。22.3%的大学生认为影响较大，会根据证书的相关费用进行选择。有19.3%的大学生认为关系不大，只要能考出好成绩不管花多少钱都值。

（七）参加会计考证后的体会

47.7%的考生认为开阔了视野，并且掌握了一些会计方面的技能。

有 40.3% 的考生认为学到了一点东西，但收获不大。只有 4% 的考生认为浪费时间、金钱和经历，8% 的考生觉得自己心安理得地跟上了潮流。

（八）如何参加考证才是合理的

有 68.7% 的大学生认为考证主要是要选择与自己的专业相关的。63% 的大学生认为应该在充分估计考试的难易程度以及自己的实际能力的情况下进行选择，这个理念是比较理智的，充分考虑了自己的能力。有 62% 的大学生认为主要是要结合自己的兴趣爱好，因为有兴趣才会有去努力去奋斗的动力，兴趣能很好地指导自己的行为，提升学习的效率。46.7% 和 29.3% 的大学生分别认为要在不影响正常学习的情况下和要分析考试成本的投入与产出是否合理，这两个理念也是比较值得借鉴的。

（九）对会计考证的利弊认知

有 289 位调查者认为参加会计考证利大于弊，占了参加总人数的 96.3%，只有 11 位（3.7%）的参与者认为参加会计考证是弊大于利。这说明绝大多数高校在校生认为参加会计考证对自身是有利的，尽管有利的方面不一致，但还是认为利大于弊。

关于选择利大于弊的原因，96.3% 的被调查者认为参加会计考证是利大于弊。经过统计，对现在所学知识的结构优化和回顾的占 57.1%；提升自我修养和相应的技能素质的占 69.7%；培养自己的竞争意识永不后退的占 60.3%；增加就业概率、就业“敲门砖”的占 80.5%；其他原因的占 2.1%。

（十）是否愿意参加更多的会计考证

有 27.3% 表示非常愿意，愿意的占 44.7%，表示一般的有 23.3%，不愿意的为 4.7%。从调查结果看，非常愿意和愿意的已经占了总数的 72%，有相当于 3/4 的大学生愿意参加更多的会计考证。

三　问卷统计结果所反映的问题

（一）学生花费在会计考证上的时间精力太多，影响正常学业与教师的正常教学

会计是一门较有深度的学科，是管理类专业中较难的一门学科。为了能顺利地通过各种会计类证书考试，考生必须在考试之前对相关的会

计知识进行全面系统的复习和巩固，对重点难点进行梳理。因此，考生花在复习学习上的时间也是大量的，尤其是非会计专业的“门外汉”。于是许多在校大学生出现了“身在课堂，心系证书”这一现象。数据统计后的结果显示，有31.3%的考生在考证前期什么课都逃，以通过考证为唯一目的。有42.1%的考生只逃一些基础课或公共课，专业课还是上的。只有26.6%的考生表示没有逃过课，不能因为考证而荒废了其他课程的学习。从这一数据上我们可以看出有73.4%的考生有过逃课经历，这势必会对学校的正常教学带来不可小觑的影响，相应的机会成本也不断增加。有些考生拿到了相关会计证书，自己的专业成绩或者公共课成绩有下降严重的现象。有些学生甚至在部分课程考试中铤而走险——因作弊而受到学校处分，这或许就是考证的一大弊端。

（二）考生考证直指就业，凸显出高等教育的工具化与功利化取向

从本文第二部分关于参与会计考证的主要原因和目的的统计数据显示，在原因方面，有84%的高校在校生是为就业准备，增加就业筹码；就目的而言，有82.7%的在校生认为参与会计考证能方便就业，多一张证书多一块“敲门砖”。

有部分同学认为，同样是会计专业毕业生，进入普通企事业单位，月薪一般不会超过2000元，而手上有一张CPA或CGA证书，那就不一样了。不但可以在外企谋得高位，还有让同行羡慕的万元工资。因此，从某种程度上说会计考证已经成为中国21世纪谋求职业必须经常面对的问题。而对考证是否影响正常学业，是否有利于自我完善，则并不在意。这种为了会计考证而读书的实用主义观念一旦形成，就会误导大学生认为读大学的目的并不在于发展自己、回报社会，而只是为了获得一种谋生的手段，或者说得到一块就业的“敲门砖”。这种以是否能直接获利而决定自己人生价值的功利化取向，对大学生成才是十分有害的。

（三）学生参与考证加重了经济负担、心理负担

参加考试必然要付相关的报名费，而部分考试确实存在考证贵的现象。以ACCA和AICPA考试为例，通过所有考试科目的费用平均约为3万元人民币，对于普通的高校在校生而言，这显然是一个不小的经济负担。从另一个方面来看，考生在每门考试上都要花费相当多的时间和精力，这些宝贵的时间也可以称为隐性成本。还有万一考试失利这些已经花费的成本部分将成为沉没成本，部分心理承受能力差的考生还会面临巨大的心灵创伤，承受着生理与心理的巨大压力；考生应该认真考虑自己所面临的风险与机会以及自身的优势与不足，然后采取更有针对性的行动。

（四）重证书、轻能力，理论与实践能力相脱节现象比较严重

会计不但讲究理论知识的重要性，懂会计实务，离开书本能很顺利地进行实务操作也是至关重要的。理论必须与实践相联系。针对问卷第20题的“即使通过了会计考证，与其真正的实践、研究能力相挂钩的程度大吗”这一问题，统计结果显示，17.7%的被调查者认为大，通过了即具备相应的知识与能力，44.7%的被调查者认为一般，而有37.7%的被调查者认为挂钩程度不大，拿到了证书也不一定具有实际操作能力。由此我们可以看出，真正能理直气壮地承认自己通过考证确实具备了实际操作能力的不到20%。其实会计证书和会计实际操作能力之间是不完全对等的，能通过会计证书的考试，只能说明学习能力强，但不能说明会计实务能力就一定强。一纸证书只是学习层面的东西，考到了只意味着你拥有了某方面的会计知识和技能的理论知识。而实践是现实的经验，是需要经历更深层次的东西，只有在实践中打拼，才能掌握课本上无法学到的东西。

（五）严重削弱了大学生的创新精神

问卷的统计分析显示，多数调查者认为参与会计考证有利于将来就业，能起到保障作用。有这样一个功利化的观念在他们思想中扎根，自然不会有太多的人对学术讨论、学术竞赛、课题研究感兴趣。从而使高校学术死气沉沉，没有了创新。著名科学家钱学森在逝世前的最后一次系统谈话中指出，中国的大学目前缺乏的是创新精神，他说，我是在20世纪30年代去美国的，开始在麻省理工学院学习，后来我转到加州理工学院，一下子就感觉到它和麻省理工学院很不一样，创新的学风弥漫在整个校园，可以说，整个学校的一个精神就是创新。在这里，你必须想别人没有想到的东西，说别人没有说过的话。拔尖的人才很多，我得和他们竞赛，才能跑在前沿。这里的创新还不能是一般的，迈小步可不行，你很快就会被别人超过。你所想的、所做的，要比别人高出一大截才行。那里的学术气氛非常浓厚，学术讨论会十分活跃，互相启发、互相促进。那么，当众多大学生为了会计考证而辛苦忙碌时，自然不会有时间与精力来进行会计类的学术竞赛、学术讨论，更不用说创新精神的培养了。作为一所著名大学校长的杨叔子曾经也指出：高等学校是“育人”的机构而非“制器”的机构。所谓的大学精神即以“批判、反思现代教育的唯科学主义倾向、功利化倾向为特征的”学术研究精神。大学生应该具有经过大学陶冶的人文精神的独特的创新气质或能力，成为推动新型社会发展的一种动力。

四 对合理参加会计考证的建议

（一）社会层面

1. 政府方面

从问卷调查的结果分析，有 82.3% 的高校在校生参加过或将会加入“会计考证一族”，可见会计考证已经普遍存在于大学校园当中。统计结果也显示，大部分同学考证还是为了提高自身的筹码，毕业以后能够找到一份理想的工作。大学生面临的沉重就业压力以及在校大学生对将来就业市场的压力预期是许多大学生选择考证的主要原因。在采访中，不少大学生都对笔者说，凭一纸毕业证就能找到好工作的时代已一去不复返了，没有几张证书怎么找工作？的确，众多的高校在校生由于巨大的就业压力，试图用证书来证明自己的能力，从而为自己增加更多的就业筹码。因此，政府应该积极为大学生创造宽松的就业环境，努力缓解大学生的就业压力。在这方面，政府应该加强国家在大学生就业方面的宏观调控，使我国的社会主义市场经济体制更趋成熟。同时，政府应该优化人力资源配置，为大学生就业提供更多、更准确的信息。政府还应该积极做好人才预测和统筹规划，有计划地缓解大学生就业这一目前突出的矛盾。

2. 企业方面

从问卷第 16 题“您认为用人单位在招聘时会注重应聘者的哪些方面”的统计分析显示，有 162 位占总数 54% 的被调查者认为企业在招聘时看重有无考取相关证书；有 236 位占总数 78.7% 的被调查者认为比较注重专业知识与技能的掌握情况；有 247 位占总数 82.3% 的被调查者认为企业比较注重实践能力的强弱。由此，我们可以得出结论，企业关注证书、专业知识和实践能力，更关注由证书带来的具有真正操作实践能力的人才。

根据全球最大的人力资源咨询公司 Robert Half International（RHI）的一项调查中发现，大部分的 CFO 都表明有了会计证书对会计职业生涯是非常有价值的。会计证书能帮助个人在职场中脱颖而出，并且能给雇佣者一个信号表明你具备胜任该工作的必要技能。在 RHI 调查中发现具备一定证书对雇主来说有特定的吸引力，多数用人单位招聘财务会计类专业人才时需要有相关会计证书，他们认为，财务会计类岗位不同于一般岗位，通过证书考试的应聘者相对于没有证书的来说更具有财务会计实务操作能力，对他们来说也更有说服力。另外，从提高从业人员的业务素质、职业道德水平和参与市场竞争的能力来讲，拥有证书也比没有证书的应聘者更具竞争力。由此我们可以得出结论，用人单位的需求直接推动了高校在校生在校期间积极考取会计类从业证书或资格证书，为自己将来进入具有较高资质的公司做好相应的准备。

因此，企业在招聘财务会计相关人才时，不能仅仅注重应聘者是否具备相应的证书。即使拥有了证书，也要从正反两方面看待，公正合理地评价求职者。比如，证书的确是求职者个人能力的一种凭证，但不能仅仅以证书作为唯一一种标准武断判定求职者能力的高低。证书持有者是否真正具备某方面的能力，未持证者又是否真的未掌握某项技能，这都是招聘者在招聘中所要考察的。

（二）高校层面

1. 对大学生参加会计考证要进行相应的指导

首先，高校应当理解学生的这一行为，尊重学生的人生规划和自我发展权利，同时应该适当支持学生的会计考证行为，并且可以开设与会计考证科目相关的选修课程等形式提高考证的通过率。其次，高校应加强引导，优化学生的知识层次结构。学生综合素质的提高不是靠一两个证书就能取代的，而是一个综合体系，是学校的师资力量、教学环境与校园文化等多方面综合作用的结果。非会计专业的学生在不影响专业学习的情况下，可根据自己的兴趣和特长考取会计相应证书，但切不可盲目地参加会计考证，因为会计学知识毕竟还是小有难度的。引导学生正确处理会计专业基础理论知识学习与考证之间的关系，使学生真正意识到专业基础知识、理论基础的学习是处于主体地位的，而考证仅仅处于辅助地位，起辅助作用。

2. 注重会计实训，提高实务技能

问卷中的关于用人单位在招聘时注重应聘者什么这一问题，有82.3%的被调查者表示用人单位注重应聘者的实践能力。所以，高校在平时的教学过程当中应注重建立实习、实训基地，提高学生的实践能力水平。真金不怕火炼，任何时候，有真才实学的人都会找到展示自己才能的舞台。只要拥有了真材实料就不怕企业的高要求、严要求，也不是一本证书就能说明问题的。笔者认为，由于会计岗位的特殊性，校外实训基地实际上很难让高校在校学生接触到真实、全面的会计内容。因此，在校内建立企业化的实训基地是解决这一问题的一个较好方法，例如，会计代理记账公司。通过校内具有实践经验的会计教师，并聘请相关企业的会计人才、会计工作者共同研究建立校内代理记账公司，同时争取一定数量的企事业单位的支持与合作，这样对于提高我们在校学生的实践实务操作技能一定会有很大的帮助。

（三）学生层面

1. 明确会计考证目的，认清证书实质

调查结果显示，浙江省高校在校生参加会计考证主要是迫于就业的压力，往往是片面地追求一纸证书，这样目的就显得比较狭隘了。基于这样的情况，高校在校生在专业学习比较繁忙的情况下，必须明确参加考证的目的，尤其是非本专业学生。笔者认为，首先应该要把自己的兴趣爱好作为出发点，并且要结合自己的职业发展规划。只有把通过会计考证作为满足自己的爱好，奠定自己的职业能力作为出发点，这样才能有所收获和成就。其次要立足于自己所学的专业，把会计考证与本专业结合起来，通过会计考证来巩固与深化会计专业知识的学习，使二者相互促进。最后要以拓宽自己的知识面和掌握一定的技能为前提，通过会计考证来拓宽自己的会计视野并掌握一定的会计实务技能。与此同时，我们也要认清证书的实质。在逐渐追求实际效益的今天，一纸证书在我们求职招聘中所起的作用也逐渐呈现出递减效应。对于即将参加证书考试的大学生来说，认清证书的实质具有深远的意义。对于一个刚毕业走向工作岗位的大学生来说，要想成为一个专业的人才，仅靠几本资格证书是远远不够的。这就要求我们在校期间就要学好专业知识和专业技能，并且要自觉地去挖掘更深层次的知识理论，在平时要多走出大学校园这个象牙塔，到社会大熔炉里去锻炼自己，培养自身的实践能力。如果我们这样做的话，对于提高自己对本专业的深刻认识，将知识转化成能力，做到学有所用，都将起到重要的作用。那么即使我们没有证书的点缀，仍将会是求职市场中那颗闪闪发光的金子。

2. 参加会计考证需要理性与慎重

问卷第7题在对参加会计考证的原因进行统计后，有相当一部分被调查者参加考证存在从众心理。所以，大学生们在参加会计考证时一定要保持理性与慎重。要有自己明确的奋斗目标，寻找适合自己的发展空间，不能盲从，更不能因为考试而耽误专业课学习。事实上，在人才市场上不少单位每年都招聘会计应届毕业生和各类会计专业人才，但并不以证书的多少作为唯一标准，他们更看重应聘者以前的相关财务工作业绩或者在校的各科成绩，即实际分析和解决问题的能力，对自身专业的忠诚度及将来对企业的忠诚度。

在选择会计考试类型时务必要量力而行。即全面考虑自己所能支配的时间、精力和经济能力，切忌贪多、求全。因为每门职业认证考试都要花费相当多的时间、金钱和精力，例如 ACCA 考试通过所有考试科目的费用平均约为3万元人民币，这显然是一个不小的经济负担。此外，我们前面也提到了除了经济负担还有其他的许多隐性成本，如要付出的宝贵时间、精力、考试失利承受的生理与心理压力等。

3. 作为准会计人，应该做好人生职业规划

会计，是一个较为特殊的行业，也是每一个组织中最重要的岗位之一，承担着组织命脉的重任。每一位会计人都在这个行业中规划着自己的职业生涯路线，对于我们高校在校生来说更应该如此。面对当前日益严峻的就业形势，我们应该在了解就业市场的基础上，分析自己的特点和优势，充分认识到个人职业生涯规划的重要性，把会计考证纳入个人职业发展的计划中，科学地制定出个性化的职业生涯规划。

首先，我们要提高自我认知水平，对自我进行全面客观的分析和定位。自我剖析的重点是分析自己的条件，特别是性格、兴趣、特长与需求，这是职业生涯规划的基础，直接关系到个人的职业成功与否。对自己大学期间所学的会计相关知识进行梳理，对自我的专业能力进行评价，同时要多听听别人的意见和建议，以便对自己有更准确的认识，进而对自己进行科学准确的分析与定位。我们还要对外部环境进行分析，充分利用多种形式广泛搜集相关信息，加强对职业环境的了解，同时也

要积极参加职业实践，通过实地锻炼来加强自己对职业的认知。

其次，要自觉强化职业规划意识，提高职业技能水平。大学生必须充分认识到职业生涯规划的重要性，提高自己的规划意识。同时加强职业规划学习，积极参加职业生涯规划的课程学习，阅读职业生涯规划的相关书籍、报纸以及网络上的相关内容，增加自己的职业生涯规划的知识，并多与老师、同学交流，提高自己对职业生涯规划的认识和职业规划能力，科学合理地制定自己的职业生涯规划。

最后，要充分调动一切积极因素，增强践行规划的能力。大学生要不断地勉励自己，持之以恒，加强自我管理，把职业规划落到实处，并且要充分发挥自身的主观能动性，真正将职业规划与实际行动结合起来。

（郭强华、冯斌）

教改课题

“立体交互式会计教学模式”的构建与实施研究

一　课题的现实背景及意义

多年来，在会计教育改革中，教师无疑是改革的主力军，因而他们常常开出改革“处方”，却“不闻不问”学生是否乐于接受，教师似乎遗忘了教学的另一主体——学生。教育部高等教育司司长钟秉林指出：“在教学观上，要树立注重学生在教学活动中的主体作用的思想观念。”钟司长的这句话，点出了教学中，同样也是教育改革中长期被忽略的问题。

2010 年，我们对宁波大学一年级至大学四年级的会计系本科生进行了问卷调查，总共发放 100 份问卷，调查宁波大学会计系本科生对当前本校会计教育现状的态度，了解他们对会计教育改革的要求与期望，从而使今后教学更契合学生的实际需求。

二　调查结果

（一）总体情况的评价——“一般”

对于宁波大学的会计教育总体情况的调查反映，有 62% 的学生认为“一般”。其中，在“课堂教学”、“作业”、“考试”、“教材”、“师资”各项调查中，分别有 50%、52%、63%、46%、53% 的学生选择

"一般"。在"实习"、"学术气氛"、"教学工具"三项调查中，也分别有35%、27%、17%的学生选择"一般"。

（二）满意度调查——"实习"最糟糕

在92项测试内容中"满意"度的排序，由高到低依次是：课程设置、作业、课堂教学、师资、实习、考试、教材、学术气氛、教学工具。另外，有24%的学生认为"不满意"，有2%的学生认为"很不满意"，两者合并，即有大约1/4强的学生对宁波大学的会计教育总体状况不满意。在"实习"、"学术气氛"、"教学工具"各项目的调查中，分别有46%、66%、79%的学生选择"不满意"，为各项中比例最高。

（三）需要改革的问题——"教法"

在具体被问及"你认为目前我校会计教育迫切需解决的问题"时，有57%的学生认为"应改革课堂教学形式"，57%的学生选择"提高师资水平"，33%的学生选择"应重新编制教材"，16%的学生认为"应重新设置会计课程"。

因此，我们认为，会计教师单纯的专业型模式将成为过去，停留在教学经验上，也显得不够，会计教师必须尽快从"专业型"、"经验型"教师上升为具有一定教学理论素养的"教学研究型"教师。本课题研究目的是要重视教学理论知识的普及，提倡会计教师学习和研究教学理论，并将领悟到的心得体会运用到课堂教学中去。通过了解国内外教学理论的发展，拓展会计教育改革视野，利用教学理论指导课程、教材建设，创新会计人才培养模式。

三　主要研究内容及预期目标

（一）主要研究内容

1. 构筑教学科研化与科研教学化平台，强化教学与科研相结合的立体交互运行机制

所谓教学科研化，就是在教学过程中通过启发式、探究式教学引导学生开展科研活动，通过科研来培养学生的创新意识和创新能力，激发学生的学习和科研热情。所谓科研教学化是指围绕教学开展科研活动，将科研课题与教学课程和教学内容紧密结合，并将研究成果融入教学内

容之中，使教学和科研形成良好的互动机制。

教学科研化的核心是培养学生的科研能力和创新能力。其具体措施很多。比如，将学生科研活动纳入到创新能力培养的大系统，以创新学分载入学生成绩档案；成立学生科研组织，加强对学生科研活动的组织和引导；创办学生学术刊物，为学生科研成果提供展示的舞台；开展丰富多彩、形式多样的学术活动，营造良好的科研氛围；设立学生科研专项基金，鼓励和支持学生开展科研活动；制定学生科研管理及奖励办法，对科研成果突出的学生及其指导教师给予奖励等，都是教学科研化的有效措施。

2. 实行学生导师制，构筑师生多维互动平台

导师制的内涵有两个基本点：一是发挥专业教师在教育、教学过程中的主导作用，加强对学生学习途径和方法的指导；二是发挥学生在教育、教学中的主体作用，充分调动学生的学习积极性和主动性，使其在教师的指导下，学会学习、学会思考、学会创造，在注重个性发展的基础上实现全面发展。

导师的主要职责是：指导学生制订课程学习计划和选择专业方向模块课程；指导学生参与社会实践、专业实习及大学生“挑战杯”比赛等科技创新活动；结合自己的研究方向和科研项目，指导学生选择科研课题和撰写学术论文，以严谨的治学态度和优良的职业道德熏陶学生，帮助学生提高科研能力和写作能力。

导师制的核心是引导学生开展科研活动，其方式主要有两种：一是学生自行确定论文选题，然后在导师的指导下收集资料，拟定写作提纲，完成论文的写作，最后向有关杂志投稿；二是吸收学生参与教师的课题研究，使学生直接受到科研熏陶与训练。

3. 实施问、想、做、评的四步教法——交互激发教学原动力

根据教学需要，采取“教师中心—学生中心—师生参与教学”的“问、想、做、评”的四步教法策略。可以使学生的个性得到较好的发展，使每个学生都能找到适合于自己的学法、教法和教学内容。师生参与教学策略是指教师参与学，学生参与教，教与学多层次缠绕，融合互促，其实质是把以上两个中心拧在一起，激发教学动力。其间，可以穿插讨论式、研究式、专题式、案例式等多种教学方法；要通过变序、抓点、求异、求同、设疑等方法，训练学生思维的多向性、聚焦性、发散

性、迁移性和创见性，实现教学互动。

4. 构建动态、有机、开放的实践教学系统，强化实践教学的多重动力交互激励机制

要在校内建立包括企业、银行、保险、税务、会计师事务所、审计、法院、证券等机构在内的模拟微型经济环境系统，仿真企业会计和财务管理流程、企业业务流程、企业资金运作过程、企业资本运作过程等。通过会计模拟实验室、会计信息系统实验室和财务信息集成演练实验室来完成各种实验，使学生成为教学系统的有机组成部分，将传统的教师“单一动力驱动”方式变为教学系统的“多重动力交互激励”方式。同时，还应该与企业和会计师事务所建立稳定的合作关系，将其作为学生的实习基地和教师的调研基地，形成校企合作的互动教学模式。

（二）预期目标

（1）以课题内容“问、想、做、评”的四步教法申请探究性课程建设，并在全系组织观摩探讨，并研究推广意义和方式。

（2）发表论文2篇，研究报告一份。

四　前期研究基础

2010年会计系与国际交流学院合作，获得宁波市首批“面向国际的财务管理人才培养专业群”建设任务后，创新会计教育模式意愿强烈。在2010年3月和5月，我们分别引进了国际会计证书认证体系CGA和ACCA，并且已经将相关课程列入教学大纲，会计改革进程步伐在加快。因此，迫切需要在会计教育模式与教学方法方面进行创新。我们也正努力在这方面予以突破。

课题负责人有较好的前期积累，能带领课题组顺利完成本项目。相关的前期研究成果如下：

（1）《宁波大学会计教学现状及改革调查报告》，《宁大学报》2000年第6期。

（2）《会计教育真情告白：会计教育现状与未来》，人大复印《财务与会计》转载，2002年第3期。

（3）《会计创新教育模式与教法》，《石家庄经济学院学报》2005

年第3期。

（4）《会计教育如何迎接知识经济时代的到来》，《宁波大学学报》1999年第2期。

（5）主持宁波市经管经贸应用型专业人才培养基地2007年度建设项目：基于会计教学模式创新的人才培养模式改革。

（6）2005年出版教材《注册会计师审计视野》，获得学校优秀教材二等奖。

（7）指导学生获得2004宁波大学第四届学生科研成果二等奖和入围奖各一项。

宁波大学会计教学现状及改革方向的总结报告

多年来，在会计教育改革中，教师无疑是改革的主力军，因而他们常常开出改革“处方”，却“不闻不问”学生是否乐于接受，教师似乎遗忘了教学的另一主体——学生。教育部高等教育司司长钟秉林指出：“在教学观上，要树立注重学生在教学活动中的主体作用的思想观念。”钟司长的这句话，点出了教学中，同样也是教育改革中长期被忽略的问题，本文拟从学生的角度出发，调查宁波大学会计系本科生对当前本校会计教育现状的态度，了解他们对会计教育改革的要求与期望，从而使今后教学更契合学生的实际需求。

本次调查采用调查问卷的形式，调查问卷分两大部分，第一部分着重调查学生对会计教育现状的态度、反映，共设计了10个单选题，每题从好到坏设5个选项，即“很合理（满意或其他）”、“较合理（满意或其他）”、“一般”、“不太合理（满意或其他）”、“很不合理（满意或其他）”。第二部分调查学生对会计教育改革趋势的要求与期望，设计了多选题，目的是尽量从多方面促使学生表达出对教育改革的要求，并且设置了“其他”选项，以便学生提供更多“金点子”。问卷共发放100份，被调查者为宁波大学一年级至四年级的会计系本科生，其中一年级10份，二年级20份，三年级30份，四年级40份，均约占每个年级会计系本科生总数的50%，回收有效答卷94份，有效回收率94%，均采用人工统计。

一　总体情况的评价

对于宁波大学的会计教育总体情况的调查反映，有62%的学生认为“一般”。其中，在“课堂教学”、“作业”、“考试”、“教材”、“师资”各项调查中，分别有50%、52%、63%、46%、53%的学生选择“一般”。在“实习”、“学术气氛”、“教学工具”三项调查中，也分别有35%、27%、17%的学生选择“一般”。

在92项测试内容中“满意度”的排序，由高到低依次是：课程设置、作业、课堂教学、师资、实习、考试、教材、学术气氛、教学工具。

另外，有24%的学生认为“不满意”，有2%的学生认为“很不满意”，两者合并，即有大约1/4强的学生对宁波大学的会计教育总体状况不满意。在“实习”、“学术气氛”、“教学工具”各项目的调查中，分别有46%、66%、79%的学生选择“不满意”，为各项中比例最高。

在具体被问及“你认为目前我校会计教育迫切需解决的问题”时，有57%的学生认为“应改革课堂教学形式”，57%的学生认为“应提高师资水平”，33%的学生认为“应重新编制教材”，16%的学生认为“应重新设置会计课程”。看来，学生的愿望多种多样，以下我们将从“会计培养目标”、“教学环节”及“教学中的硬件和软件”三方面分类加以阐述，具体从各个层面剖析一下为何学生对本校会计教育得出以上评价。

二 具体情况分析

（一）会计教育培养目标

有65%的学生认为目前的会计教育应培养“通才”，22%的学生认为会计教育应培养“专才”。十几年来，我国会计界曾有过是培养“通才”还是培养“专才”之争，随着我国社会主义市场经济体制的建立，对以培养“通才”为会计人才培养的主要目标已基本达成共识，这与调查结果相符。但这些年另一类偏向又出现了，即高等教育专业除会计学之外，又出现国际会计、涉外会计、电算化会计、审计、注册会计师等新的专业，实际上不论从现代会计的要求、毕业生对市场经济的适应性还是学科的分类来看，会计只是一门学科，也只应设一种专业——会计专业，会计专业毕业生只有拥有较宽广的知识面和较强的适应性，才能更好地与社会融合，细分专业的做法是不妥的，也是世界各国惯例所不提倡的。

（二）教学环节

1. 课堂教学

通过问卷调查，我们看到50%的学生对课堂教学的评价为“一般”，20%的学生认为“较满意”，3%的学生认为“很满意”，这样看来，有73%即大多数学生认为我校会计系课程教学处于中等以上水平。然而，在具体被问及“你认为目前我校会计教育迫切需解决的问题”时，却有57%的学生认为“应改革课堂教学形式”。学生前后矛盾的回答反映出会计课堂教学中的弊端。许多学生反映，会计教育中的应试教育是造成学生平时逃课、考前“烧油”的“罪魁祸首”。大学教育应教会学生一些思考问题和追求学问实质的方法。从改革愿望看，有56%的学生希望能引进案例教学法，多进行一些实务操作。与此同时，也有33%的学生觉得目前课堂授课方式陈旧死板，学生在课堂上只是扮演配角，很少有机会自由发表自己的学术观点，难以激发学生的学术研究热情，他们渴望能像老师一样走上讲台一展风采。另有35%的学生选择“自学+老师讲解”，这种选择反映出学生学习的自主性加强。

2. 作业

通过问卷调查，我们看到52%的学生认为目前会计作业质量“一般”，29%的学生认为还是“较满意”的，12%的学生认为“较不满意”。看来，学生认为会计作业质量还属中等偏上水平。在被具体问及“作业形式应如何改革”时，94人中有76%倾向于做案例分析，与课堂教学调查结果相类似，这说明学生已不单独地要求背会制度或者公式，他们已在积极尝试把学到的知识运用到案例中，以提高自己解决实际问题的能力，享受问题被解决后的欢愉；而同时也有51%的学生选择“在老师指导下阅读某些书籍”为较合适的作业类型。由此可见，学生的视野已不再囿于课本，他们希望多方面涉猎与专业有关的书籍，但他们仍对自己的辨别力不太放心，因此需要得到老师的指导。另有16%的学生选择“应采用写论文、写文章等写作形式”。

3. 考试

调查结果显示，约63%的学生对“考试形式”的评价为“一般”，有16%的学生表示“较满意”，有13%的学生表示“不太满意”。由此可见，学生对目前考试形式还是持认同态度的。在具体被问及“采用何种考试形式最能反映学习情况”时，有79%的学生选择“对具体案例进行分析，得出结论”。由此可见，案例教学已深入人心。另有21%的学生认为应当在现有考试中增加口试项目。虽比例不大，但也不可小觑，还有20%的学生选择“写论文为最佳考试形式”。

4. 实习

调查结果显示，43%的学生对实习表示“不太满意”，另有35%的学生则表示实习效果“一般”，只有14%的学生对实习表示“较满意”。由以上结果看出，学生对会计实习已颇有微词。然而在被问及“实习应采取的最好形式”时，却有61%的学生选择了“由系里统一安排”，学生均认为学校做统一的安排，能够取得较好的效果，而由学生自己分头找实习单位，由于联系单位困难，实习难以达到较好的效果，另外35%的学生则持反对意见，他们选择“自己联系单位，结束时以书面材料上报”，这部分学生也有其道理，学生自己可根据个性特点，联系实习单位，较易发挥主观能动性，或许会有意想不到的效果。

（三）教学中的“硬件”和“软件”

1. 课堂设置

从调查来看，有39%的学生认为宁大会计专业课程设置“一般”，38%的学生认为“较合理”，4%的学生表示“很合理”，三者相加，即有81%的学生认为宁波大学会计专业课程设置处于中等偏上水平。由此看来，宁波大学会计专业课程设置还是令人满意的。当被具体问及“应加强什么课程”时，有50%的学生认为应加强计算机、英语课程，46%的学生认为应加强法律课程，40%的学生认为应加强管理类课程，38%的学生认为应加强CPA课程。

2. 学术氛围

调查结果显示，40%的学生认为学校会计领域的学术气氛“较不浓厚”，26%的学生认为“很不浓厚”，两者相加，即有66%的学生认为会计学术氛围不浓厚。另有27%的学生认为“一般”。总结上述数据，可见宁大校园中会计学术氛围处于中下游水平。的确，我校会计学术氛围不够浓厚，很少邀请有名的专家进行会计讲座，组织学生开座谈会、讨论会计学术问题也不多。目前这种状况有所改善，院里开办了会计学会，定期举办一些会计电算化的培训课程，进行了一系列讨论专题的座谈会，并要求写论文表达自己的观点，旨在激发学生学会计的热情，拓宽其会计视野。

3. 教材

调查结果显示，46% 的学生认为“目前会计教材马马虎虎能适应经济发展要求”，34% 的学生认为“不太适应”，3% 的学生选择“很不适应”，即有 37% 的学生认为目前教材不适应经济发展要求，已是较高比例。在被问及“该如何选择教材”时，42% 的学生选择“仍采用老师指定教材，随时更新教材中落后的地方”，同时也有 42% 的学生选择“由国家尽快编写一套适合当前市场经济要求的教材”。在此项选择中，另有两种选择也引起了我们的注意，分别有 17% 和 14% 的学生选择了“放弃教材，由老师自由选择想讲解的内容”和“直接采用西方原版教材”。

4. 教学工具

在此项调查中，我们设计了“你校会计教育是否经常使用现代化手段”这一题，34% 的学生选择“偶尔使用”，45% 的学生选择“基本不使用”。可见在这一方面，宁波大学是较落后的，有不少学生认为，互联网盛行、计算机普及的今天，学校却还在使用老掉牙的 Foxbase，使学生难以跟上时代的发展。为什么在“课程设置”的调查中有一半的学生要求加强计算机课程呢？部分原因也在于此。学校中学的 Foxbase 已很少在企事业单位中使用，学生虽捧有计算机二级证书，如若不是自学或是经过社会上的培训，很难胜任工作单位的电脑操作。

5. 师资

调查结果显示，53% 的学生认为学校的会计教师素质“一般”，18% 的学生选择“不太满意”，8% 的学生选择“很不满意”，如此，即有 26% 的学生对宁波大学会计教师素质不满意。而当学生被问及“你认为目前会计教师的素质在哪方面有待加强”时，61% 的学生认为会计教师应丰富实务经验。同时也有 56% 的学生认为“会计教师应提高专业理论水平”，这不能不引起我们的重视，这反映出会计教师不仅要注重实务，还要加强理论功底，要善于深层次地挖掘会计理论，而不是泛泛而谈。另外还有 46% 的学生认为“老师应加强对学生的指导”。在师资这个问题上，我们还设了“你是否赞成会计教师从事第二职业”这样一个问题。结果有点出乎意料，大部分学生比较开通，60% 的学生选择“如果其从事的第二职业与所教专业有关，则赞成”，有些同学在旁边加注“并且时间与教学不冲突”，这也印证了前面我们所调查的结果“学生希望会计教师能丰富实务经验”，从何渠道来丰富实务经验呢？学生建议“从事与教学相关的第二职业”。

三 几点启示

（一）明确了会计教育目标

经过这次调查，我们发现，大多数学生已达成共识，会计教育应培养会计通才，须具备通用知识、管理知识和专业知识。作为一个现代会计人员，光会记账、算账、报账，已显不足。他还必须通晓会计相关知识，如法律知识、税务知识、计算机技能、英语知识、语言交流、文字表达知识、所处行业生产经营过程知识以及一般科学技术知识、统计和数量方法知识、企业管理知识和经济学知识。此外，会计教育还应培养学生获取知识的观念和能力。现代社会经济、技术不断发展，一个人如果不能及时学习，充实自己，便会落后，只有不断更新自己的知识，才能跟上时代的步伐，适应社会的需要。

（二）学生在学习中的自主性、实用性大大加强

1. 自主性加强

学生学习自主性加强可以从各具体项目中概括出来。在“课堂教学”调查中，表明有35%的学生选择“自学+老师讲解”的教学形式，33%的学生选择“老师起主导作用，同时让学生走上讲台”的形式。在这里，学生在不同程度上要求有自主权，要求能表达自己的观点，而不是一味地听老师“满堂灌”。同时，在“作业”及“考试”的具体调查中，各有16%和20%的学生选择写论文等写作形式。我们知道，写文章要有独特的观点，讲究写作方式，学生以写论文为作业、考试的形式，反映出学生的学习自主性加强。

2. 实用性加强

这一点，我们可以从“课堂教学”、“作业”、“考试”的调查中看出，因为各有56%、76%、79%的学生选择“做案例、分析案例”，如此明显地倾向于案例，无非因为案例接近于实务，不像纯粹的计算题，

单调枯燥，这也反映出学生对知识的实用主义倾向。

3. 学生对老师的要求提高了

学生希望教师有丰富的实务经验，较高的专业理论水平，说明对老师的要求提高了。我们认为，可采取以下措施弥补：例如，创造条件制定有关政策，有计划地安排中青年教师参加社会实践，到工商企业中实习，挂职锻炼，承担咨询任务等，并形成制度，作为考核的要素；或者与工商企业合作，鼓励教师面向社会、面向企业，研究应用性课题，加速科研成果转化为生产力直接为经济建设服务；也可聘请有实际经验的总会计师、会计师为客座教授，可通过国内培养或出国留学进修两条渠道提高科研教师的学历层次；还可开展国际合作与交流，与境外教师互访，合作教学，聘请少量高水平外籍专家来华任教或讲学等。

（郭强华、张咏梅、顾承伟、施春华）

宁波大学审计实验室建设研究

一　审计实验室建设现状

（一）国内审计实验室建设现状

据笔者了解，国内开设审计课程的高校大多建有审计实验室，开设审计实验课程，就宁波地区而言，宁波万里学院和宁波工程学院目前均开设审计实验课程。就全国而言，南京审计实验室建设得相对较成熟，南京审计学院审计模拟实验室是江苏省示范性基础实验室，主要面向审计学、工程管理专业开设《财务审计实验》、《信息系统审计》、《政府审计》、《社会审计》、《内部审计》等课程实验和《工程审计》、《会计模拟实验》、《审计流程模拟实验》、《审计综合实验》等专业实验课程，同时还对会计学、财政学等相关经管类专业学生以及审计学辅修专业学生开放，承担《审计学》、《金融审计》、《财政审计》等实验任务。实验室具有福思特多媒体审计实验室软件，现场审计实施系统，具有审计项目管理、数据采集与转换、审计抽样、审计数据分析、审计底稿与报告管理等功能，以及辅助工具、系统管理等功能。学生从大学二年级到四年级系统地接受实务操作训练，提升了学生对专业理论知识的理解能力，培养了学生的动手能力，综合素质和创新、创业能力。

（二）宁波大学审计实验室建设现状

宁波大学本科财会专业开设的审计课程有《审计学》与《审计案例研究》，分别在大学三年级下学期与大学四年级上学期开设，分别为3个学分与2.5个学分，审计课程种类相对单一，审计理论主要通过《审计学》课程教授，《审计案例研究》配合进行审计案例教学，在审计实验教学上还是空白，与同行相比相对落后。审计模拟实验教学模式未受到宁波大学的足够重视，审计基本上已被纳入“大会计”专业教育的范畴，审计课程的教学都是在“大会计”架构下进行的，审计教学方法也基本上沿袭了传统的会计教学方法，局限于“填鸭式”的教学模式。虽然学校开设了会计实验课程，如《会计电算化》、《财务管理》、《综合会计模拟试验》，但却未能同样重视审计模拟实验教学模式的引入，更不用说投入足够的资金、人力进行开发研究与实施。因此，无法满足毕业从事审计工作的学生需要。

二　宁波大学审计实验室建设的必要性与可行性分析

（一）必要性分析

1. 学校师生的需要

笔者对宁波大学在校会计专业学生进行了一次调查问卷，选取了大学三年级、四年级学生各20名，调查结果显示：对“你认为目前我校的审计教学效果如何”的问题的回答，有62.5%的学生认为“审计课理论多而抽象，难以理解”；30%的学生认为“理解了，但不知如何运用”；只有7.5%的学生认为“审计课还算好理解”。对“你怎样看待审计模拟实验室的创建”的回答，有80%的学生认为“有必要”；有85%的学生认为现在开设的会计类实验课程对今后工作很有帮助，大多在校大学四年级学生表示，经过学校的模拟会计软件教学，对于实际会计做账上手很快。以上数据说明，学生对于传统的审计教学方式与教学效果不是很满意，他们期望学校能实施审计模拟实验教学。但现实与学生的愿望正好相反，宁波大学还未为审计模拟实验教学提供一个仿真的情境，提供一个可实现审计模拟实验教学的平台，让学生进行实务操作的学习，以满足审计实践教学的需要。因此，审计实验室的建设很有必要。

2. 教学的需要

审计实验室可以弥补案例教学的不足。为解决审计课“难教、难学、难用”的难题，审计课程采用案例教学，虽然也调动了部分学生自主学习和独立思考的积极性，但由于案例分析的知识点较为分散，综合性与系统性不强，学生们只了解相关学科的知识在审计学科中的简单应用，无法从总体上领会审计工作的精髓所在，所以个案教学仍无法实现审计理论和审计实践的有效结合，未能从根本上改良审计教学效果。而审计模拟实验教学为学生提供一个仿真性强的审计对象，要求学生站在注册会计师的角度，以《企业会计准则》和相关会计制度为依据，以《注册会计师法》及相关审计准则为准绳，对该审计对象一定时期的财务状况、经营成果和现金流量等情况发表审计意见。在实验过程中，学生需接受被审计单位的委托，签订业务约定书，编制审计总体计划和具体审计计划，运用检查、分析性复核、计算、查询、监盘、函证、观察等主要方法，收集充分适当的审计证据，编制审计工作底稿，最后对审计证据进行整理、分析、鉴别、汇总，形成恰当的审计意见，并出具审计报告。学生通过模拟审计实践，可以将审计基础知识、审计基本理论和审计基本实务有机结合起来，并在“实战”演练中增强对审计的感性认识、加深对审计过程的了解、熟悉审计基本理论和技能的运用。

3. 社会的需要

审计实验能够缩小学校人才培养与社会需求之间的差距。我国《独立审计准则》一般准则第 2 条中规定“担任独立审计工作的注册会计师应当具备专门学识与经验，经过适当的专业训练，并具有足够的分析、判断能力”。可见审计行业非常看重从业审计人员的实践经验。高等院校作为高级人才的“加工厂”，如果培养出来的具有高学历的审计人才不能很快从事实际审计业务，说明我国高等院校培养的人才还只是一个“半成品”。而实际上，这一现象在我国高校并不少见。审计实验能够使学生在毕业前就得到充分的锻炼，毕业的时候至少可以成为“准成品”人才，并且一旦走上工作岗位，就能很快地融入工作，缩短了用人单位岗前培训的时间，节约了企业的人力资源培训成本。

（二）可行性分析

宁波大学已设立了会计实验室，硬件设施齐全，师资雄厚，教改成果丰硕，可以在开设会计实验室的基础上增设审计实验项目，采取模拟审计的方式，设计企业的具体业务和信息资料，通过审计实验室的模拟效果，使学生在实验室通过一系列具体操作，把教材前半部分的理论同后半部分的审计实务相融合，很好地理解所学的审计基本理论、基本方法，熟悉审计程序，掌握分析资料和判断问题的基本方法，锻炼学习动手能力，以便取得比较满意的教学效果。

1. 硬件设施齐全，无须再配套购置

宁波大学商学院中心实验室是本院研究生、本科生的专业基础课和专业课的实验基地。下设经济分析实验室、网络与电子商务实验室和会计模拟实验室。主要设备有 IBM 专用服务器 5 台，学生用计算机近 300 台，多媒体投影仪 5 台，交换机及集线器 30 余个。主要教学软件系统有多媒体会计模拟实验室、成本会计、审计实务、现金流量表金碟 ERP 系统、物流模拟教学系统等。实验室所有计算机都能高速访问互联网和校园网，包括中国期刊网等宁波大学镜像站。实验室使用面积 540 平方米，完全能够满足审计实验室的要求。

2. 现有师资力量能满足开设审计实验的要求

宁波大学商学院审计发展研究中心现有专职研究人员 5 名，其中教授 1 人、副教授 2 人、讲师 3 人，具有博士学位者有 3 人。教学团队敬业精神强，教学态度好，大部分教师有 10—20 年的教学经验，团队合作精神和改革意识强。

三　宁波大学审计实验室建设

（一）建设目标

面向会计学专业开设《审计流程模拟实验》、《注册会计师审计》等专业实验课程。通过专业基础性审计模拟实验、专业综合性审计模拟实验两大模块，利用计算机辅助审计手段，对审计业务进行模拟实验，使学生从大学三年级到四年级系统地接受实务操作训练，以配合《审计学》和《注册会计师业务》课程的教学任务，提升学生对专业理论知识的理解能力，培养学生的动手能力、综合素质和创新能力。

（二）审计实验室建设的基本原则

如何建设审计实验室，宁波大学可以借鉴本校会计实验室以及外校审计实验室的建设经验，针对宁波大学的现状，具体建设还需要在实践中不断探索，总的来说，笔者认为，审计实验室的建设要坚持以下三个原则。

1. 仿真性原则

仿真性是指在实验中对实际事物的结构、功能、流程、素材等各个方面的模仿和逼真，使实验者有如身处现实实务中。审计实验室的建设是为了提高学生的动手能力，它要尽可能地与审计实务相似，即尽可能地仿真，因此审计实验室建设要做到3个仿真性的要求：一是审计实验中使用的素材、资料和工具要仿真；二是审计实验的程序要仿真；三是审计实验中的角色分配要仿真。针对这一原则，在宁波大学审计实验室建设过程中，可以联系宁波地区的会计师事务所，如中汇会计师事务所、天元会计师事务所等，从审计的素材到程序，模拟一整套审计流程。

2. 重要性原则

我们强调审计实验室的仿真性，但也不可能把审计实务中的所有细节都映射到审计实验室中，那样做既不可行也不经济。因此审计实验室的建设要坚持重要性原则，即考虑到实验时间、设施、学生的专业能力等方面的因素，做到既尽可能逼真，又重点突出。因而，审计实验室的建设在设施配备、实验素材的准备上不能一味贪多求全，要抓住重点，以较简约的形式反映审计业务的结构和要点；同时，在实验内容的设计上，要循序渐进，由易到难，将审计流程中一些无关紧要的环节简化甚至略去，突出重要环节，使学生能真正从审计实验中提高实务操作能力。

3. 互动性原则

互动是指交互作用或影响，教学中的互动性一直是我们教学形式改革追求的目标，在宁波大学审计教学中，虽然有学生审计案例讲解等互动环节，但还是以教师教授为主，互动教学意味着对当前宁波大学审计教学中普遍存在的“单向式”灌输型教学模式的颠覆。在审计实验室建设中遵循互动性原则，就是指在实验中教、学双方在知识传递、学习心理状态乃至角色中的交互。即在审计实验中，让学生真正成为实验室的主角，给学生更多地展示自己能力和阐述自己观点的机会，使他们对技能的掌握由“被动式”接受变为“主动式”探索。与此同时，教师要通过课前的实验设计、课中的指导和问题解答、课后的总结评价等渠道对学生在实验过程中遇到的难题和困惑及时予以解决。通过这种互动，可以达到教与学相互促进的目的，一方面学生对学习会更有兴趣，学习效率得到提高，学习中的个性差异也得到照顾；另一方面教师的教学也不再是“照葫芦画瓢”，只有对实际审计业务有充分细致的了解、对学生实验中遇到的各种问题能及时做出反馈的人才能胜任这一教学任务，这就促使教师要不断提高自己的实践业务水平。此外，学生的积极参与、关注和反馈还能激发教师的教学积极性。

（三）具体建设

1. 资金

任何一个项目的建设最重要的就是资金的落实，审计理论体系复杂、技术性很强，且与其他相关学科联系密切，决定了审计模拟实验教学模式的建立涉及面宽，宁波大学对于审计实验室研究开发起步较晚，我国“金审工程”的快速发展和社会对计算机审计人才的迫切需求，在探讨审计模拟实验教学中不可能仅考虑手工模拟实习的要求，还要考虑如何适应审计电算化发展的要求，这必然加大了研究与开发的难度与成本。针对宁波大学的现状，拟开设《审计流程模拟实验》、《注册会计师审计》等专业实验课程，初步的资金估计：审计实验室项目建设申请费用大约 4 万元，包括资料费、书籍费 3000 元，相关院校实验室建设调研差旅费 8000 元，学生劳务费 5000 元，版面费 5000 元，电脑课件设计费 2 万元；另购置福思特多媒体审计实验室软件 8 万元，硬件方面不用再添置；预计其他各方面的费用 1 万元，共计约 13 万元。

2. 师资

组建一个知识结构搭配合理的研发小组。由于审计实验资料的设计涉及的知识面广、时间跨度大、技术性强，要求研发人员不仅要具有相当丰富的会计、审计理论知识与实践经验，还要熟悉会计电算化与审计电算化的操作技能，所以需要组建一个知识结构搭配合理的小组才能为审计模拟实验教学模式的引入提供强有力的技术支撑。在上文可行性分析中提到商学院审计发展研究中心师资力量雄厚，教师理论实践经验丰富，完全可以组建一个知识结构搭配合理的研发小组。

3. 教材

针对开设的《审计流程模拟实验》，《注册会计师审计》课程，购置一套适用的审计模拟实验教材。没有教材的支撑，审计模拟实验教学模式只能是纸上谈兵。笔者认为，一套既能进行手工模拟实习又能进行电算化模拟实习的教材应满足以下六个方面的要求：①审计模拟对象的资料仿真性、典型性要强。审计模拟对象的业务内容应取材于某个规模适中的工业企业至少一年的会计实务，在此基础上经过分析、筛选、补充将购货与付款循环、销售与收款循环、生产循环以及投资与筹资循环等业务循环的内容囊括在内。同时，各类业务的原始凭证、记账凭证、账簿、报表以及审计工作底稿均应按实际应用的样板设计。②应提供一个完整的审计模拟对象，教材的内容不仅应包括模拟审计对象全套的财务资料，而且要包括进行制度基础审计要求审计对象提供的各种相关的资料，如模拟审计对象的基本情况、各种内部控制制度及上一年度的审计报告等。③应提供一套审计模拟对象的电子财务数据，则可把手工审计实验与审计电算化实验紧密地结合在一起，使其成为一个有机整体。④在编写模拟审计对象的财务资料时应根据审计实务的特点设一些"审计陷阱"。⑤审计模拟实验教材要具有开放性与可扩容性，不需设标准答案，对一些问题应由参加实习的学生根据各自的判断自由设定，如盘点日现金的余额应为多少，应对哪些客户进行函证，回函的内容也可由指导老师根据具体情况进行设定。⑥应根据相关准则的要求设一套适用的审计工作底稿。根据教师对相关高校的调研情况，经过相互比较，可以直接借鉴教材使用情况。

4. 软件

针对开设的审计模拟实验课程，购置审计实验软件。引进福思特多媒体审计实验室软件，该教学系统是一个多媒体辅助审计实验系统，它在设计中采用了先进的计算机技术和多媒体技术，按照审计实践的操作流程要求，设立了三大模块。其一，教学课件模块，该部分内容以教师授课内容为主，按照审计课程章节的划分便于教师在网上教学。同时将国家 2002 年颁布的《中国注册会计师独立审计准则》的基本准则和独立审计实务公告汇编，便于学生与教师查阅。其二，审计模拟实习模块，该部分以一个股份公司的 12 月数据为例实施报表审计，让学生扮演一家会计师事务所的成员，完成审计项目"准备阶段→审计项目实施阶段→审计项目终结阶段→审计报告"的全过程。让学生充分理解、掌握各个项目的审计目标、程序及处理。其三，案例模块，提供丰富的作弊案例，指导学生如何发现问题、解决问题。福思特多媒体审计实验室软件系统发扬了手工会计实验操作的优点，弥补其耗时多、枯燥、老师批改、考核困难等缺陷，有效地提高了会计实验的质量和效率。该软件的引进能够满足开设的审计模拟课程的需要，在建设过程中，联系广州福思特科技有限公司或者相关的软件公司采购引进，笔者联系过广州福思特科技有限公司，该软件的价格为 8 万元，免费上门安装服务，享受终身免费升级，该公司在南京有分支机构，可以联系购买。

5. 模拟资料

设置与模拟审计对象相关的机构及准备相关资料。如果审计模拟实验室仅提供审计模拟实习资料，能让学生通过实习来学习和了解的只有检查、计算和分析性复核等方法，而一些重要的审计程序，如观察、查询、函证、监盘等方法却得不到实习，就达不到预期教学效果，为保证这些重要的审计程序得到实习，提高审计证据的可信度，必须设置与模拟审计对象相关的机构，如模拟审计对象财务科、模拟仓库、模拟银行、模拟客户等，同时还需准备盘点日的现金、存货、固定资产等，它们可分别用练钞券、标有相应存货名称、数量的卡片或制造相应的模型等来替代。配备一支具有丰富审计理论知识与实践经验的实习指导教师队伍。学生的审计模拟实习能否取得预期效果，关键在于实习指导教师是否指导有方。因此为保证审计模拟实验教学的效果，宁波大学应注重审计教师的后续教育，及时更新其知识结构，同时要与会计师事务所或大型企业的内部审计部门建立联系，建立教师实践基地，组织审计教师定期到基地参加审计实践，逐渐积累实践经验，提高专业判断能力，从而全面提升综合素质。

6. 制度建设

建设审计实验室管理制度。充分发挥审计实验室的功能，做好审计实验室的后期维护，需要建立审计实验室管理制度。对于实验室的一般性规定，宁波大学均已有了制度与规定，针对审计实验室，借鉴南京审计学院的制度，拟制定《宁波大学审计实验室开放规定》和《审计实验室使用管理制度》。

审计模拟实验教学模式的应用将会更好地实现审计课堂教学与实践性教学的结合，对完善审计学科的专业建设，提高学生的实践能力与就业竞争力，培养应用型高级专门人才起着关键性作用。因此，宁波大学应加快审计模拟实验教学模式的研究，尽快建成审计模拟实验室并投入使用。

四 审计实验课程的步骤与方法

（一）准备实验所需资料

审计模拟实验课程的主要内容是进行一般目的的审计，即组织、指导学生进行会计报表和相关财务资料的审计。包括学习如何审核、检查会计报表是否在所有方面都公允地反映了被审计单位的财务状况、经营成果和现金流量；会计报表的编制是否符合《企业会计准则》、《企业会计制度》以及国家其他有关财务会计法规的规定；会计处理方法是否保持了前后各期的一致性等。最后，要根据审计结果对被审计单位会计报表的公允性、合法性和一贯性提出审计意见。审计模拟实验所需资料主要为被审计单位一定时期的会计报表、同期相关会计凭证、会计账簿及其他相关会计资料，被审计单位基本情况介绍、内部控制概况，以及规范的审计工作底稿和审计报告用表等。

（二）教师的前期指导

为了使学生能够有一个基本的工作思路，在让学生自己动手进行审计模拟实验之前，教师要先将审计业务程序介绍给学生，指导学生根据会计资料确定审计的重要性水平和审计风险，再带领学生进行部分会计报告项目的审计，帮助学生树立审计基本理念，指导学生如何获取审计数据，如何编制审计工作记录，如何将所学的审计理论应用到审计实践之中等。

（三）分组发放实验资料，组织、指导学生进行审计

要将审计所需的资料发放到学生手中，以便于课外继续进行相关的模拟实践操作。为便于互相讨论、研究，提高学生理论联系实际的能力和动手操作能力，可将学生分成若干小组，每组若干人，小组成员也可自由组合，自主分工，以利于相互协调和配合。在实践模拟实验教学中，专业教师要认真地指导，也可聘请审计事务所、会计师事务所或企业的专职审计师作为兼职指导教师。虽然用两周的时间进行单独教学，但时间尚显不足。因此，要求学生也要利用一定的课外时间，以小组的形式自行组织实践训练，如此经过不断的反复就会收到更理想的教学效果。

（四）撰写并提交审计报告

审计实践阶段结束后，指导学生整理和分析审计工作底稿，学习如何通过对所取得的审计证据进行分类、计算、小结和综合。从而汇总审计差异，形成审计结论。根据审计结果和预先确定的重要性水平组织学生按规定撰写审计报告，对被审计单位的会计业务提出意见和评价，并交指导教师评阅。

（五）审计模拟实验课程效果评价

指导教师在对学生提交的审计报告和审计实践记录（笔记）评阅之后给出评语和成绩，同时要组织学生对审计模拟实践训练进行评价，以总结经验，找出差距。为了解学生对审计模拟实验课程的意见和体会，可通过问卷或座谈会等方式进行调查了解，从而进一步提高审计模拟实验课程的教学质量。

《审计学》精品课程建设研究

精品课程，是一种具有一流的教师队伍、一流的教学内容、一流的教学方法、一流的教材、一流的教学管理的示范性课程。精品课程的建设已经成为高等学校教学质量与教学改革工程的重要组成部分。

一　各大院校《审计学》精品课程建设

据统计，在我国开设了会计学专业的有526所普通高等院校，却只有48所高校开设有审计学专业，而在会计学专业的教学中基本上都开设了《审计学》这一课程。由此可见，会计学专业除了为社会输出会计人才外，还承担了审计人才输出的功能。

（一）几大高校《审计学》精品课程建设基本情况

近几年来，许多院校为了不断提升《审计学》课程的教学质量，增强学生在审计学方面的实践能力，纷纷开始建设《审计学》精品课程，在《审计学》教学上改进。据有关调查显示，各大高等院校基本上都采用了多媒体教学，增加了不同的教学手段，在教学过程中逐渐融入教学案例和教学实验，有少部分学校增设了课程的实习。在《审计学》课程的教学效果上并没有得到很大的改善，大部分院校的《审计学》课程学时过少，在课程设计上缺乏实践，教学方式不够灵活，仍有很大一部分学生对这门课不感兴趣，感觉枯燥乏味。

1. 宁波大学《审计学》精品课程

宁波大学的《审计学》精品课程的建设以郭强华教授为负责人，主要讲师有宋夏云副教授、俞雅乖教授，并且按照“培训计划”安排教师参加加拿大曼尼托巴大学的教学培训，鼓励教师考博士研究生或进修。在课程开设上，宁波大学除了在会计学专业开设了审计学课程外，与加拿大CGA合作办学的CGA班开设了加拿大版的审计学课程，与英国ACCA合办的ACCA专业也开设了Audit and Internal Review、Audit and Assurance Services课程。宁波大学《审计学》精品课程是在学完财务会计基础上，对审计学的基本概念、原理、方法与程序进行介绍，主张“新概念审计”的教学，其主要内容包括审计学的产生和历史发展、概念、职能、目的、分类、审计独立性、审计法律责任、审计规范、审计程序和审计计划、内部控制及其评价、审计技术与方法、审计抽样、审计证据与审计工作底稿、业务循环审计、审计报告、国家审计、内部审计等。在教学上突出了审计诚信教育、公司舞弊审计、学生审计的职业规划和就业指导，注重注册会计师考试与国际注册内部审计师的考试。

在教学手段和教学方法上，宁波大学的审计学教学改变了传统的“满堂灌”的教学方式，推行了案例教学、模拟演示教授法等新的教学方法。在理论课和实验课教学中，采用了电子课件和多媒体教学手段，建立了模拟实验室，为学生学习审计软件及会计实验软件提供了实战演练的机会。此外，运用了网络辅助教学，利用了宁波大学丰富的网络资源和设备，使每个学生都可以通过网络方便地查阅教师的教学资料，教师也可以将相关授课资料传到网上，实现了精品课程网络教学资源共享。

2. 厦门大学《审计学》精品课程

厦门大学以陈汉文教授为主要负责人的《审计学》国家级精品课程，在主要讲师的组成上以青年教师为主，给其带来了先进的教学思想和教学观念。其课程除了对审计的基本概念进行授课外，还与基本技术和方法紧密结合讲授。其提出了要着力培养学生的思维能力、表达能力和创造能力。在教学内容上，其课程包括了电子数据处理环境下的审计、舞弊审计，同时还融入了审计的国际最新动态。

在教学方法上，厦门大学以案例分析和讨论为教学的重要内容，关注对学生综合素质和科研创新能力的培养，积极实施双语教学，还建立了完善有效的评价机制、激励机制。

3. 上海财经大学《审计学》精品课程

上海财经大学的《审计学》课程安排的时间同宁波大学的一样，都开设在会计学专业大学三年级的第二学期，需要学生预修一些相关课程。上海财经大学的《审计学》主要教学内容是注册会计师审计，将教学内容分为四部分，其运用了由理论教学到案例教学再到实验教学的教学方式。这样的循环教学方式，使学生从接受基本概念，再通过案例分析在分析问题和解决问题方面得到培养，最后借助学生独立完成实验来培养学生独立完成审计工作相关任务、做出相关审计判断的技能。

4. 中南财经政法大学《审计学》精品课程

中南财经政法大学是全国最早开设《审计学》课程的高等院校，其《审计学》课程作为会计学专业（含 CPA 方向）的核心专业主干课程以及财务管理、其他相关经济管理专业的专业基础课程，在国内课程的教学方案是国内具有重大影响的“中南财大模式”。

中南财经政法大学的《审计学》课程被评为国家级精品课程和国家级双语教学示范课程。与宁波大学及其他高校的《审计学》课程相比，以张龙平为主要负责人的《审计学》课程突出的优势在于不但具有雄厚的师资力量，而且课程师资队伍稳定，在年龄、职称和知识方面的比例结构合理。此外，其课程目标定位高，在选用教材时不同于其他院校，选用了全球最权威的英文原版审计教材作为主体教材，并选用两本国内较权威的辅助教材，使其与双语教学得到充分的结合。不同于其他高校的《审计学》课程，其课程还重点对学生侦查舞弊的审计本领进行培养。

在特色网站建设方面，中南财经政法大学开办了具有一定规模的特色课程网站——“中南财经政法大学审计教学网”，真正做到了网络教学、师生互动。

（二）宁波大学、厦门大学、上海财经大学和中南财经政法大学《审计学》精品课程对比（见表1）

表1　《审计学》精品课程对比

	宁波大学	厦门大学	上海财经大学	中南财经政法大学
教师队伍	主要负责人是郭强华教授，讲师有宋夏云副教授、俞雅乖副教授、程玲莎讲师	主要负责人是陈汉文教授，主讲教师以中青年教师为主	课程负责人：刘华副教授，博士	以张龙平为主要负责人，师资队伍稳定，在年龄、职称和知识方面的比例结构合理，能够胜任双语教学任务的教师占100%

续表

	宁波大学	厦门大学	上海财经大学	中南财经政法大学
教学内容	审计学的历史发展、定义、职能、目的、作用、审计分类、审计标准、审计风险与重要性水平、审计证据、审计程序与方法、审计工作底稿的编制、审计报告的编制等	包括了电子数据处理环境下的审计、舞弊审计、审计的国际最新动态	涵盖了注册会计师审计、国家审计、内部审计	重点对学生侦查舞弊的审计本领进行培养
教学方法	案例教学、模拟演示教授法、电子课件和多媒体教学法、模拟实验室法、实践教学	采用互动式和启发式的教学模式与方法	采用理论教学、案例教学、实验教学	采用特色的双语教学
教学教材	主要教材：《新概念审计》，郭强华，清华大学出版社 参考书目：《审计》CPA全国统一考试指定用书配套辅导，北京注册会计师考试辅导教研组编写、《审计》全国注册会计师专业通用教材、《审计学》	2003年陈汉文教授主编第二版的《审计学》（辽宁人民出版社）	2006年4月中国注册会计师协会编写的《审计》（经济科学出版社）	主要教材：Auditing and Assurance Services：An Integrated Approach（第10版） 辅助教材：全国注册会计师资格统一考试指定教材《审计》、教育部指定全国注册会计师专业方向使用的《审计》统编教材（张龙平著）

二　宁波大学《审计学》精品课程建设

《审计学》课程具有很强的实践性，在精品课程的建设中其课程内容随着会计准则和审计准则不断改革。此外，审计难度伴随着经济活动的日渐复杂也在不断地加大，在精品课程的浪潮里，宁波大学的《审计学》课程作为会计学专业的主要课程，在建设《审计学》精品课程时要结合宁波大学的实际教学情况并借鉴其他高等院校《审计学》精品课程的优点，更好地突出精品课程一流的教师队伍、一流的教学内容、一流的教学方法、一流的教材、一流的教学管理的特点。

宁波大学建设《审计学》精品课程时，还应当具备宁波大学本身是一所综合性大学的特点，在建设《审计学》精品课程时要注意教学方法的合理运用，根据每一个教学环节的不同特点运用不同的教学方法，可以借鉴或采用某一套教学方法中的某一部分。要以培养出全面掌握理论、具有一定实际操作能力、能够独立完成审计工作、与社会良好接轨的优质学生为目标，吸取其他高等院校在建设精品课程时的精华，与宁波大学实际相结合，全力打造具有特色的《审计学》精品课程。

1. 教师队伍、教学内容及教学条件

在构建精品课程时，最基本的是要有雄厚的师资队伍，对于宁波大学来说，郭强华教授作为《审计学》精品课程的主要负责人，宋夏云副教授、俞雅乖副教授作为骨干讲师，在审计学方面具有一定的权威性，尤其是郭强华教授，兼任浙江省审计学会理事、宁波市特约审计员等职务。在讲师的配备中，要借鉴中南财经政法大学的师资组成，除有稳定合理的教师组成结构外，还应融入一定量的年轻讲师，年轻的讲师可以给师资队伍带来新的血液，老教师可以带新教师。

宁波大学的《审计学》课程主要是面向会计学专业，其内容的设置上虽然要求先修中级财务会计和管理会计课程，但其与会计学专业结合得不够紧密，在建设内容上要突出在会计学这个大平台下审计学的特色。审计学是一门实践性很强的课程，在内容的设置上，坚持从理论到实践，不能使其成为纸上谈兵，宁波大学建设了审计学模拟实验室，给学生提供了有效的实践操作平台。

不断改善教学条件也是宁波大学在建设《审计学》精品课程时一个重要的突破点。很多高等院校认为现在已有的教学条件同其他学校差不多，所以大多忽略了精品课程具有“一流的教学条件”这一特点，没有最大限度地改善其教学条件。在宁波大学建设精品课程时，除了投入资金建设外，还可以着眼于将已有教学设施得到充分利用和新型的利用方式。宁波大学拥有丰富的网络资源，也给学生提供了良好的实践教学的环境，具备模拟实验室，与会计师事务所有良好合作关系。

2. 教学方法

对于理论知识的传授，主要运用传统的讲师直接传授的教学方法，在初步传授理论知识时，可以适当列举一些案例，以帮助学生理解。目前，案例教学已经被宁波大学《审计学》课程的讲师运用，但是，如何更好地运用案例教学这一教学方法成为在建设精品课程上的一个关键。在建设宁波大学《审计学》精品课程时，可以将案例放入一个情境中，即将案例教学同情境教学相结合，情境教学能够促进案例在学生大脑中的顺利迁移，使学生更好地思考，更加容易记住通过案例所传递的知识点，同时也解决了《审计学》入门时的乏味。

基于宁波大学《审计学》精品课程教学方法运用了实践教学，在培养学生运用理论知识能力方面的教学时，除了给予学生实践的平台外，再让学生实践前，运用Seminar教学法（即“研究讨论会”的教学方法）来辅助教学，为实践作铺垫。由于审计学课程的学习很多学生会感觉枯燥乏味，所以单纯运用案例教学法传授理论知识并不利于学生很好地掌握、运用知识，运用多种形式的Seminar教学法，例如老师指定题目的Seminar、学生自选题目的Seminar、报告加讨论式的Seminar、仅讨论式的Seminar、仅解决式的Seminar，能够由传统的教学模式转变为师生双向互动模式，调动学生的积极性，有助于提高学生对理论的理解和对理论的运用能力，为学生走出理论课堂走向模拟实验室、走向实践作铺垫。

另外，在课堂教学、实践教学外，宁波大学的《审计学》教学可以增加调研这一方法，让学生分组进行有关审计方面的调研，让学生通过调研学到老师教学所不能涉及的知识，与社会更好地接轨。在调研后，要及时做好调研报告，指导老师对其调研结果进行点评指导，并且要做到不同小组间调研结果的交流，以相互补充。

三　宁波大学《审计学》精品课程网站的建设

宁波大学在建设《审计学》精品课程的网站时，不但要丰富其网站涵盖的内容，在充实内容的同时还要再对网站做一些美化。在精品课程网站建成后，要对网站的内容进行及时的更新，维护好网站资源。

1. 师资队伍

宁波大学《审计学》精品课程在建设网站时，已经将师资队伍信息清楚地罗列。在介绍师资队伍时，除了介绍教师基本信息、教学情况、学术研究外，可以增加介绍每位老师的教学特色，使学生能够更加了解老师的教学，寻找适合自己的讲师，选择其课程听课。

2. 《审计学》教学内容、讲课要点及教学课件、视频

宁波大学《审计学》精品课程网站的建设，在内容方面很多都过于形式化，内容的更新跟不上，最主要的是将实际的《审计学》课程教学内容放在网上，包括课程的教学视频、教学 PPT、课后习题等内容。不单是宁波大学，其他高校也一样，最缺乏内容的就是授课录像。并且要准确地设置好讲课要点和教学课件、视频对应的链接，以方便学生在课下学习。另外，可以将具有宁波大学特色的教学内容放在显眼的位置，并且可以在这一教学内容前设置提示框——“特色”。

在建设宁波大学《审计学》精品课程网站教学内容、讲课要点、课件及视频时，可以增加对不同的教师讲课或者不同授课方法的划分。这样，既能够让学生选择自己喜欢的教师的课程学习，也能够让学生选择适合自己的教学方法来学习。

3. 互动平台

进入宁波大学的《审计学》精品课程网站会发现，虽然设有“互动教学”一栏，但进入这一板块却是空白的。这说明了在建设网站时考虑到了运用互动教学的平台，在对其运用上仍然很缺乏。现在论坛已经成为信息来源的一个组成部分，通过跟帖能够得到一定的交流。《审计学》具有很强的实践性，刚入门者对于理论知识的理解有较大的挑战性，要更好地建设好《审计学》精品课程，对此，在开设的“互动教学”栏目下可以运用“论坛”、“师生互动”之类的互动平台，加强学生同学生间、学生同教师间的交流。

此外，为了使互动平台达到更好的效果，学生在交流前必须先注册，在注册的同时要留有联系方式，包括邮箱和手机，教师在师生互动栏给学者做出解答，若仍有疑问可以通过邮箱或电话联系学生，以为其解决问题。

在建设宁波大学《审计学》精品课程网站的互动平台时，最重要的是其建成后的后续工作必须做好，网站是提供学习的平台，对于一些

无关《审计学》学习的内容应该屏蔽掉或者及时删除。对于师生互动，需要课程的负责教师带头及时解决学生提出的问题。不能让互动成为精品课程网站的形式、摆设。

4. 教学成果、立体化资源及其他

大部分高校包括宁波大学的精品课程网站都没有将教学成果作为专门的独立的模块来建设，在宁波大学的课程网站上可以专门增设宁波大学《审计学》的教学成果模块，一方面可以作为教学成果的展示，另一方面将优质的教学成果设立为专门的模块来展示建设者的教学思想和教学智慧，使其得到应有的重视。

宁波大学《审计学》精品课程网站上最后一栏是“立体化资源”，里面包含了图书资源、网络资源、参考资料和题库，但是对其里面的内容建设主要缺乏更新，也没有系统性分类的试题和资料。在建设时，要做好对其资源的分类，使资源能够一目了然。另外，试题的运用可以不局限于学生下载练习，使学生能够通过注册账号在线做题，一方面增强了网站的动态性，另一方面让老师直接了解学生学习掌握的情况，随时改变课堂教学计划。

《审计学》精品课程的网站除了要涵盖教师队伍、具体的教学内容、互动平台、相关链接、教学成果外，还可以对教师备课、教师对学生考核、学生自我测评考核方面进行建设，以丰富网站的内容。另外，教师可以在网站上设立一个实践性教学的专题栏，供学生在实践后相互间交流感受经验，对于实践中遇到的困难可以与一同实践的同学进行探讨，通过网站来拓展讨论资源。

四　网站特色建设

建设《审计学》精品课程时就要建设有宁波大学特色的精品课程，同样在建设网站时，不但要将宁波大学《审计学》精品课程的特色放入其中，还要具有网站本身建设的特色。

（一）动态网站

静态的网站虽然比较容易建成，且具有良好的稳定性，但是其不具有很好的交互作用，而动态网站有很强的交互性，能够满足师生间的交流、同学间的交流，动态网站的制作基于数据库、后台的管理程序，在更新维护网站内容时具有灵活方便的优势。在建设宁波大学的《审计学》精品课程网站时，要竭力打造成一个动态的网站。

（二）运用独立个性化网站搭建方式

在搭建宁波大学《审计学》精品课程网站时，运用独立的个性化的网站搭建方式，即以《审计学》精品课程为单位，建设为具有个性化完全独立的精品课程网站，使其能够依据建设课程教师的需求来建设网站。此种搭建网站方式虽然不能在短时间内建设好网站，需要一定的技术支持，但是通过这个方式搭建的网站容易与其他学科的精品课程网站、其他高校的《审计学》精品课程网站在形式、结构上相区别。

通过独立的个性化网站搭建方式，使精品课程的网站拥有自己独立的系统和数据库，使后期对网站内容的更新、维护的操作不但可以更加方便，还能够更加规范化、标准化。

（三）克服“申报性”

以精品课程网站为调研对象，对不同学科的精品课程网站、不同级别的精品课程网站进行抽样调研，结果显示，目前的精品课程网站的“申报性”十分明显。基本上的精品课程网站都是按照申报的条件来建设的，仅将有关的师资队伍介绍、教学大纲、教学内容、申报所要求的授课视频放在一个网页上，进入很多精品课程的网站甚至会发现基本上网站的建设形式都差不多。

包括宁波大学在内，其建设《审计学》精品课程网站具有很浓的“申报性”。要克服普遍存在的“申报性”，无论是在网站建设布局上，还是在网站内容建设上，都要除了申报条件中所要求必须含有的内容外，还要增设宁波大学《审计学》精品课程建设的特色内容，做到克服精品课程网站的“申报性”，使宁波大学《审计学》精品课程网站在同类课程的网站中凸显出来。

（郭强华、吴舫）

宁波大学自主设置会计学
硕士点申报书

一　该学科基本概况

（一）学科内涵

会计学是在商品生产的条件下，研究如何对再生产过程中的价值活动进行计量、记录和预测；在取得以财务信息（指标）为主的经济信息的基础上，监督、控制价值活动，促使再生产过程，不断提高经济效益的一门经济管理学科。

会计学是一门实践性很强的学科，它既研究会计的原理、原则，探求那些能揭示会计发展规律的理论体系与概念结构；又研究会计原理和原则的具体应用，提出科学的指标体系和反映与控制生产过程的方法技术。会计学从理论和方法两个方面为会计实践服务，成为人们改进会计工作、完善会计系统的指南。会计学按照会计知识所包含的不同内容，如对不同性质、不同用途的会计信息的研究，可分为财务会计学、管理会计学和成本会计学等。

在我国，对会计的解释有“管理活动论”、“工具方法论”和“会计信息系统论”三种不同观点。按照“管理活动论”，会计是一种管理活动，会计学就是一门经济管理科学；按照“工具方法论”，会计是一个反映和控制生产过程的方法和工具，会计学应当视为一门为经济管理服务的方法学或方法论的科学；按照“会计信息系统论”，会计是一个以提供财务信息为主的经济信息系统，会计学应当既是一门经济管理科学，又是一门方法论的科学。

（二）国内外设置该学科的状况和发展情况

国外会计学研究生教育发展较早，较有代表性的是美国和澳大利亚。

（1）美国会计学硕士研究生教育。美国的会计学硕士研究生教育强调个人研究，强调兴趣的发展和广泛的独立学习，很少对学生提出具体要求，考察工作在学习临近尾声时进行，用综合性考试检验学生对本门学科掌握的程度。其课程设置大体上可以分为核心课程、主攻领域的课程和研讨与实习三类。核心课程提供会计理论基础和基本方法，一般包括财务会计、管理会计、财务管理、公司与个人税收、商业与公司法等。主攻领域即主攻方向，相当于我国的研究方向或称为培养方向，其课程设计通常与学生毕业后的意向服务单位的业务需要紧密联系。会计学硕士研究生入学后，一般开始半年或一年暂不确定指导教师和研究方向，只上基础课，系里设研究生顾问，由他们了解每个硕士生的具体情况，然后对每个学生课程的选择、学习期限乃至选定导师等提出建议。半年或一年以后，硕士研究生可自己选定一位教授做导师，导师与其他3—4位教师一起组成一个硕士研究生指导委员会，负责对这位硕士研究生进行指导，主持有关课程的考试，检查论文完成情况。

（2）澳大利亚会计学研究生教育。澳大利亚会计学研究生教育一般集中学习6个月课程，其教学方式有课程学习和研究方式两种，教学活动一般以课堂讨论演示为主，所学课程中有将近一半属于公共课程。这些课程都是从事会计职业所必备的基础课程，主要包括会计学、经济学、合同法、公司法、管理学、统计学、税法、审计等，在会计专业公共课之外，还开设了针对本专业的专门课程。比如，在会计专业公共课之外，会计专业与金融专业还开设了金融法、保险与证券财务、国际贸易与金融、银行实务与管理、银行信贷等与银行、保险和证券业相关的专业课。硕士研究生导师一般由系主任指定，多数学校实行双导师制，主要导师只对硕士研究生提供原则性指导，并为硕士研究生的研习提供方便条件；次要导师资历较浅，但学术思想活跃，有能力也有时间对硕士研究生进行具体指导。导师的主要任务是向研究生介绍本学科前沿问题。

我国会计学硕士研究生教育是在本科教育的基础上培养高层次会计

专门人才的教育，会计学硕士研究生教育是我国会计高等教育结构中的最高层次。1980 年厦门大学、东北财经大学等成为我国第一批会计学硕士学位授予点单位，由此我国会计学科发展进入培养高层次人才的阶段，具有里程碑意义；1981 年厦门大学、上海财经大学等开始具有会计学博士授予权；1993 年，厦门大学葛家澍教授成为全国首批会计学博士后联系人，并招收了我国第一位博士后研究人员；2003 年年底，国务院学位委员会正式批准在我国设立会计专业硕士学位。经过 20 多年的发展，会计学研究生教育已经较为成熟。我国已经培育了一大批国家急需的会计高级人才，有力地支持了国家现代化建设。会计学硕士研究生教育不仅在培养人才，而且在创新会计学理论和会计准则国际协调方面取得了骄人战绩，对健全和完善国家高层次会计人才培养体系，建设高素质、应用型会计人才的队伍具有重要意义。

（三）该学科的主要研究方向及研究内容

1. 财务管理

财务管理（Financial Management）是在一定的整体目标下，关于资产的购置（投资）、资本的融通（筹资）和经营中现金流量（营运资金），以及利润分配的管理。财务管理是企业管理的一个组成部分，它是根据财经法规制度，按照财务管理的原则，组织企业财务活动、处理财务关系的一项经济管理工作。简单地说，财务管理是组织企业财务活动、处理财务关系的一项经济管理工作。

该方向的研究内容包括：一是财务管理理论研究，包括有效资本市场与理财行为问题研究、财务投资控制问题研究、财务约束软化成因及对策研究、资本预算与财务预算问题研究；二是财务管理实践应用，包括国有大中型企业理财问题研究、中小企业融资渠道与融资方式研究、IPO 首发定价问题研究、集团公司内部资金转移与流动研究、上市公司盈余管理行为研究等方面。

2. 财务会计

财务会计指通过对企业已经完成的资金运动全面系统的核算与监督，以为外部与企业有经济利害关系的投资人、债权人和政府有关部门提供企业的财务状况与盈利能力等经济信息为主要目标而进行的经济管理活动。财务会计是现代企业的一项重要的基础性工作，通过一系列会计程序，提供决策有用的信息，并积极参与经营管理决策，提高企业经济效益，服务于市场经济的健康有序发展。

该方向的研究内容包括：一是财务会计理论应用研究，包括国有企业公司治理与会计控制问题、会计信息披露机制研究、国际会计准则的比较研究、会计职业诚信体系建设问题、环境会计；二是会计教学改革方法研究，包括高等院校会计教育改革、会计实验教学方法改革、沙盘模拟在会计教学中的应用、会计专业课程教学改革路径等。

3. 审计学

审计学是研究审计产生和发展规律的学科，是对审计实践活动在理论上的概括、反映和科学总结，并用来指导审计实践活动，促进经济发展。

该方向的研究内容包括：一是内部审计研究，包括企业内部控制体系、企业内部审计方法与审计程序、内部审计师独立性问题、内部审计在公司治理中的作用；二是社会审计研究，包括会计师事务所的审计独立性问题、审计意见与公司业绩关系、外部审计在公司外部治理机制中的作用；三是政府审计研究，包括廉政审计查处机制、法务会计、公职人员腐败预警等。

（四）该学科的理论基础

管理学是会计学科最为贴近的理论基础。

从会计学的理论体系来看，现代会计包括财务会计与管理会计两大分支。二者的主要区别在于提供信息的目的和方式不同。

财务会计中包括许多管理学的内容。例如，现金内部控制上应当坚持职责分工、定期换岗、收支两条线、发票收据连续编号等原则，目的是使会计人员互相牵制、以利稽核；会计上采用永续盘存制，在财产清查的基础上进行账实核对，可以及时发现资产的被盗、变质、毁损等情况，加强管理；会计的凭证审核、试算平衡、账账核对、账证核对等，既是为了保证会计信息的真实性、准确性和完整性，同时也是对有关凭证所反映的经济业务的真实性进行检查，对有关账户所记录的资产、负债等的真实性进行验证。上述这些都是管理活动。

管理会计主要包括决策会计和责任会计两大部分，其核心是决策会计。管理会计的创建和发展，本身就是为了改善经营管理、提高经济效益。它充分体现了会计与管理的高度统一。现代管理学认为，管理的重心在经营，经营的重心在决策。因为经济发展要求企业管理必须合理化、科学化，对外部环境要具有灵活反应的能力和高度适应的能力。如果决策失误，那么执行中的内部管理工作做得再好也无济于事。决策会计正是在这种历史条件下，大量吸收管理学的科学成果而形成的，并在广度和深度上得到了进一步的丰富和发展。随着高新科技迅猛发展，信息社会、知识经济的出现，管理会计中又出现了引人注目的作业成本制和成本企划。作业成本制既包括成本计算也包括作业管理，成本企划既继承了传统目标成本制的优点，又与“零库存”、“零瑕疵”的适时弹性制造系统融为一体，它们都充分地表现出了会计的管理属性。

（五）该学科与其相近二级学科的关系

会计学学科的相近学科主要是金融学学科和企业管理学科。

会计学是在研究财务活动和成本资料的收集、分类、综合、分析和解释的基础上形成的协助决策的信息系统，以有效地管理经济的一门应用学科，可以说它是社会学科的组成部分，也是一门重要的管理学科。而金融学属于经济学科，该专业培养具备货币银行学、国际金融、证券、投资、保险等金融学方面的理论知识和业务技能，受到相关业务的基本训练，具有金融领域实际工作的基本能力，能在银行、证券、投资、保险及其他经济管理部门和企业从事相关工作的专门人才。此外，会计学与企业管理学科也较为相近，企业管理也是管理学下设的二级学科，但企业管理学专业主要是培养掌握现代工商管理的理论、方法和技能，熟悉国内外工商管理的历史、现状和最新动态，能用所学知识分析解决我国企业管理中的一些实际问题，如进行资本市场融资、国内外投资、营销策划、企业发展战略制定、企业经济效益分析、现代企业制度的建设和创新等的高级管理人才。

二　设置该学科的必要性和可行性

（一）社会对该学科人才的需求情况

在2008年，由特许公认会计师公会举办的第四届人力资本论坛上，专业发展总监东尼·奥苏迪发布了ACCA最新的调研报告——《变革中的财会行业：角色、技能以及职业发展前景》。调查表明，对财会专业人士的需求将持续增长，有83%的被访者认为，全球化的加深刺激了全世界对财会专业人士的需求，有84%的被访者认为，未来对财会专业人士的需求将会大幅度增长，在发展中国家尤其如此。而对财会专才的争夺无论在企业还是公共事务领域都在继续，风险管理和财务分析都被认为是需求涨幅最大的领域；对事务所而言，税务、审计以及企业财务服务将继续提供最多的职业机会。

根据2007年度统计，浙江省有中小企业从业人员1401.4万人，其中硕士研究生学历仅为1.5%。2008年9月，国务院发布了《关于进一步推进长江三角洲地区改革开放和经济社会发展的指导意见》，提出“要把长江三角洲地区建设成为亚太地区重要的国际门户、全球重要的先进制造业基地”。这将为浙江省经济实体在更大范围、更广领域和更高层次上参与国际竞争和合作提供更大的机遇，也必然要求培养一大批具有国际化视野、熟悉市场经济运作规则和国际惯例、掌握现代会计学理论与方法、具有较强管理沟通能力的高素质、应用型高级会计专门人才。长期以来，宁波大学一直致力于在国际化背景下培养高素质的应用型人才，开展会计学硕士研究生教育将大幅度提升浙江省引进吸收再创新人才的培养层次，为把浙江省建设成为创新型省份做出更大贡献。

宁波大学会计学专业开设于1993年，2004年会计学科被批准为校第四批重点学科，2009年与国际交流学院合作，“国际财务管理”获得宁波市服务型教育重点建设专业（宁波高校唯一会计学重点建设专业）。目前，会计系设会计学、财务管理两个专业方向模块。并开设有“会计学”双学位证书班。会计专业已拥有会计电算化模拟实训室、会计手工模拟实训室，以及奥科斯股份有限公司等校外实训基地。多年来为浙江的企业、行政事业单位输送了大量会计人才，受到了用人单位的普遍好评。宁波市是浙江经济发展中心，可以辐射浙东及长三角地区。宁波大学设置会计学硕士学位点，是高等学校适应我国参与全球经济竞争、为社会培养急需的高级会计人才的客观需要，是浙江经济转型的现实需要，也是我校学科及专业建设发展、调整人才培养模式的内在需要，对宁波大学学科体系的建设具有补充拉动作用。

（二）设置该学科的目的

我校“十二五”期间的工作重点是力争使学校总体实力稳居省属高校前列和宁波市高等教育的领先地位。其中，在学院布局中，强调学院下设的系所布局与实力要更加全面、合理；在学科建设方面，特别强调力争使二级学科硕士点增加到80—90个。目前，会计学专业在宁波大学商学院中的招生规模、学生素质、就业形势都位居前列，但学科发展速度略显缓慢，结合宁波港口城市特点与海洋经济发展趋势，依赖商学院在国际贸易、企业管理等多个硕士学位点积累下来的办学经验与办学优势，旨在培养适应社会主义市场经济需要，培养掌握会计学基础理论和专业知识，具有创新精神和实践能力，德、智、体全面发展，能胜任企事业单位会计、审计工作的高级管理人才以及在高等院校、科研机构从事会计学教学与研究工作的高级会计专门人才。

（三）本单位设置该学科已具备的基础

1. 师资队伍

会计学学科现有教学科研人员 14 人，其中正高职称 2 人，副高职称 6 人，具有博士学位 5 人，具有国外学习经历教师 10 人。其中，硕士生导师 5 人，浙江省新世纪“151 人才工程”第二层次 1 人、第三层次 1 人。已形成一支年龄层次、知识结构较为合理的学术队伍，初步具备了研究生培养指导能力。

2. 教学科研

（1）会计学科团队科研情况如表 1 所示。

表 1　2005 年所获得课题情况

立项年	立项月	项目名称	项目批准号	项目负责人	起始年	起始月	终止年	终止月	项目来源	文件核定经费	是否结题	结题年	结题月
2009	07	腐败预警与廉政审计查处机制研究	09BDJ028	郭强华	2009	07	2011	05	国家社会科学基金项目	9	否		
2009	06	金融危机对宁波市制造业影响、企业结构调整与政策配套研究		郭强华	2009	06	2010	05	市政府部门	0.8	否		
2006	08	廉政审计研究	06CGGL23YBG	郭强华	2006	08	2007	05	省哲学社会科学规划课题	1	是	2008	01
2006	12	廉政审计方法研究	06JA630032	郭强华	2006	12	2008	08	教育部	5	是	2009	11

（2）发表论文情况如表2所示。

表2　　2005年以来发表论文情况

论文名称	期刊名称	作者	发表时间
会计准则导向：中国的钟摆摆向哪里	财务与会计导刊	郭强华	2005-04-01
会计如何消除当前物价上涨因素影响	中国物价	郭强华	2005-01-01
Research on Corruption Forewarning Audit Procedure	非营利经营研究	郭强华、黄惠琴	2007-02-01
国家公职人员腐败预警指标体系的构建	统计与决策	郭强华	2007-04-01
注册会计师实施反洗钱审计探讨	审计文摘	郭强华	2008-05
虚假会计信息博弈解析	当代经济管理（人大复印转载）	郭强华等	2007-04-01
基于“特种审计制度”的“廉政审计”研究	审计文摘	郭强华	2005-08-01
浅谈我国企业应收账款管理模式与制度	国际财务与会计（香港）	郭强华等	2005-02-01
基于特种审计制度的廉政审计研究	审计与经济研究	郭强华	2005-03-01
论廉政审计	当代财经	郭强华	2005-03-01
虚假会计信息博弈解析	财务与会计导刊（人大复印资料）	叶陈毅、郭强华、连珂	2007-08-01

（3）获得省部级奖励情况如表3所示。

表3　　省部级科研成果奖

序号	项目名称	项目完成人（排名）	获奖名称、等级、时间
1	基于特种审计制度的廉政审计研究	郭强华（1）	浙江省第13届哲学社会科学优秀成果奖，学术进步奖，2007年
2	推进浙江“特种审计制度”制度创新研究	郭强华（1）	浙江省高校科研成果奖，三等奖，2006年

3. 学科建设支撑平台

宁波大学商学院是宁波大学创立的第一个学院，现有全日制在校硕士研究生和本科生 2900 余人。商学院拥有国际经济与贸易、经济学、金融学、信息管理与信息系统、工商管理、会计学和市场营销 7 个专业。其中，工商管理是市级重点专业；企业管理是市重点学科；会计学是学校重点学科。拥有企业管理和工商管理硕士（MBA）等 7 个硕士点。另外，拥有宁波市经管经贸应用型人才培养基地。2009 年与国际交流学院合作，“国际财务管理”获得宁波市服务型教育重点建设专业（宁波高校唯一会计学重点建设专业）。现在“企业管理”硕士点下设置“财务管理方向”招收研究生。

4. 人才培养

目前在宁波大学企业管理硕士点下设置财务管理方向招收硕士研究生，已培养硕士研究生 14 名。近三年，本专业毕业生就业率为 100%。本专业签约率高出全省同类专业平均值 2—6 个百分点。

近年来，参加全国数学建模竞赛、省高等数学竞赛等学科竞赛活动，参与学生人数逐年增加，2008 年 60 余人，2009 年 100 余人，2010 年 300 余人。近 3 年获得各类奖项 160 人，学生在核心期刊上发表论文十多篇，其中 5 篇被人大复印资料转载。在全国会计知识大赛中，获得过宁波赛区团体、个人一等奖，浙江省会计信息化大赛 4 个二等奖的好成绩。

（四）该学科的发展前景

会计学是工商管理一级学科下的二级学科，与企业管理、技术经济及管理、旅游管理等专业并列。属于考研报名热门专业。在就业方面，形势也颇为看好。目前，会计学硕士研究生供需比例是 0.7∶1，可以说任何一个单位都离不开会计，所以只要毕业生的期望值不高，一定可以找到一份比较满意的工作。一般是到会计师事务所、金融机构、各类企事业单位、政府机关以及有关部门从事会计、财务、审计等实务，也可到高校、研究单位从事教学和科研工作。

我国的会计学科在改革开放以来取得了世界公认的巨大成就，学科体系日臻完善，涉及的内容日益广泛，目前逐渐向其他学科交叉和渗透。随着社会主义市场经济的深入发展和经济环境的变化，会计在经济管理中所处的地位日益提高，会计研究领域和内容不断拓展，会计学科的发展前景广阔。

本学科将高度关注会计领域内的热点问题，紧密跟踪国内外会计理论的前沿，在加强现有研究领域并在理论及应用方面有所突破和创新的基础上，积极探讨和研究会计实践中的重大问题，不断推进学科的发展，培养更多的高水平会计人才，并为地方经济的发展做出积极的贡献。

三 该学科的人才培养方案

（一）培养目标

（1）掌握马克思主义的基本原理和科学方法论；坚持党的基本路线，热爱祖国，遵纪守法；具有良好的道德品质和严谨的学术作风，有较强的敬业精神、合作精神和创新精神，积极为社会主义现代化建设事业服务。

（2）掌握本学科坚实的基础理论和系统的专门知识；熟练地掌握本学科科学研究方法和一门外国语；具有独立从事科学研究工作和从事企业会计实务能力的复合型应用人才。

（3）具有较高的科学素养，保持身心健康。

（二）生源要求和选拔方式

1. 生源要求

（1）基础知识。要求考生系统掌握现代会计学、审计学专业知识及相关知识，精通现代会计、审计决策与控制的基本理论与方法，并能理论联系实际，具有较强的实践能力和独立进行相应高级管理工作的潜能。

（2）基本素质和能力。要求考生掌握会计科学研究方法，具有分析问题、解决问题和独立进行会计科学研究的能力。同时，要求考生能够熟练应用至少一种数据处理软件，并且具备一定的计算机操作能力。

（3）外语水平。要求考生达到全日制硕士研究生全国统一考试英语水平，并且具有阅读外文文献的能力。

2. 选拔方式

自愿报名参加全日制硕士研究生全国统一考试，成绩合格者参加宁波大学硕士研究生复试考试，通过初试、复试考试的考生可作为研究生培养对象。

（三）课程体系的设计方案及依据

根据宁波大学攻读硕士学位研究生培养方案，结合本学科培养目标，确定本学科课程体系设计方案。课程体系包含核心类课程、拓展课程和必修环节三个部分，其中核心类课程包含公共学位课和专业学位课（见表4）。

表4　　　　宁波大学会计学硕士研究生课程计划

类别		课程编号	课程名称	总学时	学分	开课学期	教学方式	考核方式	备注
专业名称：会计学									
核心类课程	公共学位课	0021002	马克思主义经典著作选读	36	2	1	课程讲授	考试	限修
		0021003	科学社会主义理论和实践	36	2	2	课程讲授	考试	限修
		0021004	第一外国语（英语）1	36	2	1	课程讲授	考试	限修
		0021005	第一外国语（英语）2	36	2	2	课程讲授	考试	限修
	专业学位课	0133015	管理学前沿	36	2	1	课堂讲授	考试	限修
		0133016	管理经济学	36	2	1	课堂讲授	考试	限修
		待编号	“※” 会计基本理论	36	2	1	课堂讲授	考试	限修
		待编号	财务管理研究	36	3	2	课堂讲授	考试	
		待编号	审计与理财	36	3	1	课堂讲授	考试	
拓展类课程	公共拓展课	135005	管理研究方法论	36	2	2	讲授讨论	考查	限修
		135006	管理统计分析	36	2	1	课堂讲授	考查	限修
	专业拓展课	待编号	成本管理会计研究	36	2	2	课堂讲授	考试	
		待编号	集团财务管理专题	36	2	1	课堂讲授	考试	限修
		待编号	合并报表与公司并购	36	2	1	课堂讲授	考查	
		待编号	最新会计准则研究	36	2	1	课堂讲授	考查	
		待编号	税法研究	36	2	2	课堂讲授	考查	
		待编号	“※” CGA、ACCA 会计问题研究	36	2	1	课堂讲授	考查	
		135002	风险管理与内部控制	36	2	1	讲授讨论	考查	
		待编号	会计实证方法研究	36	2	2	课堂讲授	考查	
		待编号	会计、审计前沿问题	36	2	1	实践教学	考查	
		135011	专业英语	18	1	2	文献研读	考查	限修
必修环节		待编号	论文写作与学术规范		1	3		考查	
		待编号	学术交流活动（学术研讨和学术报告）	5次	1	3		考查	
		待编号	企业实践（含教学实践）		3	3		考查	

注：带“※”为双语教学课程。

（四）培养和学位的基本要求

1. 培养方法与原则

在培养方法上，坚持理论和应用相结合、学习和研究相结合。

研究生培养实行导师负责制，以课程学习与学位论文相结合的培养方法，并遵循下列原则：

（1）硕士研究生培养实行导师制，研究生入学后两个月内在导师组指导下进行师生“双向选择”，确定每位研究生的指导教师。指导教师确定后应即制定每位研究生个人培养方案，并报研究生部和所在院（所）备案。

（2）充分发挥导师指导硕士研究生的主导作用，导师根据研究生的个人才能和特长，注重培养研究生的创新能力和提高其综合素质。

（3）以导师个人指导与导师组集体培养相结合为原则，建立和完善有利于发挥学术群体作用的培养机制。

（4）发挥硕士研究生的主动性、自觉性、创造性，注重自学能力的培养。在拓宽、加深专业知识的基础上，积极关注本学科的最新发展动向，研究实务中出现的新问题，并注意了解、掌握相关学科的新知识。

（5）采用以课堂教学（含讲授、讨论、案例分析）为主，并与学生自学、社会调查、教学实践、课题研究和论文写作相结合的方式对硕士研究生进行培养。为方便课堂讨论及案例分析，原则上每班不超过30名学生，否则分班授课。选修课开课一般选修人数要达到6人方可开课。

2. 培养环节设置与要求

本学科硕士研究生培养分为课程学习和学位论文工作两个主要环节。

（1）课程学习及相关要求

①课程类别设置

研究生学习课程主要包括核心类课程、拓展类课程和必修环节三个部分，其中，核心类课程为学位课，包括4门公共学位课和5门专业学位课；拓展类课程为非学位课，包括2门公共拓展课和10门专业拓展课；必修环节包括论文写作与学术规范、学术交流活动、企业实践。

②课程教学方式

课程教学方式基于师生互为主体、双向互动的教学创新，充分发挥硕士生的学习主动性和自觉性，采用课程讲授、课堂讨论、专题讲座、撰写论文、学术报告、自学等多种形式，注重更多地运用启发式、讨论式及参与式的教学方法。

③课程考核方式

课程学习实行学分制，课程学时包括课堂学时和课下学时（自学或准备研究、报告、课程论文等）。总学分要求至少应修满34学分，一般不超过40学分。

课程考核方式分为考试和考查两种类型。核心类课程中，公共学位课一般应进行闭卷考试，专业学位课可采取闭卷考试与课程考查相结合的方式；拓展类课程可由任课教师根据课程教学大纲中确定的方式进行考核，以考查研究生的能力为目的，一般采取考查方式。

考试课程采用百分制记分，成绩达到60分为合格。考查课程采用优秀、良好、中等、及格和不及格五级记分，必修环节考核采用合格、不合格二级记分。学位课考试不及格、选修课考核不及格均应进行补考，补考不及格需要重修。

考试命题的主体是任课教师，也可以是教学主管部门或学院指定的其他教师。考试命题重点考查硕士研究生利用所学知识分析问题、解决问题的能力，注重对硕士研究生创新思维和创新能力的启发和引导，做到有一定的覆盖面，难易程度适中，题目分量适当。

④实践环节

实践环节一般包括社会实践、调研实习、教学实践三种形式。

社会实践：是硕士研究生培养过程中提高社会实践能力的必要环节。硕士研究生应注重理论联系实际，对于未曾参加工作的硕士研究生应参加不少于1个月的社会实践。对于已参加工作的硕士研究生可修，也可不修，但须以修其他课程所获学分替代。

调研实习：主要有结合课程的短期实习、学年（学期）调查和毕业调研三种。短期实习一般1—2天或简短性的2—3次，由任课教师安排；每学期或学年的社会调查，一般7—10天，主要是围绕某一专题进行调研，要求写出3000字以上的调查报告，并由导师评阅给出成绩；毕业调研实习，从第四学期开始，一般1—2月，要求与本人学位论文紧密结合，硕士研究生应填写调研实习申请，在导师指导下制订出实习计划（包括实习项目、实习目的、实习方法和时间安排等），经导师同意、学院批准、研究生部备案后，在导师指导下执行，学生应按期完成调研实习，实习结束后，应写出5000字左右的调研实习报告并取得调研单位鉴定，指导教师要对学生的实习报告写出评语，并采用五级记分制评定出成绩。

教学实践：自第四学期开始，硕士研究生必须参加一定的教学实践工作。授课对象为校内本科生，讲授的课程应为本专业课程，教学工作量要求至少完成18学时。学院负责对教学实践环节制订统一的工作计划，负责进行组织安排，负责对教学效果的考核。硕士研究生应认真备课，讲究教学效果，及时听取指导意见并不断改进，以提高教学质量。授课后，应由导师或该课程主讲教师写出评语，并采用五级记分制评定出成绩。

⑤学术交流

硕士研究生在学习期限内，应积极参加各种学术交流活动，以培养和提高学生的学术交流能力，拓宽自己的视野，关心和了解学科发展前沿。在完成有关学术交流活动后，应填写学术交流活动报告，导师应给予考核评分（合格与不合格）。

⑥课程学习时间

硕士研究生课程学习一般应在入学后一年内完成。

（2）学位论文工作及相关要求

①硕士学位论文工作是重要的培养环节。硕士学位论文应在指导教师的指导下，由硕士研究生本人独立完成。论文选题应当具有应用价值或理论意义，鼓励选择直接面向经济建设和社会发展需要的课题。论文题目确定后，用于硕士学位论文工作的时间，一般不少于一年。

②实行硕士学位论文开题报告制度。论文开题应安排在硕士研究生课程结束后进行，不迟于第三学期期末。硕士研究生在查阅文献、调查研究的基础上提出申请，在导师指导下就论文立题意义、文献综述、研究计划及目标、实施技术路线、主要理论（技术）难点等方面提交报告，并按开题报告收集的专家反馈意见进行修改。专家评审未通过者需要重新开题；若选题后论文有重大变动，应及时提出相关申请，并安排重新作开题报告或通过专家（组）审议。

③硕士研究生完成学位论文初稿后，按学校有关硕士学位授予工作

的管理规定组织论文评审、答辩。学位论文答辩通过后，硕士研究生应根据评审和答辩意见进行论文修改，形成正式硕士学位论文。

④为保证学位论文质量，要求硕士研究生在申请硕士论文答辩前必须以宁波大学作为第一署名单位、以第一作者身份在正式出版的学术期刊上发表（或已录用）至少1篇与学位论文研究内容相关的学术论文。

四　该学科的建设规划

为进一步提升学科建设整体水平，做好我校自主设置二级学科建设工作，现根据《宁波大学授予博士、硕士学位和培养研究生的二级学科自主设置和调整实施办法》（宁大政〔2011〕50号）的文件精神和学校学科建设的总体规划，对会计学学科的建设任务做出以下全面规划。

（一）研究方向

本研究团队长期从事政府审计、公司理财以及财务会计等领域的研究工作，从学科特色着手，本学科计划确定以下两个主要研究方向。

表5　　会计学科研究方向

序号	研究方向	主要研究内容
1	财务与会计	1. 会计确认、计量的基本理论和方法 2. 成本会计 3. 现代管理会计基本理论、方法及新领域 4. 会计电算化 5. 会计准则与制度 6. 公司财务资产管理
2	审计与理财	1. 政府审计 2. 内部审计 3. 注册会计师审计 4. 企业理财规划 5. 风险投资理财 6. 税收理论与筹划

1. 财务与会计研究方向

本研究方向根据国内外对财务与会计研究前沿领域的研究成果，在分析和把握自身优势的基础上强调研究成果的针对性、实践性和应用性，注重运用现代经济学原理和马克思主义经济理论和哲学原理相结合的原则辩证地思考问题。目前，该研究方向在国有企业公司治理与会计控制问题、资本市场与理财行为问题研究、财务投资控制问题研究、资本预算与财务预算问题研究、高等会计教育改革问题等领域获得了有一定特色的研究成果。目前，本研究方向有稳定的研究团队，本研究团队在虚拟企业会计与财务问题研究、中加两国会计与财务体系比较等研究领域已逐步形成研究特色。

2. 审计与理财研究方向

本研究方向以审计学的基本理论与方法为核心，注重研究国家审计、社会审计、内部审计相互之间的关系，特别是在政府廉政审计研究上，主持多项国家社科和教育部研究课题，提出了腐败预警与廉政审计查处机制新设想，为深化审计理论研究、强化人大预算监督和完善中国审计制度做出有益的探索，并为国家有关方面制定政策或决策提供了重要的可供参考的学术研究依据。目前，该团队在廉政审计、审计人员专业胜任能力等方面的研究已有较高的知名度和影响力。

（二）师资队伍

多年来，我们通过稳定、提高和引进的一系列措施，使学术队伍建设取得了明显成效。目前，会计学科共有专任教师 14 人，其中，教授 2 人，副教授 6 人，具有博士学位教师 5 人，在读博士 2 人。

在现有人员的基础上，适当扩大师资队伍，大力优化师资结构。努力实现教授达 4 名，副教授达 8 名，具有博士学位教师（含见习，在读）达 10 人的学科师资队伍。

（三）人才培养

1. 研究生培养规模

计划每年招收会计学硕士研究生 16 人以上，三年内，争取将会计学硕士研究生总规模扩大到 30 人左右。

2. 研究生毕业论文质量

在三年内，努力提高毕业生的毕业论文质量，争取达到全省高校的中上游水平。

3. 研究生在读期间科研成果

研究生在读期间，每人至少发表一篇 C 级以上刊物文章。

4. 出版教材

三年内，争取出版 5 部适用于研究生教育的教材。

5. 各级教学成果

完善审计学、高级财务会计、会计理论三门课程的建设，同时建设审计实验、财务会计实验和财务管理实验三门实验课程，并争取申请两项以上的精品课程。

（四）科学研究

本学科近 5 年来主持或参与完成的省部级以上课题 76 项，其中主持国家级课题 5 项，出版专著 10 部，在《会计研究》、《审计研究》、《财务与会计》、《南开管理评论》、《国际会计与财务》、《当代财经》等核心刊物上发表论文 70 余篇，其中多篇被人大复印资料转载、中国会计年鉴转载收录；获得省部级以上科研奖励 5 项，获得市级科研奖项 15 项。

（1）科研项目：争取三年内主持或参与省部级以上课题 10 项以上，其中本学科独立申请国家级项目（A 级 + B 级 + C 级）1 项以上，省部级项目（A 级 + B 级 + C 级）3 项以上。

（2）学术专著：争取三年内完成与本学科相关的学术专著 5 部以上。

（3）发表论文：争取三年内在核心期刊发表论文 30 篇以上，其中“A + B”类期刊发表论文达 10 篇。

（五）学术交流

（1）本学科计划每年支持 10 名教师或硕士研究生参加国内外学术会议，并在三年内争取举办全国性学术会议 1 次，增强与国内外学术界的交流、提高本学科在国内外的知名度。同时，本学科计划定期举办“教授论坛”、“博士论坛”和“高层声音”等学术交流平台，邀请国内著名专家教授和政府领导来校讲学和学术交流，并计划聘请浙江大学、厦门大学、天津财经大学等大学的著名学者和一些企业高管担任本学科的客座教授。

（2）本学科计划每年至少选派 1 名教师出国留学，加强与国外相关学科的交流。

（六）教学科研基本条件

本学科计划建设两个功能齐全，软件、硬件设施配备较为全面的专业实验室——会计电算化实验室和会计手工模拟实验室。在硬件方面，计划配备 IBM 专用服务器 5 台以上，学生用计算机 300 台左右，多媒体投影仪 5 台以上；在软件方面，计划购买成本会计、审计实务、现金流量表、金碟 ERP 系统等专业财务软件。

图书资料方面，本学科计划建设专业图书资料室 1 个，购买各类专业图书及期刊 1 万册以上。为加强研究生的实践教学，本学科计划建设 3 个校外实训基地。

“一联多、嵌入式、全覆盖”国际化培养模式创新实践

——宁波大学会计专业建设国际化创新案例

高等学校的中心任务是面向未来培养创新、创业人才，新形势下要求高校必须有较强的国际化意识和参与国际竞争的能力。宁波大学会计专业实施国际合作的本质是引入境外优质教育资源，提高自身的整体实力和水平，培养高素质、高质量、具有国际视野的创新人才。

一 建设目标

宁波大学会计系积极探索实施“一联多、嵌入式、全覆盖”的国际化合作办学模式，即以会计专业对接为切入点，致力于与国际知名会计组织团体开展实质性合作联合培养学生，形成有国际知名会计组织资源支撑发展的“多撑一”专业发展格局。

二 建设路径

（一）“一联多”

“一联多”，是指宁波大学会计专业与多家国际知名会计专业团体合作办学。2008 年，宁波大学会计与 CIA（国际注册内部审计师）合作吹响了国际化合作的号角；同年国际交流学院（现并入商学院会计系）与 CGA（加拿大注册会计师，国际知名会计专业团体）合作开设会计学专业（CGA 方向）；2010 年再与 ACCA（英国特许公认会计师公会，国际知名会计专业团体）合作开设会计学专业（ACCA 方向）。之

后又与 ACPA（澳洲会计师公会）（2013）、AIA（国际会计师公会）（2014）、CIMA（特许会计师公会）（2015）合作办学。至今已与6家国家知名会计组织接触合作国际化办学事宜。

（二）“嵌入式”

用国际认可的 ACCA、CGA 等课程体系直接嵌入宁波大学会计教学计划，与宁波大学会计课程设置接轨，使宁波大学会计课程体系与国际会计接轨。教学中使用 ACCA、CGA 原版英文教材，课堂全英文授课，学生毕业获得“宁波大学本科学历 + ACCA、CGA 国际证书”。

（三）“全覆盖”

“全覆盖”，是指国际化合作办学项目覆盖整个会计专业。宁波大学会计每年招收四个教学班，除去 ACCA 班与 CGA 班外，还有两个本土会计专业班，如何打造本土会计专业国际化，我们进行了创新与探索。2008 年引进 CIA（国际注册内部审计师）使本土会计班有机会获得国际证书；2013 年世界上最大的会计专业团体之一——澳洲会计师公会宣布宁波大学的会计学学士课程获得澳洲会计师公会认证。获得该认证后，宁波大学本土会计专业学生可直接申请成为澳洲会计师公会会员（ASA）。学生成为公会会员之后，再通过澳洲会计师公会的 CPA Program 专业考试，并完成 Mentor Program 工作经验计划，便可申请成为澳洲注册会计师。这是继 CGA 和 ACCA 两个国际化会计专业成功办学后，本土会计专业国际化的又一新成果。同时，我们还在探索将两个本土会计班改造为 AIA 与 CIMA 方向班，实现真正意义上的会计专业国际化全覆盖。

三 建设成效

（一）宁波大学会计专业获得国际认证

2013 年 10 月 17 日，世界上最大的会计专业团体之一澳洲会计师公会在宁波大学举行了会计学课程认证仪式，宣布宁波大学的会计学学士课程获得澳洲会计师公会认证。获得该认证后，宁波大学会计专业的毕业生可直接申请成为澳洲会计师公会会员（ASA）。学生成为公会会员之后，再通过澳洲会计师公会的 CPA Program 专业考试，并完成 Mentor Program 工作经验计划，便可申请成为澳洲注册会计师。同批次获得认证的还有华东师范大学、同济大学与深圳大学。

（二）提高了教学科研水平

2012 年至今，会计系获得省级教改项目 1 项，探究式课程、混合式课程、翻转课堂、教材项目、微课比赛等共 18 项。还承担了 5 项国家社会科学基金项目，其中 1 项为国家社会科学基金重点项目，国家自然基金项目 1 项，省级课题 16 项。在人大《复印报刊资料》、《审计文摘》、《南开管理评论》、《中国财经报》、《长春理工大学学报》、《宁波大学学报》等学术刊物发表了教改系列论文 20 余篇，为本教学成果形成提供了理论基础。宁波大学大学会计科研水平在省内具有一定影响力。

（三）提升了师资国际化水平

2012 年聘请新加坡博士严玲君，2013 年聘请我国日本博士李璟娜，2014 年聘请我国台湾博士萧小芬，2014 年聘请国内可双语教学的博士李红玉。从 2012 年起，分批次选送老师出国访学，2013 年完成出国培训教师 1 名（陆智强），2014 年送美国访学深造 1 名（俞雅乖）。目前会计系 15 人，有 13 人曾出国深造，并能实施双语会计教学课程。

（四）获得了一批教育改革创新成果

1. 获得一批探究式课程与教学成果奖

郭强华	新编初级会计学	2012 年校教材建设项目
宋夏云	注册会计师审计	2012 年校探究式试点课程
李丽	税法	2013 年校探究式试点课程
冷军	初级会计学	2013 年校探究式试点课程
宋夏云	审计学	2013 年校探究式教学模式的创新实践教研项目
李丽	税法	2013 年获得"宁波大学首届微课教学比赛"二等奖
陈永平	财务管理	2014 年校探究式试点课程
李丽	税法	2014 年获得"课堂优秀教学成果"三等奖

2. 获得一批教学改革项目

2013 年获得宁波大学教学改革项目"审计学探究式教学模式的创新与实践"。

2014 年获宁波大学混合式教学课程建设项目"《初级会计学》混合

式教学课程建设项目”。

2015 年浙江省高等教育课堂教育改革研究项目“《初级会计学》混合式教育改革与课程建设研究”。

2015 年获宁波大学重点教研建设项目“《初级会计学》翻转课堂研究与实践”。

2015 年获宁波大学教研建设项目“非会计学专业《初级会计学》课程教学模式再设计研究”。

（五）涌现了一批教学能手与先进教师

2013 年郭强华老师获得宁波大学“阳光教授”；

2014 年俞雅乖老师获得“最美商学院教授”；

2014 年李丽、程玲莎获得商学院“最受欢迎青年教师”；

2014 年陈永平获宁波大学 2014—2015 学年第 2 学期学评教得分高的课程（95.79 分）；

2015 年陆智强老师获得宁波大学“最受学生欢迎的青年教师”称号（全校仅 2 人）；

2015 年郭强华老师获得宁波大学“人文社科突出贡献奖”（全校仅 2 人）。

四 创新创业型人才培养绩效

（一）学生在浙江省大学生财会信息化竞赛、“挑战杯”中屡获佳绩

近三年来，会计系指导学生参加第九届、第十届和第十一届浙江省“财会信息化竞赛”，累计获得了 5 项二等奖，8 项三等奖的好成绩；指导学生参加浙江省第十三届“‘挑战杯’大学生课外学术科技作品竞赛”，获得三等奖；学生论文获得国家审计署审计长的肯定和批示。

（1）2012 年学生获得“浙江省大学生财会信息化大赛”二等奖 3 项，三等奖 7 项；浙江省“‘挑战杯’大学生创业计划竞赛”三等奖 2 项。2012 年全系指导学生获得宁波大学 SRIP 项目 11 项。

（2）2013 年学生获得“浙江省第十届大学生财会信息化竞赛”三等奖 1 项；浙江省第十三届“‘挑战杯’大学生课外学术科技作品竞

赛"三等奖1项。2013年获浙江省大学生科技创新活动计划（新苗人才计划项目）1项。

（3）2014年获得浙江省大学生科技创新活动计划（新苗人才计划项目）3项、国家级大学生创新创业计划项目1项；2014年学生获得"浙江省第十一届大学生财会信息化"竞赛二等奖1项、三等奖3项。

（4）2015年获得浙江省大学生科技创新活动计划（新苗人才计划项目）1项。2015年获得"浙江省第七届大学生职业生涯规划大赛"二等奖。沈琪红、潘攀等同学的调研论文（2012）获得国家审计署审计长刘家义手写4页纸的肯定与批示。2015年学生获得"浙江省第十二届大学生财会信息化竞赛"一等奖3项的好成绩。

（二）提升了毕业生进入国际"四大"会计师事务所和海外名校深造的就业竞争力

无论是只有首届毕业生的会计学（ACCA）专业，还是有着3届毕业生的会计学（CGA）专业，都成功实现了高质量就业或深造。2014年，会计学（ACCA）专业毕业生有35%的同学进入知名国际国内"四大"会计师事务所，如德勤等；20%的同学赴英国爱丁堡大学、加拿大劳伦森大学及英国格拉斯哥大学等国外高校继续读研深造。2014年16名会计学（CGA）专业毕业生全科通过CGA课程，打响了宁波大学的会计品牌。另外，本土会计班学生有的获得澳洲注册会计师证书，考上浙江大学、南京大学、上海大学、中南大学、上海国家会计学院研究生。

（三）增加了学生获得国际大公司实习机会

我们利用ACCA、CGA、ACPA国际会计组织资源，获得了较多国际知名大公司财务实习机会。2014年澳洲注册会计师公会提供了国际著名"四大"会计师事务所的德勤、普华永道会计师事务所实习，以及大型奢侈品产销集团LVMH Group（路易·威登集团）等公司财务部实习机会。2015年会计专业学生又获得国际会计组织提供的75个实习岗位，地点分布在上海、杭州、宁波，甚至北京。

五 毕业生创业案例

朱伟元，宁波大学会计专业学生。在校期间，通过注册会计师考试二门课程，毕业后进入会计师事务所，通过边工作边考试，获得注册会计师执业资格。2013 年创建“宁波北仑震邦会计师事务所”，任首席合伙人。震邦会计师事务所目前拥有注册会计师 6 人、注册税务师 2 人，注册评估师 2 人，现有从业人员 15 名，其中具有中高级专业职称的有 6 人。可提供审计鉴证、代理记账、会计咨询、税务咨询、管理咨询、会计培训、资产评估、基建审计等中介服务。

六　服务地方成效

（一）持续五年打造宁波高级会计论坛，促进产学研紧密结合

从 2010 年开始，宁波大学会计国际发展研究中心联合宁波市财政局共举办了五届宁波会计高级论坛。参加论坛的有宁波市会计学会理事及部分企业会员、浙江省总会计师协会宁波分会会员、市会计领军（后备）人才学员等，聘请上海大众汽车有限公司财务部高级总监周江、中欧国际工商管理学院访问教授何怡宏等著名会计专家授课，给宁波高级会计专门人才提供了交流、合作、提升的平台。

（二）连续四年为宁波市高级会计师培训，服务地方经济发展

从 2011 年开始，宁波大学会计国际发展研究中心承办了四年宁波市高级会计师培训工作，共培训宁波市高级会计师 700 余人。其间，邀请国内著名高校的知名教授和财经实务专家，围绕着国际资本市场发展动态、企业发展战略和业绩评价、中国与国际会计准则比较、管理会计作用与发展趋势等主题，为培训班学员作精彩的专题报告。

七　社会反响较好

2010 年，在宁波大学承办的中国会计学会会计教育专业委员会会议上，来自东北财经大学、上海财经大学、中国人民大学、复旦大学、厦门大学等高校以及财政部的 20 余位专家对宁波大学的会计国际化教育给予一致好评。《钱江晚报》以“全英文教学，中外学生都欢迎——宁波大学会计专业毕业生吃香”为题进行了报道；多家媒体与有影响

力的网站进行了全方位深入报道，其中包括《宁波日报》、网易新闻、浙江在线、宁波网、宁波教育网等。

宁波大学会计专业经过八年国际化专业建设，取得了一定成绩。宁波大学会计专业学科进位连续三年获得进位奖励。2015 年在宁波市特色专业终期评估中，宁波大学认为："该专业在申报书上提出的特色专业建设的各项指标均已较好完成，尤其是在人才培养、团队建设、国际合作等方面成果较为明显。"宁波市教育局评估组认为宁波大学会计专业国际化特色明显，各项指标完成较好给予“优秀”。

指导学生

地方政府性债务审计常态化机制建设研究

《审计署“十二五”审计工作发展规划》（2011）提出：“将地方政府性债务审计提升到动态化、常态化的审计监督的层面上。”但截至目前，如何“对地方政府性债务实行常态化审计监督”，审计署并没有具体措施，尚处于动议阶段。《国务院关于加强地方政府性债务管理的意见》（国发〔2014〕43 号）是国务院关于全面规范地方政府性债务管理的首次发文，标志着我国地方政府性债务管理的制度框架已基本建成，但并未明确表述以建立常态化机制的方式，对地方政府性债务进行规范管理。笔者基于审计署公开发布的两次审计摸底情况，分析当前地方政府性债务审计存在的问题，探索构建地方政府性债务审计常态化机制及保障措施。

一　两次全国地方政府性债务审计问题

根据中央和国务院部署，国家审计署分别于 2011 年、2013 年对全国地方政府性债务进行两次大规模突击性审计（以下简称突击性审计），大致摸清了全国地方债务的规模、结构与类型，反映了政府债务管理中存在的问题，提出了完善地方债务管理的对策建议。然而，前后两次审计带来以下三点问题。

（一）审计真实有折扣

审计署的两次突击性审计都是在事先通知的情形下展开的，地方债务负担沉重的政府相关部门可能在审计临近时修饰相关数据，或者在向审计局申报的数据中存在遗漏、不真实嫌疑。加之统计口径不一致，影响了审计数据的真实性和审计结果的准确性。

（二）审计质量难保证

突击性审计任务重、时间紧，审计过程往往是机械性核对、统计数据，难以兼顾地方债务深层次问题，不能因地制宜提出有针对性的建议，影响了审计建议质量。此外，地方政府性债务牵涉财政、金融、行政事业单位、投资项目等各种行业和领域，综合性强、覆盖面广，对于不同行业项目的评估方法也不尽相同。高专业性要求使审计人员能力有时未能匹配，导致审计重要性水平的确定和风险评估工作无法到位，也影响了地方债务审计的质量。

（三）审计工作超负荷

突击性审计给审计部门带来了极大压力，要在短时间内高强度、大范围完成摸排工作，不仅会打乱已安排好的审计工作，而且会极度透支审计人员的精力。两次大规模审计都面临人力资源紧张的尴尬问题，以某省审计厅为例，该省审计系统人员约3000人，统筹之后突击性审计人员缺口还高达800人。为此，省审计厅从内部审计协会抽调内审人员，以及相关注册会计师协助，不仅加大了审计成本，而且因为内审、注册会计师审计准则不同，有可能造成审计结论的差异，进而影响审计质量。

二　为什么要建立地方政府性债务审计常态化机制

综上所述，突击性审计并不能满足日益复杂的地方政府性债务管理的需求。《利马审计规定指导方针宣言》（INTCSA）指出，审计其本身并不是终点，而是管理体制中不可或缺的组成部分。这一管理体制的目的在于及早披露偏离公共标准的行为和违反财务管理的合法性、效率性、效果性和经济性原则的现象，以便采取相应的纠正性措施，追究责任人责任，进行赔偿；或者事先采取措施防止违法、违规、违反原则的行为的发生——或者至少使上述行为更加困难，地方债务审计常态化机制的特点能够有效弥补突击性审计的不足，从而达到科学管理地方政府性债务的目的。

（一）债务数据采集常态化，及时摸清地方债务家底

地方政府性债务审计常态化机制具有债务数据采集常态化的特点：（1）各级政府债务审计小组在本级政府日常举债活动中，第一时间确认、核实、记录并加强对原始数据的监管，避免债务数据在由下至上的汇报过程中被随意篡改、调整。由此确保原始数据的时效性、真实性和完整性。（2）动态更新数据库，可以查询任何月份、年份的债务数据，并将当下的债务数据与以往数据交叉对比，可以及时了解债务的存量和增量，从而对债务的总体发展趋势有更加动态的了解和预测。（3）对日常的每一次债务数据进行细致且有效的分类，设立债务种类、债务资金来源、承担偿债责任的部门等多个门类，从而加强对债务数据的汇总、分类，便于摸清债务结构。

（二）提升债务审计质量，防范财政金融风险

地方政府性债务审计常态化后，地方政府审计人员可利用对当地财政预算执行审计掌握情况，将地方政府债务管理纳入预算审计，建立地方政府债务常态化审计风险预警措施，完善地方政府性债务管理制度，提高政府财政运行透明度，防范财政金融风险。

（三）规范官员举债行为，加强审计问责力度

地方政府性债务与地方政府官员盲目上项目、搞政绩工程有关。地方政府性债务审计常态化机制建设，将干部经济责任审计与地方债务相结合，强化对地方官员的“债务问责”，给国家利益造成重大损失的、损害群众利益造成恶劣影响的、造成资源严重浪费的、造成生态严重破坏的、盲目举债留下一摊子烂账的，建议组织部门给予组织处理或党纪政纪处分，已经离任的也要追究责任。

三　地方政府性债务审计常态化机制建设的十大任务

（一）建立中央政府主导，地方政府分级监管，审计监督的组织领导机制

我国正处于逐步完善社会主义市场经济的过程中，加强宏观调控和依靠市场调节两者缺一不可。当前我们还不可能完全依靠市场力量来约束地方政府债务，中央政府必须进行较为严格的地方政府债务管理，这是稳定宏观经济、保障经济安全和社会稳定的必要举措。国际经验表明，地方政府债务风险的出现无不与政府间财政关系的制度设计密切相关。为有效监管地方政府举债行为，世界上绝大部分国家都在中央层次建立了地方政府债务管理机构。因此，必须构建中央政府主导，地方政府分级监管，审计具体操作的组织领导机制。为了提高政府对债务的统筹能力，建立由政府牵头成员单位包括财政、审计、发改、国土、国资、人民银行和银监等部门，形式为“每月一报”的地方债务审计工作会商制度，对债务融资需求、土地出让情况、存量资产盘活、债务计划安排、建设资金分配等方面进行统筹协调与监控，确保地方政府性债务资金借得对、用得好、还得起，全面提高政府债务管理水平。

（二）建立财政预算执行审计覆盖地方政府性债务审计机制

建立财政预算执行审计覆盖地方政府性债务审计机制，是指将地方政府性债务预算作为预算执行审计的一项重要内容，纳入财政预算监督范围。具体而言，在年度预算执行审计过程中将政府债务预算编制、调整以及执行情况也纳入审计机关的审计范围，审查分析财政部门债务管理情况，从而控制债务规模、防止债务风险。优点是：（1）将地方债务作为财政收入的一个组成部分，使债务审计逐渐向政府性资金审计转型。（2）便于了解区域经济发展的特点、重大项目及各部门预算执行的薄弱环节。而这些薄弱环节往往是债务资金易发生问题的关键点。

（三）建立地方政府性债务审计年度必审制度

为了加强对地方债务的审计监督，防范债务风险，建议出台《地方政府债务审计监督管理办法》。该办法将规定对隐性债务包括地方政府担保债务、担保的外债、地方金融机构的呆坏账、社会保障资金缺口等，在出现金融机构清算等情况时地方政府将承担资产损失实行必审制度，相关主管部门以及其他有关单位和个人要积极配合、协助审计机关开展地方债务的审计监督工作；审计机关依照相关法律法规，对地方政府性债务项目资金准备阶段、项目实施阶段、项目竣工决（结）算的真实性、合法性、效益性进行审计监督。

（四）建立地方政府性债务审计结果人大报告制度

经过地方人大常委会表决，通过修正《关于加强预算审查监督的决定》，要求地方审计机关将政府性债务纳入审计报告内容，每年必须向地方人大常委会报告，以增强人大对财经工作的监督、促进政府加强财政风险控制。不仅定期要向人大报告，还要把审计结果及人大审议情况及时向社会公布，积极呼应人民群众和人大代表对地方债务的关注，加强社会监督。

（五）建立地方主要领导经济责任延伸地方债务审计制度

经济责任审计要按照中央组织部《关于改进地方党政领导班子和领导干部政绩考核工作的通知》的要求，把政府性债务状况作为党政领导干部任期经济责任审计的重要内容，加强审计监督。必须特别关注地方主要领导主持工作下地方政府性债务情况，关注地方政府性债务、财政资金用于过度超前建设和形象工程等问题，着重审查领导干部任期内的举债决策、任期内形成的债务以及对债务的管理。将地方政府性债务审计纳入经济责任审计环节，是以强化问责、规范举债责任人为目标。审计机关应将举债责任明确到具体单位、责任组和责任人，通过比较经济增长与债务的动态相关性，分析相关政府的偿债能力（运用债务率、偿债率、逾期债务率和借新还旧偿债率等指标），对相关责任人起到督促、建议和警示作用。对于盲目举债造成重大损失，管理缺失造成债务回收困难，挤占、挪用和贪污，债务逃避和恶意拖欠还债的行为，要严肃追究有关人员的责任，加强其债务风险意识与相应的责任意识。

（六）建立地方政府性债务审计与投资项目审计相结合机制

地方政府性债务审计与政府投资项目审计相结合，主要是关注债务资金的项目投资方向，尤其是对债务资金投资的重点项目进行跟踪审计监督，加大项目绩效审计综合分析力度。从项目立项、建设竣工到运营管理及还贷情况等几个方面评估项目的经营能力、盈利能力、持续还款能力和再融资能力，提高资金使用效益。此外，要严厉查处项目建设过程中的“寻租”和腐败行为，及时预防债务资金使用管理中可能出现的各种问题，防止资金被违规挤占、挪用或挥霍浪费，确保资金安全，保障政府偿债能力。

（七）建立地方政府性债务审计与金融审计相结合机制

金融审计重点关注金融机构在贷款过程中的风险问题，尤其是以固定资产为担保的贷款流程、标准、放贷、贷款资金运用情况等后续贷款追踪管理，确保资金运用的效益性，为金融机构降低风险。将债务审计与金融审计相结合，金融审计时重点审查政府向金融机构融资后，是否将资金运用于实体经济发展，是否满足经济结构调整，是否具有效益等。由于政府性债务通常是巨额资金，对大额贷款的管理控制，有助于合理控制信贷资金的杠杆率，推动贷款制度的完善和创新，使政府与金融机构都最大限度地降低风险，从而形成良性合作关系，实现“双赢”。

（八）建立地方政府性债务审计风险预警机制

建立地方债务风险审计预警机制，能对政府债务相关信息，如举债主体、数额、期限、资金的运用情况、偿还情况等政府经济活动进行跟踪、监控，及早发现政府债务危机信号，预测政府面临的债务风险，使政府能在债务危机初期及时采取有效措施，降低债务风险。构建地方债务审计预警机制主要有以下四个要素：一是风险预警指标体系，作为债务风险程度判别的基本标准；二是动态监控，根据地方政府经济形势变化、政府债务规模水平变化等情况，对债务风险实时评估；三是偿债资金来源，确定未来偿债资金来源，预测偿债行为对财政资金的需求，形成长期、滚动的债务偿还预算；四是违约概率，确保政府在债务风险来临时能及时做出相应措施，以降低影响。

（九）建立地方政府性债务审计四级网络机制

构建地方政府性债务审计四级网络机制要求省、市、县、乡镇四级政府债务信息网全面覆盖，各级网络间相互协作、分享信息。建立完备的政府债务数据资源目录及基础债务信息数据库，实现从审计系统中获取、存储和转换的数据集成功能。从长远来看，地方债务审计四级网络机制的建立对于节省审计成本、促进审计工作的展开具有长远效益，尤其是在进行跨项目、跨领域审计时，能为审计工作打好基础，为常态化审计创造条件，实现债务日常监督管理。

（十）建立地方政府性债务审计整改责任制和责任追究机制

必须落实审计跟踪回访制度，整改结束后，审计部门要对被审计单位的整改情况进行检查核实，并形成专题报告上报党委、政府。同时，审计、财政等部门要加强协调配合，盯紧审计检查中发现的重点问题不放，跟踪监督，确保问题得到解决。对督察中发现的重大问题，要及时向党委、政府汇报，督促相关部门落实，确保各项整改措施落实到位。审计部门要对审计结论落实情况进行跟踪督办，对拒不落实审计整改意见的部门和单位，要依照有关法律法规，追究相关领导和有关人员的责任。

四　建立地方政府性债务审计常态化机制的保障措施

（一）组织保障

可将审计主体与审计对象相对应，实现扁平化管理，即省、市、县、乡镇四级政府的债务各有清晰的审计主体与之对应，职责明确，遇到个别情况，实时动态调整，有效避免推诿、扯皮，以提高工作效率。同时打破处室界限，加强审计资源整合管理。建议专门成立地方债务审计领导办公室，由局副职挂帅，财政审计、经济责任审计、计算机中心等处室组成联合部门，并指定财政审计处室具体负责与联系，搭建起一个级别高、功能全、范围广的组织机构。

（二）制度保障

地方政府性债务常态化审计作为一项长期且持久的审计工作，必要的制度保障至关重要。完善信息披露制度可以让审计监督与社会监督形成互补：审计监督发现不了的细节性问题，可以借助社会监督来弥补；而社会监督发现不了的专业性问题，可以通过审计工作完成监督。完善信息披露制度就是要让地方政府性债务的监督和问责以债务信息透明化为基础，拓宽国内除了年度财务报告、审计报告以外的其他公开披露渠道，并着重加大预算信息、财政信息和审计信息的公开力度和频次。可以建立相应的专门披露网站，将审计过程或审计结果的必要事项、债务规模结构以及债务资金偿还等信息进行披露。

（三）技术保障

一是要建立常态化的数据获取机制。缺乏常态化的数据获取机制制约了常态化审计获取全面的数据，更遑论数据分析常态化。在审计调查了解阶段甚至现场审计时，常常不能获取理想的全面数据。各级政府机关应建立常态化数据获取机制，在债务发生变化的第一时间获取第一手债务信息数据。这是债务管理、债务审计及其他一系列后续相关工作得以有效开展的基础建设工作，起到基础性的关键作用。二是要建设数据联网审计平台。在财政改革的不断深化下，许多政府机关已陆续建立数据联网审计平台。比如，财政系统的“金财工程”，实现了与机关事业单位会计结算中心之间的联网，对数据进行有效整合，在此基础上构建的审计数据综合分析系统，为政府性资金审计提供了有力支撑。以此为参考，地方政府性债务审计也可利用数据联网审计平台的建设，在各级政府机关、事业单位、融资平台间实现债务资金数据联动，在日常统计债务的借、投、还等环节形成联动、匹配的数据储备，为审计工作的展开提供了有效的数据支持平台。

（四）人才保障

构建地方债务审计人才建设和培训机制尤为重要。可按培训对象分为短期日常培训和长期计划培训两种。（1）短期日常培训包括每周（具体频率可以依据各地政府培训人员业务素质和审计业务复杂度而定）开设债务审计培训课程，主要面向一般的审计人员，除了对其专业技能进行升级，还要提高他们的学习能力、沟通能力和团队合作能力，帮助审计人员开放心态，自觉将个体融入整个团队中。（2）长期计划培训以培养高层次管理人员为主，制订审计师三年培训发展计划，提高其沟通协调能力、管理能力以及处理复杂问题的能力。充分加强管理人员的管理知识，促使研究成果积极主动地运用到实践中，不断提高在复杂组织系统中的指挥领导和协调作战的能力。

（郭强华、傅平南、项阳芷）

地方财政应对“营改增”税收流失的对策研究*

一 “营改增”对地方财政的影响

（一）地方财政收入减少

实施“营改增”之后，在现行增值税税率和征收率，即17%标准税率和13%低税率基础上，新增11%和6%两档低税率。与此同时，解决了重复征税等问题，在很大程度上减轻了企业的税负。2015年1月28日，国家税务总局召开2015年第一次新闻通报会指出，截至2014年年底，纳税人在全国的“营改增”试点共计410万户，政策实施后，“营改增”税收减少达1918亿元。“营改增”在给企业减负的同时无疑也对地方财政造成了极大的冲击，税改之后使原本属于地方财政收入的营业税转变为中央和地方共享税，增值税在中央和地方的分享比例为75∶25。由此可见，地方财政在国家财政收入中的比重大大降低，在很大程度上使地方税收收入减少。

同时，在税改过程中，大部分地方政府对于税负增加的企业采取由地方财政设立专项资金、给予财政补贴的做法，这种做法在确保顺利推进改革试点的同时，却在地方税收收入减少的境况下进一步增加了财政的支出，加重了地方财政的负担。

（二）地方财政丧失主体税种

“营改增”全面推行后，用增值税代替了营业税，从税种划分的角

---

* 本文系宁波大学SRIP科研“‘营改增’企业受惠了吗？——对宁波四种类型六十家企业调查研究”校级一般项目并获资助资金。

度来看，增值税属于中央与地方共享税，而营业税属于地方税。这一税改使地方财政丧失了主体税种，很大一部分的地方税收流入了中央财政。数据显示，2007—2011年度营业税收入比重达到地方税收收入的55%左右，毋庸置疑的是地方财政的主要来源和支撑。而增值税是中央与地方的共享税，中央与地方的分享比例为75∶25。“营改增”之后，地方财政的绝大部分归属于中央财政，使丧失了营业税的地方财政收入锐减。这对于地方政府和相关税收机关而言，无疑是一次程度不小的冲击和挑战。

（三）加大地区间的发展差距

改革范围、地区的服务业结构，及地方经济发展水平和财政承担能力都是影响“营改增”对地方财政收入的主要因素。譬如，发达地区的服务业往往发展得比较迅速，即使在近阶段地方财政减收程度较大的情况下，由于发达地区具有较强的财政承担补贴能力和服务业发展潜力。使其仍可成为未来服务行业的提供者和产生增值税销项税额的一方。“营改增”对于发达地区而言是一股促进发展的强劲动力。而不发达的地区承担财政减收的能力相对较弱，税改之后也很难再通过服务业发展来增加税收收入以弥补财政亏损，地方政府及相关单位所要承担的压力也变得更重，这对本已陷入困境的地方财政无疑是雪上加霜。

二　弥补地方财政税收的对策研究

（一）税改初期沿用过渡性政策

“营改增”实行初始阶段，由于改革条件尚未成熟，使大规模的调整现行财政格局是不适合的。应继续沿用试点初期的过渡性政策，即地方政府继续持有原征收营业税改征增值税的收入。在短期内，这种做法对于“营改增”的全面推行是有帮助的，有利于现行中央财政与地方财政的制度格局保持基本不变，为调整财政体制和推行税法改革奠定经济基础。但这种做法只限于较短时期内的执行，长期会发生中央与地方财政关系混乱的现象。

（二）适当调整中央与地方共享税收的分成比例

自“营改增”试点推行后，持续加大了中央财政的收入比重，使其财力比较宽裕。并且在此次税制调整后，将本属于地方财政收入的营业税转变为中央地方共享的增值税，且中央地方税收分享比例为75∶25。这将在很大程度上再次提高中央财政的税收比重，从而使中央财政具备了调高与地方财政共享税分成比例的能力和空间。但日益减少的地方财政收入很难与只增不减的地方事权保持平衡，从而使地方财政陷入很大的困境。因此，应适当调高增值税在地方的分享比例，在不影响中央财政收入和宏观调控能力的前提下，对中央和地方财政税收收入划分进行适当的调整，适度加大地方税收比重，以使税改得到地方政府的支持，确保“营改增”扩围的顺利推行。经2011年度数据测算显示，中央与地方财政要保持原有的财力，增值税的分享比例大约要维持在55∶45。同时，中央政府也可以把调整增值税比重作为一项政策的激励手段，在减轻地方财政压力的同时，提高地方政府的积极性，以缩小税改带给地方财政的巨大波动，从而实现各地区公共服务均等化的目标。

（三）规范地方财政转移支付制度

转移支付主要是指中央政府和地方政府之间在既定的职责、支出责任和税收框架下财政资金的无偿性转移。当前我国现有的财力可以解决由“营改增”所引起的财政收入减少的问题，加强财政转移支付力度是改善税改初期地方财政收入减少的有效途径之一。2012年，地方财政的总收入为106460亿元，其中，本级地方收入为61077亿元，中央对地方税收的返还和转移支付的收入为45383亿元，中央对地方税收的返还和转移支付收入达到了地方财政总收入的43%。也就是说，有接近一半的地方财政收入来源于中央对地方税收的返还和转移支付。可见，中央政府的转移支付力度对地方经济的平衡和发展起关键性的作用，税改后地方政府出现的财政缺口，同样也可以通过加大转移支付力度、遵循规范的转移支付制度得到弥补，进而扭转改善财政现状。

所以，调整转移支付结构，适当地提高中央政府对地方财政转移支付的比例是解决税改后地方财政收入减少的有效方法之一。在我国，各地区发展不平衡，财政转移支付可以根据各地区政府的财力水平和地区之间经济的发展程度，确定合理的转移支付结构，完善转移支付功能，进而推动全国经济的平稳较快发展。

（四）培养地方主体税种，重塑地方税体系

从现今状况来看，两种受到热议的地方税种主体方案分别是消费税和房产税。

（1）消费税作为主体税种。国家税务总局原副局长许善达说：“相比个税7%的税收贡献，消费税从生产环节转向零售环节的征收方式，粗略估计将产生上万亿元的税收，这成为地方税收的一个来源。”由此可见，消费税成为地方财政的主体税种的可能性很大，进而用来弥补上万亿元财政缺口。

由于消费税属于流转税这一大类税种，使其可以成为最为稳定的税收收入来源。将消费税收入调给地方，不仅能够缓解“营改增”带来的地方减收现象，更重要的是能激发地方政府投资建设公共医疗、教育、养老保险、医疗等。在税改完成后，可以给地方政府提供税收贡献达上万亿元，消费税在六大税种中，从生产环节到零售环节的征收变化在技术层面最易实现，使对地方财政缺口进行弥补会有很大的可行性。

（2）房产税作为主体税种。房产税在我国现有税收体系中属于典型的财产税和地方税。重庆、上海等地在2011年已经开设征收房产税试点，随着试点实行过程中所遇问题的不断解决，全国范围内的推广也即将开始。房产税不仅能调节住房刚性需求，调节市场，而且房产税是每年缴纳，而非一次性缴纳，这使房产税逐渐成为地方财政收入的趋势越发明显。

由此可见，“营改增”试点推行至全国实行，范围涉及全部行业时，地方税体系的重塑，培育消费税和房产税成为地方税的主体税种，既具备必要性，也具有可行性。

（五）加快扩围步伐，大力发展地方经济

税务总局新闻发言人、中国税务报社社长、办公厅副主任郭晓林表示，2014年“营改增”新试点行业顺利推进，2014年1月1日和6月1日，铁路运输、邮政和电信业相继纳入“营改增”试点，范围扩大到“3+7”个行业。下一步，税务部门将继续推进“营改增”扩围，2015年力争将“营改增”范围扩大到建筑业和不动产、金融保险业、生活服务业，这些行业将增加800万户试点纳税人，户数是目前的2倍。

“营改增”虽然在为企业减负、市民受惠的同时减少了很大部分的地方财政收入，但减税有助于企业发展。企业的经营状况对地方经济起着至关重要的作用，经营状况良好则有利于地方经济的发展，也同时拓宽了政府的税基，从而从根本上提高了地方财政收入，解决了财政缺口问题。“营改增”促进持续经济转型升级，主要表现为积极促进第三产业的平稳较快发展。相关数据统计，2014 年全国第三产业增长值占 GDP 比重的 48.2%，同比提高 2.1%。同时也促进了企业通过专业化、主辅分离的协作方式来优化业务结构，进而最大限度地享受税改红利。现代服务业和战略性新兴产业的发展程度对地区的经济状况起着决定性的作用，所以，加快“营改增”扩围在激发企业活力、扩大就业、增加居民收入的同时，更从源头上解决了地方财政问题，可谓一举多得。

（杜诗佳、郭强华、黄易、姚静、游瑾珲）

国家审计与国家治理若干问题调查

2011年7月8日，在中国审计学会第三次理事会论坛上，审计署刘家义审计长发表了题目为《国家审计与国家治理》的讲话。审计长在讲话中详细地阐述了国家审计与国家治理之间的相互关系以及国家审计对于国家治理所起的关键作用。结合当今的形势分析“何为审计”、“为什么要去审计”、“审谁的计”、“由谁来审计”和“如何去审计”等一系列问题。

一　研究情况简介

针对上述提出的一系列问题，笔者采取问卷的方式进行调查。调查问卷——“国家审计与国家治理调查问卷”分为国家审计的定位、国家审计的作用、国家审计的范围和国家审计的实现途径四个方面，诸如国家审计是不是国家治理的一部分、国家审计定义等问题，包括了28道选择题与1道简答题。因为本次调查课题具有一定的学术性，所以调查对象主要为高校教师、教授以及与财务审计相关的社会实务人员。

调查主要通过互联网进行，2014年1—2月，笔者先后将问卷发布到中国调查网上，并发送问卷邮件给270余位中国会计学会七届二次理事会与会代表。结果是，中国调查网上回收143份，剔除不合理问卷57份，邮件回收94份，此次调查共回收180份有效问卷，问卷的回收率为43.58%。

参与问卷调查的高校会计教师主要分布在浙江（22.07%）、北京（6.13%）、上海（6%）、河北（5.82%）、重庆（4.59%）、湖北（3.15%）、江苏（2.24%），另外还有山东、江西、湖南、安徽、贵州、云南、陕西、四川等17个省（市）。

调查样本的基本情况是：在性别方面，男性调查者有124人，占68.89%；女性调查者为56人，占31.11%，男性调查者比女性调查者略多。在学历方面，硕士研究生与博士研究生及以上学历的占78.21%，本科学历占21.79%。在教学职称方面，副教授和教授占74.19%，讲师占4.32%。在教学年龄方面，教龄为4—6年及以下的占54.95%，7—9年的占15.68%，10—12年的占10.50%，12年以上的占18.89%。在教师担任行政职务方面，无行政职务的占30.38%，系级的占22.22%，分院级的占10.81%，校级的占6.70%，其他占30.89%。在学校类型方面，6.22%为研究型，26.18%为教学型，15.07%为综合型，22.53%为其他。另外还有两份来自中国会计学会的调查问卷，受调查者的职务为主任，已有近20年的工作经验。

二 调查结果

（一）审计是国家治理的一部分

九成以上的受访者认为国家治理包括国家审计。第一题：您认为国家审计是国家治理的一部分吗？在收回的180份问卷中，有77.43%的人非常认同国家审计是国家治理的一部分，19.51%的人认同国家审计是国家治理的一部分。

第二题：国家审计和国家治理是对“免疫系统论”的发展吗？有67.48%的人非常认同，有20.16%的认同，有9.51%的人认为不好说，其余2.85%的人不认同。

第三题：国家审计就是以权力监督制约权力吗？有87.52%的人非常认同，有18.69%的人表示认同。其中一位中国会计学会的主任表示还需加强审计的监督力度。

第四题：国家治理的目标决定着国家审计的方向吗？有54.85%的人非常认同国家治理的目标决定了国家审计的方向，有34.23%的人认同国家治理的目标决定审计的方向。

第五题：国家治理的需求决定着国家审计的目标模式吗？77.39%的人非常认同国家审计的目标和模式取决于国家治理的需求，11.26%的人选择认同。

第十一题：您认为国家审计是国家基本政治制度的重要组成部分吗？85.78%的人认为国家审计是国家基本政治制度的重要组成部分，其余14.22%的人认为这不好说。

第十二题：国家审计是不是推进民主法治的重要途径？93.1%的人认为国家审计对推动民主法治有着巨大的作用，基本上都认同国家审计对于民主法治进程的重要意义。

笔者认为，国家审计与国家治理的关系可以概括为两个方面：一是国家治理是包括国家审计的，国家审计是国家治理不可分割的一个部分，是内生于国家治理的；二是国家审计通过其独立的监督职能为国家审计发挥自己的作用，是服务于国家治理的。简单来说，就是国家治理催生了国家审计，国家审计又通过自己的职能反过来影响了国家治理，两者相辅相成、相得益彰。

（二）审计是国家的“免疫系统”

刘家义审计长根据客观实际，创新提出“免疫系统论”，即国家审计是国家治理的一种重要手段和切实有效的工具，是监督体系中不可或缺的一环，是保障国家这个大机体健康有效运行的“免疫系统”。

第六题：您认同刘家义审计长对审计的定义（审计是“免疫系统”）吗？在接受调查的180人中，有2.22%人非常认同，有6.67%的人认同，有86.12%的人不认同，其余4.99%的人认为这不好说。

第七题：如果您认同，那“免疫系统论”是国家审计的丰富论调还是高级说法？在认同国家审计“免疫系统论”的人当中，有46.67%的人认为是丰富论调，有53.33%的人认为是高级说法，两者基本持平。

第八题：如果您不认同，那您偏向于哪种审计定义？在不认同国家审计“免疫系统论”的人当中，有32.14%的人偏向于委托代理理论，有45.86%的人偏向于经济监督论，有16.92%的人双选了委托代理理论和经济监督论，其余5.1%的人选择了其他。可见委托代理理论和经济监督论是主流观点。

其一，公职人员及国有企业人员完全赞同“免疫系统论”。通过对认为国家审计是国家的免疫系统的人群的重新取样分析，与政府沾边的都一致倒向刘家义审计长的“免疫系统论”。

其二，“免疫系统论”在高校老师中也有市场。在调查人员中，有

170余名学校教授副校长、会计系主任、博士生导师。在他们中，76.93%的人没有完全“一边倒”，而是认为国家审计比国家免疫系统更高级一些。其中缘由，是高校老师常年做课题研究，他们对问题的看法总是比较新颖、独特。

（三）审计不能仅限于政府部门

在调查的人群当中，一致都认为国家审计的范围需要扩大，不能只局限于政府部门。比如政府外债、境外企业和外国待援款、民生和社会事业，都需要国家审计的跟进。

第九题：国家审计就是审计各级政府机关的财政财务收支范围吗？有33.33%的人认同此项，50%的人不认同，剩下16.67%的人对这个问题表示不好回答。总体来看，财政财务支付仍是国家审计的大头，不过，随着社会经济的发展，这个大头慢慢地也会变成小头。

第十三题：您认为自主创新、资源和环境保护情况是国家审计的内容吗？有34.5%的人选择是，有56.83%的人选择不是，其余8.67%的人认为不好说。

第十八题：国家审计为谁而审？94.69%的人认为国家审计最终的服务对象是人民群众，当然也有不同声音：来自西北大学的一位教授认为国家审计为政府而审。

第十九题：国家审计为什么要审？有66.67%的人认为国家审计是要维护国家安全，16.67%的人认为国家审计应该防止损失，还有16.67%的人则认为国家审计既要保证国家和人民财产不受损失也要维护国家安全。

第二十题：国家审计要审计政府外债、境外企业和外国待援款吗？有93.56%的人认为需要审计。

第二十一题：国家审计要加强对民生和社会事业的审计监督吗？有96.78%的人认为需要审计，近年来各种公益资金被侵占，民间急需一双“鹰眼”。

（四）审计如何实现

第十六题：国家治理对国家审计的需求是主动加压还是被动去查？97.43%的调查人员认为，国家审计需要主动施压。说明社会公众需要的是事前审计而不是事后审计，在国家审计中需要摒弃无事一身轻的作风，积极地去审，主动地去审，坚决地去审。

第十七题：国家审计应该靠信息化来审吗？有 84.56% 的人认为国家审计需要靠信息化来实现。信息化技术如果能完美融入国家审计中那将是如虎添翼了。

第十五题：国家是否应该赋予审计机关在发现问题后的治理权？对于国家是否应该赋予审计机关在发现问题后的处理权，34.51% 的人认为应该，30.05% 的人认为不应该，还有 25.44% 的人不知道。如果国家只让审不让处理，那么会不会造成被审计单位或者被审人有恃无恐？如果国家给予审计单位处理权，那审计单位的权力是否过大，会不会演化成为明朝的东西厂又或者是清初的十三衙门？笔者认为，过犹不及，这两种做法都不可取。处理权不能给，但是可以做好司法部门与审计部门的衔接工作。审计部门发现问题，司法部门可迅速介入。加强审计监督的同时，也要防止权力的滥用。

（五）来自民间的呼声

本次问卷最后一部分为问答，关于国家审计与国家治理不少人提出了自己的一些看法，现整理归纳如下：

（1）现行审计存在不足。当前，审计工作面临着新的挑战：经济发展结构亟待调整升级、社会矛盾丛生、资源消耗环境污染等。陈旧的现行审计系统存在很多问题：审计独立性不够、范围有盲区、缺乏内部相互制衡机制，改革是势在必行。

（2）国家审计应重在防腐败。鉴于我国当前腐败现象的严重性和反腐败斗争的实际诉求，审计机关必须擦亮眼睛，加强工作效率、发扬敢于发现问题揭露问题的胆魄。反腐败是历届政府的工作重心，而新一届政府“一日一官”也让我们看到了政府和国家更大的反腐决心。

三　结论

（一）厘清国家审计的定位

国家审计是国家治理的重要组成部分，这个观念需要不断强调和强化。要厘清国家审计的定位需要做到：第一，权力要加强。第二，责任要明确。国家审计的职责范围必须明确，不可越界行事。第三，法律地位要提升。凡事有法可依、有法必依，严格依法审计。

（二）扩大国家审计的范围

国家审计要敢为天下先，突破陈旧束缚，扩大审计范围，切实发挥审计的预防监督和发现作用。要做到这些就必须至少做到以下几点：一是要加强对政府各个政策实施情况的全程审计，促进各项政策落实到位不打折扣。二是要加强预算审计，防止政府年前突击花钱，使预算和决算更加合理。要保证政府财政的廉洁性、安全性，不被滥用、冒用。三是加强对重点民生工程和民生资金的审计。

（三）国家审计的实现途径

国家审计的目的是通过财务审计财政财务收支各项资金的运用的合法性，维护国家经济安全、财政经济秩序有序、支持反腐倡廉建设、保证社会经济发展有条不紊。要实现以上目的就必须坚持：

（1）改变以往审计方向，建立快速预警和处理机制。

（2）树立“审计供求观”和“审计互动观”。改变现行被动审计的局面，主动出击。

（3）在项目选择上有主次，有针对性和时效性地对审计项目进行甄别。

（4）结合不断更新的信息技术，适时建立各类审计数据集成处理系统，使每个项目开始时都有“案”可查。

（5）在审计效果上构建审计成果支持系统。这个系统包括结果公示、跟踪整改、政策支持和资金收纳等程序。

（贺皎慧、郭强华）

上市公司社会责任影响因素实证探究
——基于公司内部治理视角

21世纪以来，伴随着我国经济的高速发展，引发了很多的社会责任问题，使企业的社会责任问题越来越受到关注，政府、公众和企业都意识到了社会责任的重要性。早在18世纪，“经济学之父”亚当·斯密（Adam Smith）就指出：“社会的财富如果不被全社会所共享，那么这个社会就不稳定。”社会是企业利益的来源，企业必须融入社会，回报社会，与社会和谐发展。张兆国等（2007）认为，公司承担社会责任不是一种简单的利他主义，而是可以从股东之外的债权人、顾客、供应商、政府、社区、公众和员工等其他利益相关者手中获得各种专用性资产和良好经营环境，从而可转化为稳定增长的财务收益。企业通过承担社会责任，可以塑造公司良好的外部形象，提高自身的声誉，有助于公司的长远发展。

公司的内部治理与企业社会责任有着密切的关系，完善的公司治理机构，公司内部各方利益的平衡和制约，是落实企业社会责任的重要保障。那么，公司治理如何影响企业的社会责任呢？从公司治理的角度研究企业的社会责任的文章较少，尤其是从实证的角度。本文运用实证研究的方法探讨上市公司内部治理机制对企业履行社会责任的影响机制，以期从公司治理的角度对提高企业履行社会责任水平提供合理的建议。本文的研究有利于丰富我国公司治理因素与企业社会责任关系的研究，对完善企业治理结构、转变企业社会责任观念有一定的现实意义，旨在通过改善公司治理来提升企业社会责任意识和行为表现，契合科学发展观可持续发展的要求，对构建和谐社会具有一定的现实意义。

一　文献回顾

（一）公司治理因素

迪肯（Deakin）和休斯（Hughe）认为，从社会责任的角度来看，公司治理就是关于处理公司内部治理机制与行使公司社会责任关系（从整个社会）的问题。从内部治理与企业社会责任的实证研究来看，国外学者扎哈拉等（Zahra et al.，1993）研究发现公司管理层持股比例与公司社会责任呈正相关关系。宋建波、李爱华（2010）通过对上市公司进行实证研究发现，公司治理结构中的前五大股东的持股比重、监事会的规模、总股本、高管人数和前十大股东关联情况是对上市公司社会责任履行具有显著性影响的公司治理因素。王建琼、何静谊（2009）对沪深两市制造业2005年相关数据进行实证研究，发现企业社会责任与独立董事比例正相关、与资产规模负相关、与是否两权分离没有明显相关性。杨伯坚（2012）以2008年沪深两市1232个企业为样本进行实证研究，得出董事会规模、独立董事比例对CSR提升企业绩效的能力呈正向作用。

公司治理包含了一系列用以协调公司与所有利益相关者之间的利益关系的正式和非正式的、内部的和外部的制度，然而为数不多的实证研究中对公司治理因素的研究并不全面，且样本覆盖范围较小，缺少一定的说服力。

（二）其他影响因素

马胡杰（2013）基于社会资本视角，对A股上市公司3年面板数据进行实证分析，从而得出制度环境的改善对企业履行CSR有推动作用，且此推动作用需要地区社会资本的支持。冯臻、于保平（2009）认为，企业管理者主观态度、个人价值理念影响CSR的实施。李秉祥（2013）从经理管理防御角度进行实证研究，得出经理人会出于加强管理防御的目的而选择CSR的承担与否以及履行何种CSR。刘海龙（2009）从经济学角度提出，由于企业和媒体间存在CSR行为与媒体利好消息的互利交换，媒体通过产出利好消息对CSR产生影响。

由以上学者的研究可以看出，社会责任受到很多因素的影响。但从内部治理这个角度研究企业社会责任影响因素的文献比较少，因此，本文将从内部治理的角度来探讨社会责任的影响因素。

二 研究假设

（一）董事会特征与企业社会责任

（1）两职合一。董事长的职责为组织决策和监督经营绩效，总经理领导的团队则负责具体的经营管理，两者的职权并不相同。两职合一就会使公司缺乏制衡机制，后果则是决策行为成为输送个人利益的途径，同时使其他利益相关者的行为得不到有效的监督和制约。因此，本文提出以下假设：

H1：董事长与总经理是否两职合一与企业社会责任履行水平相关。

（2）独董比例。独立董事往往具有丰富的社会经验和深厚的专业知识，使其能够从专业的角度看待公司的决策，切实关注各方利益相关者的利益。独董在董事会中的比例越高，公司决策中就能够更多地反映外部利益相关者的声音。因此，本文提出假设：

H2：董事会中独立董事比例与企业社会责任履行水平呈正相关。

（3）董事会规模。董事会代表股东负责公司的经营决策，并对经理层进行控制和监督。根据利益相关者理论，董事会规模的扩大有利于董事会作用的发挥，从而保障利益相关者的利益，促进企业社会责任的履行。因此，本文提出假设：

H3：董事会规模与企业社会责任履行水平呈正相关。

（二）激励机制与企业社会责任

根据委托代理理论，股东与企业高管存在委托代理关系，作为所有者的股东委托高管经营企业。由于信息不对称，有必要对高管进行激励和约束，以降低道德风险和逆向选择。若激励不足，会导致高管的短视行为。在合适的激励机制下，高管与股东的利益追求趋同，会出于长期利益的考虑，努力创造更大的价值。目前主要的高管激励方式有股权激励和薪酬激励，本文认为，作为两种行之有效的激励方式，均能对企业社会责任的履行产生积极的影响，并做出以下假设：

H4：高管持股比例与企业社会责任履行水平呈正相关。

H5：前三名高管薪酬与企业社会责任履行水平呈正相关。

三 研究设计

（一）变量设置与检验模型

（1）被解释变量。本研究以上市公司社会责任履行水平为被解释变量，采用“润灵环球”评级公司公布的上市公司社会责任评级得分对其进行具体定义。之所以采用该评级得分，主要理由为：以往实证研究中对社会责任的评价多数采用指数法，构建的指标体系虽涵盖企业对各个利益相关方应承担的社会责任，但由于只运用财务指标对其进行定义，而忽视非财务指标的作用，导致对企业履行社会责任的衡量不够全面；而该社会责任评级得分采用“MCT 社会责任报告评价体系”，将企业披露的非财务信息也纳入评价体系，使评价更全面，评价结果更具有说服力。

（2）解释变量。根据前文的研究假设，该实证研究有 5 个解释变量，见表 1。

表 1　　变量定义

类型	名称	符号	定义
被解释变量	企业履行社会责任水平	CSR	“润灵环球”上市公司社会责任评级得分
解释变量	高管持股比例	X_1	高管持股数/总股数
	董事长与总经理是否合一	X_2	两职兼任为 1，否则为 0
	董事会规模	X_3	董事会人数
	独立董事比例	X_4	独立董事人数/董事会人数
	前三名高管薪酬水平	X_5	前三名高管薪酬的自然对数
控制变量	企业规模	SIZE	企业当年度期末总资产的自然对数
	财务杠杆	LEV	企业的负债/总资产 ×100%
	年度	YEAR	虚拟变量
	行业	Industry	虚拟变量

（3）控制变量。本研究有四个控制变量，分别为企业规模、财务杠杆、年度和行业。

企业规模越大的上市公司往往越会通过更积极的社会责任表现来提升自身的企业声誉、知名度以获得竞争优势，且资本越雄厚的公司越有实力进行社会责任投入。财务杠杆用来反映企业的负债水平和风险程度，之所以将其作为控制变量之一是由于负债水平的高低对债权人、投资者、经营者的利益都有影响，从而影响企业社会责任履行。年度作为控制变量是为了衡量并控制企业履行社会责任水平的纵向变化。行业作为控制变量则是为了衡量并控制不同行业间履行社会责任水平的横向变化。

（4）检验模型。根据以上的分析，本文构建如下的检验模型：

$$CSR = a + \beta_1 X_1 + \beta_2 X_2 + \beta_3 X_3 + \beta_4 X_4 + \beta_5 X_5 + \gamma control\ variables + \varepsilon \quad (1)$$

式中，a 为常数项，ε 为随机误差项。

（二）样本选取与数据来源

本研究选取2009年、2010年、2011年三年沪、深两市595家A股上市公司为研究样本，该样本中不包含ST类、金融保险行业以及数据不全的上市公司。

本研究中的财务数据及公司治理数据来自CCER经济金融数据库及上市公司年报，CSR评级得分数据来自“润灵环球”评级公司披露的上市公司年度社会责任评级得分数据库。

表2反映了各年度的样本数，表3反映了各个行业选取的样本数。

表2　　　　按年度划分样本分布

年度	样本数	样本比例
2009	198	33.27%
2010	196	32.95%
2011	201	33.78%
合计	595	100%

表3　　　　　　　　按行业划分样本分布

行业	样本数	样本比例
采掘业	42	7.06%
电力、煤气与水供应	56	9.41%
电子	33	5.55%
房地产业	52	8.74%
建筑业	18	3.03%
交通运输、仓储业	61	10.25%
金属、非金属	92	15.46%
木材、家具	6	1.01%
农林牧渔业	9	1.51%
批发和零售贸易	27	4.54%
石油、化学、塑胶、塑料	46	7.73%
食品、饮料	35	5.88%
信息技术业	59	9.92%
医药、生物制品	45	7.56%
造纸、印刷	14	2.35%
合计	595	100%

四　实证研究

（一）描述性统计分析

本研究运用 SPSS 19.0 对样本观测值进行描述性统计，得到以下结果：

（1）被解释变量分析。样本企业 CSR 评级得分的均值并不高且标准差较大，可见上市公司社会责任履行水平整体较低且企业间差异显著。得分最高的为 2011 年的复星医药（600196），为 81.88 分，得分最低的为 2009 年的江中药业（600750），仅 15.2 分，两家同为医药制品类上市公司，极差却如此之大，可见同行业内的企业履责差异也较为明显。

表 4　　被解释变量描述性统计

	N	极小值	极大值	均值	标准差
CSR 评级得分	595	15.20	81.88	31.9778	10.89366

CSR 得分排名前 50 的上市公司中，国有控股企业占 90%，可见国有企业在履行社会责任方面也是市场经济体制中的“领头羊”。

从纵向角度分析，2009—2011 年，样本企业的 CSR 得分均值呈逐年递增的态势（2009 年 27.16 分，2010 年 29.06 分，2011 年 32.03 分），可见上市公司履行社会责任的总体水平正逐步提升，这与我国市场经济法制的不断健全以及政府、社会各界及企业自身对社会责任的日益重视不无联系；从横向角度分析，样本企业涉及的 15 个行业的 CSR 均值并没有较大差异，如前所述，主要原因为行业内部的企业履责差异较大，使行业平均水平反而趋近。

（2）解释变量分析。由表 5 可知，仅 10% 的样本企业存在董事长与总经理两职合一的状况，大部分样本企业采取职权分设来实现相互制衡的公司治理机制。

所有样本企业均有聘任独立董事，样本中的部分企业独立董事比例未达证监会要求的 1/3 的主要原因为 2009 年该制度尚未实行；从均值来看，企业的独立董事比例并不高，这也与我国引入独立董事制度时间并不长、尚未引起企业的足够重视有关。

一般来说，上市公司董事会规模以 5—16 人为宜，样本企业中，有 7 家企业董事会规模较大（超过 16 人），其中除中兴通讯（000063）以外，其他 6 家均为大型国有控股企业。

虽有 289 家样本企业高管持股比例为 0，但总体均值仍较高（超过 50%），究其原因，主要为部分企业高管持股比例偏高。在高管持股比例超过 50% 的 63 家企业中，有 49 家企业为非国有企业，比例高达 77.8%，可见非国有企业的股权结构中，高管持股占了较大的比重。

薪酬的自然对数均值达到 14.192，可见，前三名高管薪酬普遍较高，其中，多数企业的高管薪酬与企业绩效相挂钩，凸显了薪酬的激励作用。

表 5　　　　解释变量描述性统计分析

	N	极小值	极大值	均值	标准差
两职合一状况	595	0	1	0. 1	0. 304
独董比例	595	0. 222	0. 800	0. 375	0. 0616
董事会规模	595	0. 5	21	9. 60	2. 142
高管人员持股比例	595	0. 000	15. 489	0. 580	2. 148
高管薪酬	595	12. 206	16. 900	14. 192	0. 754
有效的 N（列表状态）	595				

（3）控制变量分析。由表 6 可知，样本企业的规模差异较大，其中规模最大的为中国石油（601857），规模最小的为北矿磁材（600980）。样本企业的资产负债率均值为 0. 527，总体负债经营能力良好，财务风险水平较低。行业变量与年度变量分析在前文已有述及，此处不再赘述。

表 6　　　　控制变量描述性统计分析

	N	极小值	极大值	均值	标准差
企业规模	595	19. 753	28. 135	22. 539	1. 382
资产负债率	595	0. 826	0. 869	0. 527	0. 176
有效的 N（列表状态）	595				

（二）相关性分析

运用 SPSS 19. 0 对各个被解释变量、解释变量以及控制变量进行双变量相关性分析，得到表 7。

表 7　　　　相关性分析

	CSR 得分	企业规模	资产负债率	两职合一状况	董事会规模	独董比例	高管持股比例	高管薪酬
CSR 得分	1	0. 431 **	-0. 027	-0. 120 **	0. 175 **	0. 089 *	-0. 115 **	0. 326 **
企业规模	0. 431 **	1	0. 336 **	-0. 110 **	0. 247 **	0. 137 **	-0. 167 **	0. 442 **
资产负债率	-0. 027	0. 336 **	1	-0. 118 **	0. 033	0. 016	-0. 050	0. 073
两职合一状况	-0. 120 **	-0. 110 **	-0. 118 **	1	-0. 040	-0. 022	0. 311 **	0. 066

续表

	CSR 得分	企业规模	资产负债率	两职合一状况	董事会规模	独董比例	高管持股比例	高管薪酬
董事会规模	0.175 **	0.247 **	0.033	-0.040	1	-0.202 **	-0.049	0.156 **
独董比例	0.089 *	0.137 **	0.016	-0.022	-0.202 **	1	-0.059	0.125 **
高管持股比例	-0.115 **	-0.167 **	-0.050	0.311 **	-0.049	-0.059	1	-0.062
高管薪酬	0.326 **	0.442 **	0.073	0.066	0.156 **	0.125 **	-0.062	1

注：** 表示在1%水平（双侧）上显著相关；* 表示在5%水平（双侧）上显著相关。

由表7可知，企业规模、高管薪酬、董事会规模、独董比例与企业履行社会责任水平正相关，且通过了1%或5%的显著性水平检验，具有显著正相关关系。两职合一状况、高管持股比例与企业履行社会责任水平负相关，且通过了1%的显著性水平检验，具有显著负相关关系。企业资产负债率与企业履行社会责任水平呈微弱负相关，且不显著。将相关性关系与前述假设做一整理，得到初步判断，见表8。

表8　　相关性验证情况

解释变量	PEARSON 相关性	假设的相关方向	与假设是否相符
两职合一状况	显著负相关	负相关	相符
独立董事比例	显著负相关	正相关	相符
董事会规模	显著负相关	正相关	相符
高管持股比例	显著负相关	正相关	不符
高管薪酬	显著负相关	正相关	相符

（三）多元回归分析

为进一步检验各个解释变量对企业社会责任履行水平的影响，运用SPSS 19.0进行多元线性回归分析，本文采用的是全部进入法。

（1）模型整体效果及稳健性分析。表9列示了回归模型的判定系数 R^2 为0.253，说明各个解释变量对企业社会责任履行水平的解释程度有25.3%，解释能力尚可。该回归模型的方差检验结果显示，F检验值28.364，通过了显著水平为1%的显著性检验，可见该多元线性回归模型整体回归效果较好，且具有较高的稳健性。

表 9　　　　　　　　　　　　　模型判定系数

模型	R	R^2	调整后的 R^2	F	P
1	0.503	0.253	0.244	28.364	0.00

图 1 为回归模型标准化残差正态概率图，可知该回归模型整体回归效果较好，拟合度高。

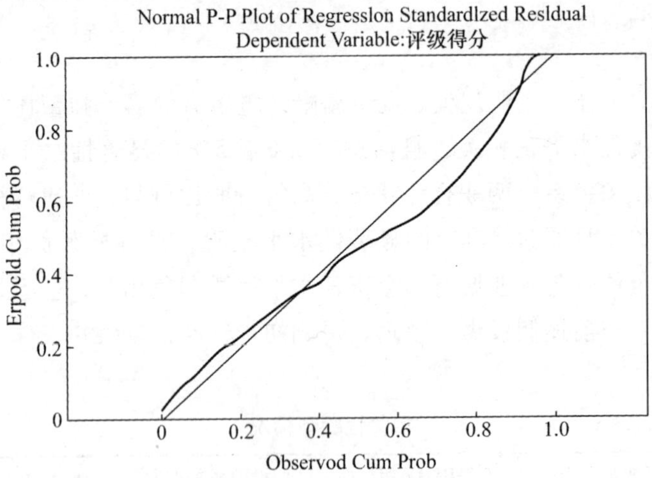

图 1　标准化残差正态概率

表 10 列示的各解释变量的方差膨胀因子（VIF）的值均明显小于 10，说明该模型各解释变量间不存在严重的多重共线问题，模型有效性得到检验。

表 10　　　　　　　　　　　　　回归系数

模型	系数 P	标准误差	T 检验值	P 值（Sig.）	VIF
(Constant)	-69.827	8.343	-8.369	0.000	
企业规模	3.081	0.349	8.840	0.000	1.537
资产负债率	-11.457	2.362	-4.851	0.000	1.149
两职合一状况	-3.692	1.366	-2.702	0.007	1.139
董事会规模	0.304	0.194	1.568	0.117	1.145
独董比例	4.754	6.602	0.720	0.472	1.097
高管持股比例	-0.062	0.193	-0.321	0.748	1.133
高管薪酬对数	2.316	0.584	3.964	0.000	1.285

（2）多元回归结果分析。对表 10 的回归结果进行分析，发现与相关性分析结果相同，除了薪酬激励中的高管持股比例假设外，其他假设都得到了验证，其中两职合一状况、高管薪酬、董事会规模与社会责任评级得分具有显著相关性，现逐一分析。

两职合一状况的系数为负且显著相关，验证了假设 1，董事长兼任总经理容易使公司治理机制失衡，容易导致腐败与不作为，从而导致履行社会责任的动力不足。

独董比例的系数为正，假设 2 得到了验证，独董比例越高，董事会中关注并维护其他利益相关者利益的力量就越大，更容易推动企业社会责任的实施，这一结果也与王建琼、杨伯坚等学者的实证结果相一致。

董事会规模的系数为正，说明董事会规模越大，企业履行社会责任的水平就越高，验证了假设 3。

高管持股比例的系数为负，说明高管持股越大，企业履行社会责任水平越低，这与假设 4 相反。可能有两方面原因：其一，高管所持股份不一定来自激励政策，即股份多少与企业绩效并未挂钩，因而高管没有动力切实考虑其他利益相关者的利益；其二，治理机制不完善的企业，高管受到的有效监督较少。在信息不对称的情况下，道德风险增加，利用其权力满足自己的私利，忽视其他利益相关者的利益。

高管薪酬的系数为正，且在 1% 的显著性水平下显著相关，假设 5 得到验证，与企业绩效挂钩的高管薪酬能够较好地激励高管提高企业绩效，积极履行社会责任。

五　结论与建议

就总体而言，完善的内部治理机制有利于企业社会责任的积极履行。不论是从实证检验的结果出发，还是从利益相关理论出发，只有完善的公司内部治理机制才能使各个利益相关者有机会参与公司治理、表达自己的利益诉求，并对势力强大的利益相关者进行监督与制约，从而推动企业社会责任的履行。

就具体治理因素而言，本研究实证检验的结果显示，董事会治理中的董事会规模、独董比例、两职合一状况，激励机制中的高管薪酬水平都对企业履行社会责任水平具有显著正向影响。

此外，实证研究过程中也发现，上市公司履行社会责任水平普遍不高，说明企业社会责任意识较为淡薄，与发达国家相比有较大差距。在构建和谐社会的大背景下，亟须采取措施推动企业履行社会责任，为企业履行社会责任营造良好的软环境。

（王明宇、郭帅帅、郭强华）

地方性债务审计管理研究

——基于N市政府债务审计情况分析

地方政府债务资金占地方政府可支配资金的重大比重，适度政府负债能够帮助促进地方经济建设健康发展、改善民生和基础设施建设以及化解金融危机。但近几年来追求较高收益的竞争性和营利性项目使地方政府财政压力越来越大，被迫通过各种渠道融通资金而导致地方债务不断加重，债务管理显现出诸多问题。

2011年，审计署统一组织全国各级审计机关，对全国地方政府性债务情况进行了一次全面审计，意在了解全国范围内地方政府性债务的总体情况。N市位于中国长三角地区，经济发展速度很快，基础设施扩建规模不断加大，本文结合N市地方政府债务现状和审计的情况，分析地方政府债务存在的风险及产生相关问题的原因。在此基础上进一步研究如何加强地方政府债务审计管理。

一　N市政府债务审计的基本情况

2011年审计结果研究发现，N市所属县（市）区政府债务余额为多年累积形成，其中最早的债务形成于1999年。该市政府性债务中半数以上是以前年度债务，有近1/4为2008年及以前年度的历史遗留；虽然1997—2010年N市债务持续增长且增长较快，但总体低于地区财政收入，且因为该地生产总值大，政府性债务基本可控，属于有能力但没有意识及时解决历史债务的情况。

从N市举债主体来看，融资平台公司是其债务的主要举借主体，其次为经费补助事业单位、地方政府和公用事业单位这三者。从债务用途类别看，自2007年至今，公益性项目债务开始作为债务的主要用途，约为非公益性项目的2倍，而非项目支出量少且变化不大。从2010年债务资金投向看，债务资金主要投向市政建设和土地收储方面，交通运输、农林水方面的占比也不小。

从省定安全警戒线的标准看，目前N市的债务水平已经明显超出两项指标的警戒线水平。2010年N市GDP为224.82亿元，综合财力为84.13亿元，负债率（负债总额/GDP）为27.82%，明显超过了10%的标准，债务率（负债总额/可支配财力）为74.34%，低于100%的标准；偿债率（还本付息额/可支配财力）为37.77%，大大超过了20%的标准。但如果剔除其他相关债务，仅考虑市本级财政实际需负担的债务水平，负债率仅为20.29%，虽然还是超过了浙江省10%的警戒线，但已低于国际上公认的30%的警戒线。债务率降到了54.22%，从这个角度分析，N市的债务风险虽已有显现，但尚在可控的范围之内。

二　地方政府债务风险构成及产生问题原因分析

（一）地方政府性债务风险的构成

根据N市债务的审计情况可以看出N市债务风险的总体特点是债务总体负担不高，但近期债务偿还压力较大，偿债资金过度依赖土地出让金，受土地市场及国家宏观调控的影响大，系统性风险较大。按照风险的表现形式可以将地方政府性负债风险分成以下四种形式：

（1）规模风险。是指地方政府债务由于规模过大而导致到期债务无法偿还的风险。N市政府近几年债务余额逐年累积，历史债务难以消化，一旦债务增速加快，会超出政府偿债能力范围。

（2）结构性风险。例如地方政府直接承担的显性债务产生的风险；地方政府间接承担的隐性债务风险。根据2010年债务总额三项指标数据来看，目前N市的债务水平已经明显超出两项指标的警戒线水平。截至2010年年末，N市政府负有偿还责任的债务主要用于交通运输、市政建设和土地收储，占比高达57.49%。N市政府其他相关债务集中在交通运输项目，主要集中在三高连接线项目，上述债务转化为政府负有偿还责任的债务的可能性比较小，但偿债风险较大。另外N市债务资金大比例投向市政建设，证明了形象工程和政绩工程的问题仍然突出。

（3）效率风险。指由于债务资金使用效率和管理效率不高所可能导致的债务资金不能有效使用的风险。N市在资金使用效率上存在的主要问题是闲置资金比例过高，统计所筹资金中有50.4亿元闲置，占债务总量的一成以上。

（4）外在风险。地方政府不能按期偿还到期债务时，可能采用多种方式挪用资金偿还债务产生的风险，而这可能引发其他财政支出项目资金缺口，进一步增加社会的不稳定因素，增加社会的其他风险。

由于基础设施、民生工程等项目的建设以国有投融资机构、承担建设任务的政府职能部门为主体，因此政府性债务中，通过融资平台公司向金融机构筹措资金占了较大部分。审计调查发现，N市融资平台公司存在资产负债率较高、利润较少甚至亏损的现象。个别县（市）区的融资平台公司资产负债率高达99.72%。目前主要靠“借新还旧”，导致偿债率虚增，居高不下。融资平台公司负债比例高、盈利能力不强，偿债能力较弱。

（二）地方政府债务问题产生的原因

（1）经济建设方面。有些地方政府为高速发展本地区经济，将大量资金投资于高收益的竞争性项目，有限的财政资金迫使地方政府举债搞建设、举债谋发展。N市的债务资金主要投向市政建设和土地收储方面，交通运输、农林水方面的占比也不小。

（2）财政体制方面。我国1994年实行分税制的财政体制以来，中央与地方政府形成了财权向上集中，事权向下分解的体制，因而带来了中央政府与地方政府间事权与支出责任划分不明晰的问题，地方政府没有足够财政收入，却承担着硬性责任且任务艰巨，客观上造成了地方政府支出责任相对增加或不变，收入权力相对降低，从而造成财政收支缺口。

（3）债务管理方面。一是举债融资缺乏规范，大部分债务收支未纳入预算管理。由于现行规定未赋予地方政府举债权，对已有举债行为缺乏规范，大部分地方政府通过融资平台公司等变相举债。N市债务的主要举借主体就是融资平台公司。二是部分资金使用违规、效益不高。

有些被违规用于房地产开发和形象工程建设，或是进入资本市场用于高风险交易，有些甚至是长期闲置。据统计，N市所筹资金中闲置的资金，占债务总量的一成以上。三是部分地区和行业偿债能力弱，存在风险隐患。部分地方的债务偿还对土地出让收入依赖较大，易受土地政策和宏观调控的影响。根据债务投向类别的数据统计，N市政府存在过度依赖土地收储资金的新问题。2010年年末N市政府负有偿还责任的债务余额中，明确以土地出让收入为还款来源的余额占54.58%，以未来土地出让收入作为偿债资金来源的数额相当于2010年N市政府可支配土地出让收入的1.24倍。

三　加强地方政府债务审计管理的思考

鉴于我国目前地方政府债务的突出问题，防范地方债务风险非常重要。加强债务审计管理，充分发挥审计免疫系统的自身免疫功能对于地方政府债务管理有着重要意义。

（一）加大地方政府债务资金审计，提高资金的使用效益

债务资金是一把“双刃剑”，使用得当能有效促进地方经济发展；反之，则可能引发债务危机。近年来，N市债务增长较快，但是其新增负债主要用于城建、交通、水利、文教等基础公益性项目和保障性住房、旧村改造和非成套房改造等民生项目，有利于促进地方经济发展和改善民生，改善居住环境和投资环境。

加强地方政府债务审计是保证债务资金高效使用的重要途径。审计重点放在债务资金管理使用上，审查地方政府是否出台债务资金管理相关文件法规，实际工作中的执行情况，是否有截留、虚报、挤占挪用债务资金问题。特别是项目资金是否按规定用途使用，是否存在监理、招投标、资金结算拨付等问题，同时对已完成项目竣工决算审计，审查建设质量和有无资金浪费的情况。N市审计部门非常重视对政府性负债建设项目资金使用情况的监督管理，全面实行会计委派制，严防项目举债突破计划规模，项目完成后，财政、发改等部门要进行绩效评价。

（二）结合绩效审计，将政府债务作为经济责任审计重点

采取绩效审计方式对政府债务投资项目实行审计监督，及早预防债

务资金使用中可能出现的问题。主要是对相关项目跟踪审计，从项目立项、建设竣工到运营管理及还贷情况等几个方面评估项目的经营预期、盈利能力、持续还款能力和再融资能力，以保障政府偿债能力，确保债务资金使用安全有效。

2010 年国务院办公厅印发了《党政主要领导干部和国有企业领导人员经济责任审计规定》，将政府债务的举借、管理及使用情况包含在政府主要领导干部经济责任审计内容中。审计署审计长刘家义在 2012 年 1 月 8 日召开的全国审计工作会议上也表示，经济责任审计将特别关注地方政府性债务情况，关注地方政府性债务、财政资金用于过度超前建设和形象工程等问题。着重审查领导干部任期内的举债决策，任期内形成的债务，以及对债务的管理。其中涉及重大债务资金的项目要重点审计，若有违规使用或挪用债务资金的情况应开展审计问责并追究相关人员的责任。

（三）研究建立债务风险预警系统

构建地方政府债务分析预警模型，对地方政府债务从借入、使用、偿还等环节进行监控。在此基础上，从合理划分偿债责权、创新地方政府投融资机制、加强债务风险管理等方面为风险控制和防范提供决策依据。特别是要建立严密的地方政府债务审计制度、上报制度和完善的数据采集系统，确保债务信息数据真实可靠。

N 市所在的浙江省这方面的债务管理经验于 2011 年被审计署采用，浙江省各地均建立了债务风险监测指标体系，以负债率不得超过 10%，债务率不得超过 100%，偿债率不得超过 15% 等为重点，对政府性债务的规模、结构和安全性进行动态监测和评估，监测指标按年考核。若 3 个债务监测指标中有 1 个指标达到或超出警戒线，则该市、县不得再增加新的政府性债务，并由省财政厅予以通报。

（傅卓唯、傅平南、郭强华）

浙江省“挑战杯”大学生课外
学术科技作品竞赛作品申报书

作品名称：国家审计“有用、有效”与“失教、失学”的研究
——基于审计治理的实证与师生的问卷调查

申 报 人：琪虹、晓帆、潘攀、倪璐、旭亚、棋凯

指导教师：郭强华

类别：

□自然科学类学术论文

■哲学社会科学类社会调查报告和学术论文

□科技发明制作 A 类

□科技发明制作 B 类

A. 申报作品情况

（哲学社会科学类社会调查报告和学术论文）

作品全称	国家审计“有用、有效”与“失教、失学”的研究 ——基于审计治理的实证与师生的问卷调查
作品所属领　域	(E) A 哲学　B 经济　C 社会　D 法律　E 教育 F 管理
作品撰写的目的和基本思路	**• 作品撰写目的** **一　调查分析为什么财会类学生注重注册会计师考试，而忽视国家审计现象，推动审计教育改革** 自 2008 年国家审计署审计长刘家义提出“国家审计免疫系统论”以来，全国各省市区采取加强审计整改工作，针对领导干部进行经济责任审计，对重大公共项目实行追踪审计等审计措施，不断发挥“国家审计免疫系统”功能，落实审计工作，推进反腐倡廉工作，加强国家治理。 然而，在“审计免疫系统的成长——基于大学生对‘国家审计免疫系统论’的认知历程”调查中发现，59.64% 的学生认为所学的审计知识来自教材及老师课堂所授。80.71% 的学生认为教材内容侧重于注册会计师审计，且 42.31% 的教师认为教学主要参考注册会计师考试审计教材。 高校以注册会计师审计教材为标准的会计教育方式，甚至连审计整改中对于高校审计教育改革也涉入不深，使国家审计在高校课堂中一直处于被忽视的状态。课堂教育是学生接受审计知识的主要途径，推进

作品撰写的目的和基本思路	高校审计教材改革是促进国家审计面向青年审计人才的必要途径，是改变高校国家审计知识推广薄弱的必然要求。 **二　信访国家审计署刘家义审计长，呼吁“国家审计”进入大学讲堂，加强高校国家审计教学** “国家审计免疫系统论”是对以往审计经济监督论、经济控制论的一大突破，在审计界掀起了热议。然而，通过调查发现，有关国家审计的知识推广却微乎其微。 团队成员通过信访国家审计署刘家义审计长，在提出相关专业疑问的同时，反映调研现象，希望通过国家权威人士，推进“国家审计免疫系统论”进入大学课堂，转变弱化了国家审计地位的不合理的学习理念和教育目标，使国家审计教学在高校得到普及，增强国家审计人才的知识储备，以满足社会发展和国家治理的需求。 青年审计人才是未来国家审计的主力军，加强高校国家审计教育是未来国家治理中必不可少的环节。高校教学的偏失，对于近年审计方面的人才培养造成了困扰。财政审计是国家审计的核心，只有在高校教学中推广国家审计知识教育，扎实审计专业的学生审计功底，增强学生对中央重大宏观经济政策和调控措施贯彻实施等方面敏感性认识，培养全面发展的审计人才，才能改变目前高校审计人才的局限性，为社会提供专业的审计人才。 **三　实证国家审计“有用”、“有效”，定量证明审计在国家治理中能发挥重要作用** 近年来，专家、学者不乏关于国家审计在国家治理中发挥重要作用的论证，从理论角度将这一问题反复推敲，而鲜有从实证角度展开分析的。通过对全国多个省市的统计年鉴的分析整理，配合计量经济学相关

作品撰写的目的和基本思路	知识，用多元回归结果表明，国家审计确实是提高国家治理性能的一个重要工具，在国家治理中不仅“有用”，而且“有效”。实证结果也表明，国家审计和国家治理的性能呈极显著的正相关关系，国家审计和国家治理之间存在密切的联系。 审计通过调查、评价等手段，促进、服务宏观经济调控，促进微观经济管理，有利于国民经济管理水平和绩效的提高。通过监督、管理等手段，促进内控制度建设和完善，以发现制度本身的完善程度、履行情况及责任归属等问题，并进行信息反馈。有利于维护正常的经济秩序，同时确保国民经济健康发展。 **• 基本思路** 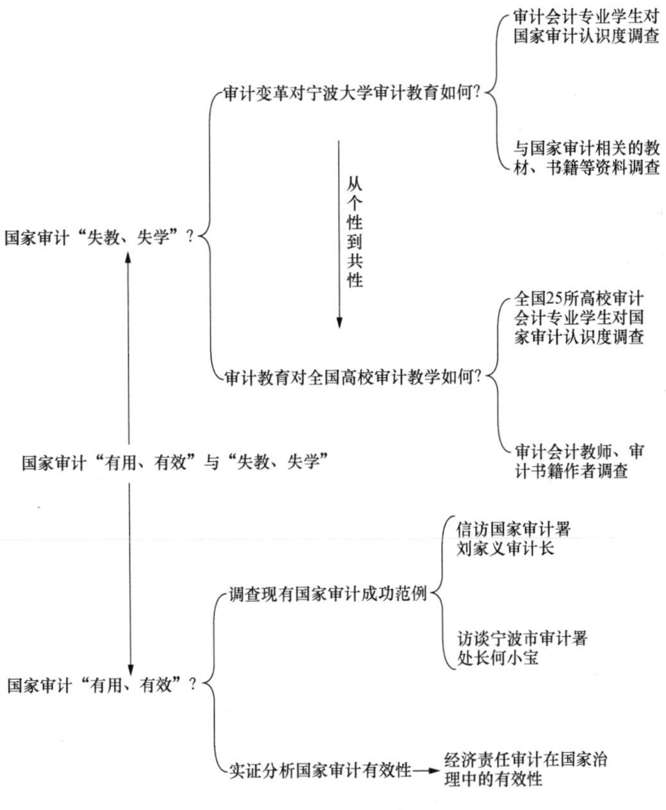

作品的科学性、先进性及独特之处

一　科学性

（一）研究方法科学

1. 选取25所高校问卷调研，调查范围广，样本合理

本课题调研范围选取全国较具代表性的高校，包括中国人民大学、复旦大学、中南财经政法大学、厦门大学、西南财经大学、东北财经大学等共计25所高校，对上过审计课的学生进行问卷调研，发送邮件264份，共收回问卷115份，剔除没有上过审计课的学生，得到有效问卷94份；同时，对中南财经政法大学和中国人民大学两所大学的会计、财务管理等专业的大三同学进行Word版纸质和电子版问卷的填写，共收回51份，其中有效问卷46份。两部分共收回有效学生问卷140份，有效率为84.34%。采取纸质问卷和网络问卷同步进行的双渠道模式实施，覆盖地域范围广，针对性强，以统计数据为支撑，保证了我们所得到数据的精确性。

2. 建立数学模型，实证分析审计“有用、有效”

从定量角度实证经济责任审计“有用、有效”。该研究方法是之前大多数学者没有做过的，无论从精确性和说服性上都比一般的规范性研究要强。研究的数据主要取自全国25个省市区域的经济责任审计案例，所有数据来自宁波大学图书馆和各大财经网站，本文在样本的选取上采用随机筛选的方法，对于选取的数据采用Eviews 6.0软件进行处理，得出统计数据。建立多元回归模型，模型本身的变量选取数量多，确保了研究的科学性，三个模型的拟合度分别为0.5798、0.5014、0.4036。在实际运用中，能达到0.5的拟合度已经非常理想。无论是数据的选择和处理，还是模型的建立、参数的选择，都经过反复修正，使论文中的结论具有科学性。

作品的科学性、先进性及独特之处	（二）研究内容科学 2008年3月，刘家义审计长提出“国家审计免疫系统论”，指出审计的本质就是一个国家政治经济社会运行的“免疫系统”。2011年7月，刘家义审计长在中国审计学会第三次理事论坛上又指出：国家审计是国家治理的重要组成部分，强调了国家审计是国家治理大系统的“子系统”，是国家政治制度、国家监控体系的组成部分，是国家治理的重要方面。国家审计的理论，是中国特色社会主义的审计理论，是我国审计理论研究者和实务者在不断摸索前进的过程中，经过实践证明是科学正确的。作品在此理论基础上展开研究，保证了研究内容的科学性、前沿性，为得出科学严谨的研究结果提供了有力的保障。 **二　先进性** （一）作品具有较高的理论水平 国家审计在国家治理中发挥了重要作用，但他们所做的研究都是从定性角度展开的规范性研究，尚未有从实证角度验证国家审计对国家治理的有效性，本作品从实证角度论证了国家审计在国家治理中的有效性，研究成果论文 *A New Approach of Information Management Useful to National Governance: Effectiveness of Vaccountability Audit in the National Governance based on an Empirical Analysis*，受邀参加国际会议 ISSDM。获正式确认将被国际学术刊物 *International Journal of Information Processing and Management*（IJIPM）录用，确认为 EI 检索，属于A类刊物。 （二）研究内容具有一定的学术价值 在实证国家审计“有用、有效”之后，展开大样本问卷调查，历时一个多月，得到了许多宝贵的第一手资料，以精确的数据揭示国家审计确实存在“失教、失学”的现状，其中的统计结果以及相关结论具有

作品的科学性、先进性及独特之处	非常高的学术价值，研究成果论文《“国家审计”为什么难入大学讲堂——来自全国25所高校师生的问卷调查》，参加中国审计学会审计教育分会第二届审计论坛，引起了审计界的广泛关注。 （三）研究结果处于该领域前沿位置 从“国家审计免疫系统论”到国家审计是国家治理的重要组成部分的“国家治理观”。我国审计理论在不断完善，审计领域相关专家学者也对此进行了大量的研究，但是对于国家审计的研究很少涉及高校审计理论教学。秉承与时俱进，以及对最新理论的探究精神，站在我们当代大学生的角度，从教学的视野分析问题的存在和解决措施，我们展开对“国家审计有用、有效”和“理论教学失教、失学”进行研究。我们的研究方向是国内专家学者还未涉足的，研究的结果处于国家审计和理论教学研究领域的前沿。 **三　独特之处** （一）研究视角独特 实证分析国家审计“有用、有效”，问卷调查审计理论教学的“失教、失学”，这种实证分析结合问卷调查的研究视角，是大多数学者在研究过程中所没有的。采用定量分析的实证研究方法，有力地证实了国家审计在实践运用中发挥的重要作用，与审计理论教学“失教、失学”形成矛盾冲突，突出了高校审计教学问题的严重性。 （二）研究方法的独特 对审计署刘家义审计长的信访调研，这种与国家高级干部直接对话的方式，可以得到比新闻报道、网络媒体报道、学术资料等数据库更加直接、真实、权威的信息。这种方法是之前众多学生科研过程中所没有的，也受到了学术界的广泛关注。为大学生课外科技创新活动提供了一种全新的思路。

作品的实际应用价值和现实指导意义	**一　本课题实际应用价值** （一）信访国家审计署审计长，并在国际刊物上发表实证研究文章，为大学生科研活动提供了新模式 国家审计相关探究是历年来审计专家和学者不懈努力的探究内容，但很少有建立多元回归模型进行定量分析的。而我们科研小组选取2005—2011年的县级以上展开经济责任审计的党政机关作为研究样本，选取其经济责任审计的相关数据作为数据来源，取我国25个省市区域的经济责任审计案例的数据，进行模型的建立和论证，实证了国家审计的“有用、有效”，是国家审计研究领域较新颖、较重要的研究方向。我们发表的论文获得了审计界的认可和广泛关注，并将在国际刊物IJIPM上发表，开辟国家审计研究领域的调研新方向。 （二）揭示了国家审计“失教、失学”现象，为审计教材改革提供了新的补充内容 通过对本校上过审计课的学生，以及中国人民大学、复旦大学、厦门大学等全国高校大学二年级、大学三年级及大学四年级会计等相关专业的同学进行调查，共收回问卷115份。调查后，发现存在高校大学生对国家审计不了解的严峻现状。进而，我们对全国11所代表性高校进行了问卷调查，也充分证实了这一现状。国家审计是审计界举足轻重的模块，而高校作为知识的传播地、审计人才的培养地，与国家审计理论的发展有着直接的关系。对此，经过研究和分析，我们提出了一系列具体的措施以及可行建议。 **二　现实指导意义** （一）为大学生科研方式提供创新的指导 本科研课题从实证上证实了国家审计的“有用、有效”，强化了对国家审计的有用性、重要性的证实，对于国家审计功能的进一步实现和探索具有现实指导意义。

作品的实际应用价值和现实指导意义	我们的研究为大学生科技创新调研活动提供了一种新模式，即“信访国家高级干部（国家审计署审计长刘家义）的调研形式+学术实证论文”，对丰富“挑战杯”大学生课外学术科技作品竞赛活动的内容和形式，具有一定的示范指导效应。 （二）采用实证研究方法，对教育类研究论文具有一定的示范作用 在研究国家审计“有用、有效”的论文——*A New Approach of Information Management Useful to National Governance*：*Effectiveness of Vaccountability Audit in the National Governance based on an Empirical Analysis* 中，开创性地采用了实证研究的方法，从定量的角度，通过建立数学模型，验证了国家审计在国家治理的过程中不仅有用，而且有效。这种研究方法，相对于普通的定性分析方法，虽然工作量比较大，但是通过数据陈述事实，使研究结果更加具有科学性和权威性。这种实证研究的方法，对科学研究论文具有一定的示范作用。
作品摘要	在我们前期问卷调查中，我们发现会计、审计相关专业的学生对“国家审计”的认识程度低的问题，得到了国家审计署审计长刘家义的亲笔回复、批示。总结出审计在实践和理论教学中分别存在“有用、有效”和“失教、失学”的现象。根据该现象，我们首先从国家审计在国家治理过程中是否的确“有用、有效”进行验证。多数规范研究者认为国家审计在国家治理中发挥了重要作用，但尚未有从实证角度验证经济责任审计对国家治理的有效性。我们从实证角度拟就经济责任审计对国家治理绩效影响展开研究，验证了国家审计在国家治理中“有用、有效”，为国家审计

作品摘要	进入大学讲堂提供了理论依据。国家审计为何难入大学课堂，理论教学又如何“失教、失学”，我们又开展了“国家审计”为什么难入大学讲堂的原因调查，通过进行大样本的问卷调查的数据分析，我们得出：目前高校会计、审计专业在教学过程中对于“国家审计”不够重视，导致大学生对“国家审计”了解甚少；审计教材以注册会计师审计内容为主，较少涉及国家审计内容，加之教师在课堂教学中偶尔讲授甚至不讲授国家审计的知识，是导致学生对国家审计了解少的重要原因；师生共识是“国家审计”进入大学课堂很有必要，学习“国家审计免疫系统论”是认识国家审计的重要途径；实行审计教材改革，增加“国家审计”在审计教材的篇幅，以及在高校增设选修课，是“国家审计”进入大学课堂的重要举措。
作品在何时、何地、何种机构举行的会议或报刊上发表登载、所获奖励及评定结果	2011 年 11 月 28 日，收到国家审计署审计长刘家义的亲笔批示，在批示中，审计长就我们提出的一些问题进行了答复，并鼓励我们在科研的道路上继续探索前进。 2011 年 12 月 7 日，宁波大学新闻网对作品成果进行了报道。 2011 年 12 月 13 日，慈溪市审计局发表了《刘家义审计长亲笔回信赞扬宁波大学科研活动》的文章。 2011 年 12 月 31 日，浙江审计网也对该作品的成果进行了报道。 2012 年 9 月 12 日，被国际会议 ISSDM 2012 录用论文 *A New Approach of Information Management Useful to National Governance*，并确认被 EI 核心期刊收录。 2012 年 10 月 6 日，论文 *A New Approach of Information Management Useful to National Governance* 获正式确认，将被国际学术刊物 *International Journal of Information Processing and Management*（IJIPM）录用。

作品在何时、何地、何种机构举行的会议或报刊上发表登载、所获奖励及评定结果	2012 年 10 月 18 日，参加在南京审计学院举行的中国审计学会审计教育分会，会议录用了小组调研论文《“国家审计”为什么难入大学讲堂——来自全国 25 所高校师生的问卷调查》。 2012 年 10 月 23—25 日，受邀请参加在中国台北举行的 AICIT 国际会议 ISSDM2012。 2012 年 10 月 29 日，刘家义审计长在审计署 2012 年财政审计培训班上发表的重要讲话《做好审计工作须求真务实、探索创新》中再一次提到了我们向审计长反映的国家审计教学中存在的问题。
对于理解、审查、评价所申报作品具有参考价值的现有对比数据及作品中资料来源的检索目录	**一　论文参考文献** ［1］Allan Gibb and Jun Li，“Organizing for Enterprise in China：What Can We Learn from the Chinese Micro，Small，and Medium Enterprise Development Experience”，*Futures*，2003，Vol. 6（35），pp. 403 –421. ［2］Lang Zheng – qing，“Impact of Vaccountability Audit on Promoting Government Management”，Chinese Nanjing Finance and Economics University，2006. ［3］Lev. B and S. Thiagarajan，“Fundamental Information Analysis”，*Accounting Research*，1993，Vol. 30（Autumn），pp. 190 –215. ［4］Li Jia，“Several Major Methods in Vaccountability Audit”，*Chinese Economic Research Guide*，2011，Vol. 20. ［5］Liu Ying – fei and Yu Yu – miao，“Vaccountability Audit of Party Leading Cadres from the View of Constitutionalism”，*Chinese Audit Research*，2007，Vol. 3. ［6］Ma Jun – rong，“Enhancing Execution of Audit Program and Improving Quality of Internal Vaccountability Audit”，*Chinese Finance and Accounting Research*，2011，Vol. 2.

对于理解、审查、评价所申报作品具有参考价值的现有对比数据及作品中资料来源的检索目录	[7] Sun Hui - ming, “Strengthen the Plan, Comprehensively Fulfill Responsibilities of Vaccountability Audit”, *Chinese Commercial Economy*, 2011, Vol. 2. [8] Wang Dong - lian, “A System of Vaccountability Audit for Enterprise Leaders”, *Chinese Economic Research Guide*, 2011, Vol. 7. [9] Wu Yao - xing and Gu Jiang, “Deep Discussion of Vaccountability Audit Pattern under the New Situation”, *Chinese Accounting and Audit*, 2011, Vol. 20. [10] 刘家义:《树立科学审计理论，发挥审计监督“免疫系统”功能》,《求是》2009 年第 10 期。 [11] 刘家义:《积极探索创新、努力健全完善中国特色社会主义审计理论体系》,《审计研究》2010 年第 1 期。 [12] 刘家义:《国家审计与国家治理——审计署刘家义审计长在华盛顿的讲话摘要》,《工业审计与会计》2011 年第 5 期。 [13] 宋常、田莹莹、赵懿清:《基于国家战略的国家审计与国家治理》,《国家审计》2011 年第 12 期。 [14] 谭劲松、宋顺林:《国家审计与国家治理：理论基础和实现路径》,《审计研究》2012 年第 2 期。 [15] 蔡春、蔡利:《国家审计理论的新发展》,《审计与经济研究》2012 年第 3 期。 [16] 刘家义:《论国家治理与国家审计》,《中国社会科学》2012 年第 6 期。 **二　调研过程查阅教材** [1] 班景刚:《审计学》，中国财政经济出版社 2012 年版。 [2] 蔺宁、邵华标:《审计基础与实务》，中国人民大学出版社 2012 年版。

对于理解、审查、评价所申报作品具有参考价值的现有对比数据及作品中资料来源的检索目录	［3］何秀英：《审计学》（第4版），东北财经大学出版社2012年版。 ［4］何秀英：《审计学》（第3版），东北财经大学出版社2010年版。 ［5］王英姿：《审计原理与实务》，上海财经大学出版社2012年版。 ［6］杨昌红、赵凌云、王胜荣、降艳琴：《审计学》（第2版），清华大学出版社2012年版。 ［7］高翠莲：《基础审计》（第4版），高等教育出版社2012年版。 ［8］田钊平、胡丹、杜佳：《审计基础与实务》（第2版），清华大学出版社2012年版。 ［9］邓川：《审计》（第2版），东北财经大学出版社2011年版。 ［10］邓川：《21世纪会计系列规划教材·精要版·审计》，东北财经大学出版社2010年版。 ［11］舒利庆、于静霞、马春静：《审计学》，高等教育出版社2011年版。 ［12］赵素宁：《审计基础与实务》，武汉理工大学出版社2011年版。 ［13］王宏、邹春、李凤荣：《审计理论与实务》，北京理工大学出版社2011年版。 ［14］何忠谱、周华、孔祥银：《全国高等会计职业教育系列规划教材：审计实务》，武汉大学出版社2011年版。 ［15］宫相荣、郑艳华：《审计技能与实训》（第3版），中国财政经济出版社2011年版。 ［16］林卫芝、赵红英：《审计基础与实务》，华南理工大学出版社2011年版。 ［17］吴秋生：《审计学》（第2版），上海财经大学出版社2011年版。

对于理解、审查、评价所申报作品具有参考价值的现有对比数据及作品中资料来源的检索目录	[18] 吴秋生：《审计学》（第2版），格致出版社、上海人民出版社2010年版。 [19] 刘为中：《审计理论与实务》，北京理工大学出版社2011年版。 [20] 马秋玲：《审计学》（附CD光盘1张），中国出版集团、现代教育出版社2011年版。 [21] 何清萍、韩月纪：《审计》，中国传媒大学出版社2011年版。 [22] 李海波：《新世纪财经系列教科书：新编审计学》（第5版），立信会计出版社2011年版。 [23] 谢荣：《高级审计理论与实务》，经济科学出版社2011年版。 [24] 周雪、马琳瑛：《审计》，北京师范大学出版集团、北京师范大学出版社2011年版。 [25] 王光远、黄京菁：《高等院校本科会计学专业教材新系：审计学》（第2版），东北财经大学出版社2011年版。 [26] 陈少勇、邬守国：《审计学》，电子工业出版社2011年版。 [27] 狐爱民：《审计基础与实务》，中国物资出版社2011年版。 [28] 潘罡、冷雪艳：《审计学原理》，人民邮电出版社2011年版。 [29] 李冰、吴兰飞：《审计基础》，经济科学出版社2011年版。 [30] 申建英、吴玲萍：《新编审计实务》，南京大学出版社2011年版。 [31] 王建发：《基础审计》，北京师范大学出版集团、北京师范大学出版社2011年版。 [32] 李兆华、史元：《审计学》，科学出版社2010年版。

对于理解、审查、评价所申报作品具有参考价值的现有对比数据及作品中资料来源的检索目录	[33] 滕萌：《审计实务》，清华大学出版社 2010 年版。 [34] 刘建军：《审计学》（第 2 版），机械工业出版社 2010 年版。 [35] 曾维林：《审计理论与实务》，天津大学出版社 2010 年版。 [36] 刘秀玲、张志萍：《审计原理与实务》，西北工业大学出版社 2010 年版。 [37] 卞毓宁：《审计学原理与实务》（附电子课件），清华大学出版社 2010 年版。 [38] 刘静、卢相君：《审计学》（第 2 版），经济科学出版社 2010 年版。 [39] 王龙、吴辛愚：《审计基础与实务》，中国人民大学出版社 2010 年版。 [40] 顾芸、沈征：《审计学》（第 2 版），经济科学出版社 2010 年版。 [41] 叶忠明、阮滢：《会计学专业系列教材·审计学》（第 3 版），中国农业大学出版社 2010 年版。 [42] 胡中艾：《审计》（第 2 版），东北财经大学出版社 2010 年版。 [43] 傅秉潇：《审计学理论与实务》（第 2 版），大连理工大学出版社 2010 年版。 [44] 杨桂花、涂清梅：《审计学》，中南大学出版社 2010 年版。 [45] 罗彬、梁刚：《审计学》，立信会计出版社 2010 年版。 [46] 徐宝勤：《审计基础理论与实务》，北京理工大学出版社 2010 年版。 [47] 盛永志：《审计学》，北京交通大学出版社 2010 年版）。

对于理解、审查、评价所申报作品具有参考价值的现有对比数据及作品中资料来源的检索目录	［48］高娟：《审计学》，天津大学出版社 2010 年版。 ［49］李相志：《审计学》，清华大学出版社 2010 年版。 ［50］杨清香：《21 世纪财务管理与会计学专业本科系列精品教材 · 审计学》，华中科学技术出版社 2010 年版。 ［51］刘桂良、唐松莲：《审计学》（修订版），湖南人民出版社 2010 年版。 ［52］蔡维灿：《审计实务》，北京理工大学出版社 2010 年版。 ［53］陈朝晖：《审计学》（第 2 版），厦门大学出版社 2010 年版。 ［54］刘明辉、史德刚：《审计》（第 4 版），东北财经大学出版社 2011 年版。 ［55］袁小勇、陈郡：《审计学》（修订第 2 版），首都经济贸易大学出版社 2012 年版。 ［56］赵保卿：《中央广播电视大学教材、审计学》，中央广播电视大学出版社 2011 年版。 ［57］丁瑞玲、吴溪：《审计学》（第 3 版），经济科学出版社 2010 年版。 ［58］郭宏、蔡才德：《审计原理与实务》，中国人民大学出版社 2008 年版。 ［59］秦荣生、卢春泉：《审计学》（第 7 版），中国人民大学出版社 2011 年版。 ［60］沈颖、曹明才：《审计》，西南交通大学出版社 2009 年版。 ［61］徐掌元：《高等院校经济管理学科规划教材、审计学》，经济科学出版社 2008 年版。 ［62］王宝庆：《审计学》，科学出版社 2011 年版。

对于理解、审查、评价所申报作品具有参考价值的现有对比数据及作品中资料来源的检索目录	［63］徐掌元：《普通高等院校规划教材：审计学》（第2版），经济科学出版社2012年版。 ［64］王如燕：《普通高等教育“十二五”规划教材：审计学》，立信会计出版社2011年版。 ［65］刘雪清、封桂芹：《普通高等院校会计学专业精编教材：审计》，清华大学出版社2012年版。 ［66］刘国常：《暨南大学成人教育会计本科系列教材：审计学》，暨南大学出版社2012年版。 ［67］杜海霞：《审计实务》，机械工业出版社2010年版。 ［68］宋常：《审计学》（中国人民大学会计系列教材）（第5版），中国人民大学出版社2011年版。 ［69］童丽丽、戚少丽、张文利：《审计学》，人民邮电出版社2011年版。 ［70］张雪梅、张欣：《审计学》，中国市场出版社2009年版。 ［71］刘正毓：《审计学》,清华大学出版社2009年版。 ［72］张军平、张永良：《审计基础》，清华大学出版社2009年版。 ［73］周英虎：《审计学》，中国财政经济出版社2008年版。 ［74］李德文：《应用型本科规划教材（经管类）：审计概论》，上海交通大学出版社2012年版。 ［75］宛燕如、高文进：《21世纪高等学校会计学专业规划教材：审计学》（第2版），武汉理工大学出版社2011年版。 ［76］郑英莲：《普通高等教育“十一五”规划教材·审计学》，立信会计出版社2008年版。 ［77］秦荣生、卢春泉：《普通高等教育“十一五”国家级规划教材：审计学》（第6版），中国人民大学出版社2008年版。

对于理解、审查、评价所申报作品，具有参考价值的现有对比数据及作品中资料来源的检索目录	［78］鲍晖：《高等学校适用教材：审计学》，中国计量出版社 2011 年版。 ［79］刘英、林钟高：《当代财经系列教材：审计学》，合肥工业大学出版社 2009 年版。 ［80］杨明增、孙文刚：《财会精品系列教材：审计学》，山东人民出版社 2009 年版。 ［81］张志和、郑毅：《审计》（第 2 版），高等教育出版社 2008 年版。 ［82］李雪、房巧玲、刘学华：《审计学原理》，立信会计出版社 2011 年版。 ［83］杜建菊：《审计学基础》，中国市场出版社 2009 年版。 ［84］吴智勇、于新颖：《新编审计实务》，北京大学出版社 2010 年版。 ［85］朱荣恩：《审计学》（第 3 版），高等教育出版社 2008 年版。 ［86］陈汉文：《21 世纪会计学系列教材：〈审计〉学习指导与练习》（第 2 版），厦门大学出版社 2007 年版。 ［87］熊晴海：《普通高等院校应用型规划教材：审计学》，南京大学出版社 2009 年版。 ［88］谢盛纹：《新世纪会计学专业精品教材：审计学》，东北财经大学出版社 2008 年版。 ［89］谢盛纹：《审计学》（第 2 版），东北财经大学出版社 2011 年版。 ［90］张流柱、肖小飞：《审计实务》（第 3 版），电子工业出版社 2011 年版。 ［91］郭立田、王砚书：《高等院校经贸与管理规划教材：审计学》，中国商务出版社 2009 年版。 ［92］张梅、刘靖君：《高职高专财经类规划教材：审计学基础》，立信会计出版社 2009 年版。

对于理解、审查、评价所申报作品，具有参考价值的现有对比数据及作品中资料来源的检索目录	［93］韩晓梅：《现代会计学精品系列教材：审计学》，清华大学出版社 2008 年版。 ［94］韩晓梅：《审计学：原理与实务》（第 2 版），清华大学出版社、北京交通大学出版社 2010 年版。 ［95］程腊梅、王宏：《普通高等教育规划教材：审计学》，机械工业出版社 2009 年版。 ［96］李敏：《高等院校财经类重点规划教材：审计学》，上海财经大学出版社 2009 年版。 ［97］林丽：《普通高校“十二五”规划教材：审计学》，清华大学出版社 2011 年版。 ［98］彭毅林：《财经类核心课系列教材：审计学》，西南财经大学出版社 2007 年版。 ［99］姚瑞马：《高等院校会计系列特色教材：审计学》，江苏大学出版社 2008 年版。 ［100］姚瑞马：《高等院校会计系列特色教材：审计学》（第 2 版），江苏大学出版社 2011 年版。 ［101］刘彦文：《现代远程教育系列教材：审计学》，大连理工大学出版社 2011 年版。 ［102］《审计》（注释版法规专辑），法律出版社 2010 年版。 ［103］张蕊：《审计学/精品课程立体化教材系列》，科学出版社 2011 年版。 ［104］姜永英：《中国财政审计制度研究》，中国时代经济出版社 2011 年版。 ［105］李海波：《新编审计学》（第 5 版新世纪财经系列教科书），立信会计出版社 2011 年版。 ［106］余玉苗：《审计学》（第 2 版高等学校会计学系列教材），武汉大学出版社 2010 年版。 ［107］王顺金、刘鸿、陈立波：《审计学》，北京理工大学出版社 2010 年版。

对于理解、审查、评价所申报作品，具有参考价值的现有对比数据及作品中资料来源的检索目录	［108］王学龙、李菊香：《审计学基础》（普通高等院校财经类本科教材），立信会计出版社 2010 年版。 ［109］郭强华：《新概念审计——案例教学考证物语与就业辅导》，清华大学出版社 2011 年版。 ［110］叶陈刚：《审计学》（会计学专业新企业会计准则系列教材），机械工业出版社 2011 年版。 ［111］王宝庆、邢小玲、刘勇：《审计学》（管理型财会人才培养系列教材），科学出版社 2011 年版。 ［112］谢盛纹：《审计学》（第 2 版新世纪会计学专业精品教材），东北财经大学出版社 2011 年版。 ［113］徐政旦、谢荣、朱荣恩、唐清亮：《审计研究前沿》（第 2 版），上海财经大学出版社 2011 年版。 ［114］宋夏云、何恩良、尤家荣：《审计学》，立信会计出版社 2011 年版。 ［115］辛金国：《新编审计学》，科学出版社 2008 年版。 ［116］袁小勇、陈群：《审计学》（修订第 2 版），首都经济贸易大学出版社 2012 年版。 ［117］王勇：《审计学》，清华大学出版社 2009 年版。 ［118］陈淑芳：《审计学》，天津大学出版社 2011 年版。 ［119］王淑芳：《审计学》，大连出版社 2009 年版。 ［120］李海波、彭浪：《审计》，立信会计出版社 2010 年版。 ［121］孙立：《审计》，山东人民出版社 2009 年版。

对于理解、审查、评价所申报作品，具有参考价值的现有对比数据及作品中资料来源的检索目录	［122］顾奋玲：《审计学》，机械工业出版社 2009 年版。 ［123］高强、郭瑛：《审计学》，机械工业出版社 2011 年版。 ［124］李小娟、孙合珍：《审计学》，科学出版社 2009 年版。 ［125］王翠琳：《审计学》，中国农业大学出版社 2009 年版。 ［126］朱锦余：《审计》（第三版）（高教会计通用），东北财经大学出版社 2011 年版。 ［127］李凤鸣：《审计学原理》（博学·21 世纪高等院校会计专业主干课系列）（第五版），复旦大学出版社 2011 年版。 ［128］张彤杉：《审计学》（21 世纪普通高等院校实用规划教材——经济管理系列）（第二版），清华大学出版社 2011 年版。 ［129］赵雪媛、丁瑞玲：《审计学》，清华大学出版社 2009 年版。 ［130］唐毅泓、邢晟：《审计学》，经济科学出版社 2009 年版。 ［131］吕先锫、刘新琳：《审计学》，西南财经大学出版社 2010 年版。 ［132］张雪梅：《审计》，经济科学出版社 2010 年版。 ［133］邢玉敏、王华：《审计学》，电子工业出版社 2009 年版。 ［134］梁素萍、蒙丽珍：《审计学》，中国财政经济出版社 2010 年版。

对于理解、审查、评价所申报作品，具有参考价值的现有对比数据及作品中资料来源的检索目录	**三　国家审计署审计长刘家义亲笔批示信件** 强华老师： 琪虹、晓帆、潘攀、倪璐、旭亚同学： 来信悉阅，感触甚深！衷心祝愿强华老师和同学们深入探究之精神伴随终生！ 首先向强华老师和同学们致以深深的歉意：未及复信，有失礼节，叩首请谅！ 诚如强华老师和同学们所说，我国长时期非常注重国家审计实践之探索，然对实践之总结、经验之提炼，使之上升为理论的工作比较薄弱，中国特色社会主义审计理论体系还很不完善，理论研究大大落后于审计实践。现行不多的审计学教科书也多是简单介绍国外20世纪70年代前的，或将社会中介组织审计的一些原理、方法、摸索搬移、套用、粘贴于中国国家审计，致使审计理论与实践严重脱节。教科书讲的与实践情况“两张皮”。这在很大程度上禁锢了人们的思想，制约了审计事业的科学发展。 实际上，对于中国特色社会主义审计制度和国家审计制度的探索、规律的认识，我们一刻也没有停止过。近年来，这种探索更是不断发展，有的方面已走在世界前列。例如，党政主要领导干部和企业领导人员任期经济责任审计，对中央重大宏观经济政策和调控措施贯彻实施情况重特大投资项目、重特大公共事件（如汶川特大地震、国际金融危机影响及应对等）的跟踪审计，资源环境审计，揭露和查处重大违法违纪和经济犯罪案件线索，审计在维护国际安全，审计信息化和审计文化建设，等等。特别是我们在深入总结实践经验基础上，总结和认识出，国家审计是国家政治制度的重要组成部分，是依法用权力制约权力的制度安排，其本质是国家治理这个大系统的一个内生的、

对于理解、审查、评价所申报作品，具有参考价值的现有对比数据及作品中资料来源的检索目录	具有预防、揭露和抵御功能的“免疫系统”，核心是推动国家实现良好治理，保障国际经济社会健康运行和科学发展，从而更好地维护和保证人民的根本利益。国家治理的需求决定了国家审计的产生，国家治理的目标决定了国家审计的方向，国家治理的模式决定了国家审计的方式。按照这个理念和认识，制定了相关制度规范、审计准则、发展规划、指导审计实践，取得了较为明显的效果。时间检验，这个观点是正确的，已得到国内审计实务、广大经济工作者和理论界的认同。特别是关于“国家治理与国家审计”观点，虽然提出时间不长，但却是实践的总结，因而已得到国际审计界乃至其他相关领域的广泛认同。世界审计组织（仅次于联合国的第二大国际组织）已决定作为2013年世界审计大会的主议题。世界审计组织和不少国家最高审计机关多次希望，中国将其经验总结提炼，形成理论，供大家分享！ 理论是经验的总结，行动的先导，为中国特色社会主义审计理论体系的不断发展、中国审计事业的科学发展，我们正和同学们一道，加大理论研究的力度。例如，加强审计理论研究队伍建设和与科研院所（校）的合作；经国务院常任委员会批准，已设立审计专业硕士学位，经审定，北京大学、清华大学等30多所高校今年开始招生；审计署科研所已设立审计学博士级工作站并已开始接受入站研究；审计署从今年起，每年在全国匿名评选15篇审计优秀博士学位论文，发给证书，资助出版，特别优秀的5篇，再奖励10万元/篇；正在集中研究编写《中国国家审计学》、《中国特色社会主义审计理论研究》。2013年世界审计大会主论文、协调各国家审计机关撰写各自的国家论文、组织编写我们的国家论文，等等。

对于理解、审查、评价所申报作品，具有参考价值的现有对比数据及作品中资料来源的检索目录

亲爱的老师、亲爱的同学：谁占领了理论的制高点，谁就拥有了未来！衷心祝愿你们在实践创新的道路上求索，在理论研究的大道上迅跑！在求索中锤炼，在迅跑中升华！为了中国的审计大业，更为了中华民族的伟大复兴、伟大祖国美好的明天，向着顶峰，攀登吧！

随信寄来几份资料，供参议。

谨祝

安康、进步

刘家义

四 网络问卷发布网站

（一）问道网管理界面：http：//askform. cn/UserAdmin/FormIndex. aspx

（二）教师问卷：http://askform. cn/140825 – 272603. aspx

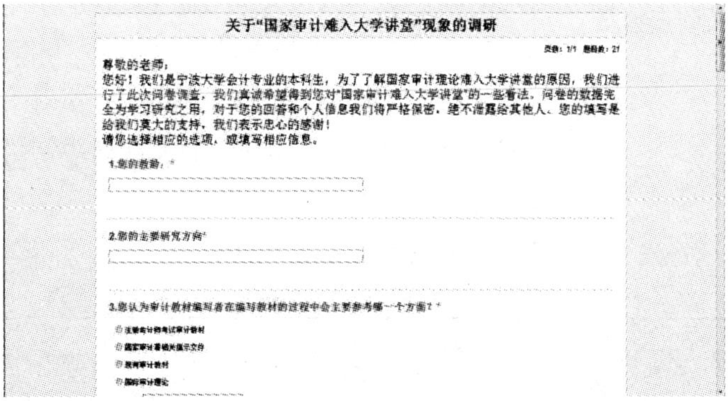

对于理解、审查、评价所申报作品，具有参考价值的现有对比数据及作品中资料来源的检索目录	（三）学生问卷：http://askform.cn/140825－271976.aspx 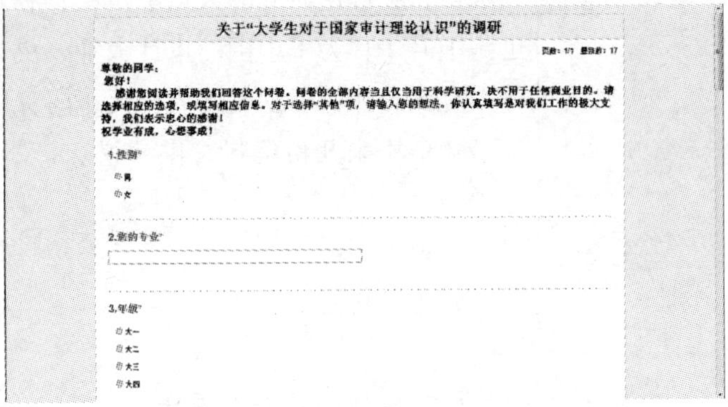
调查方式	□走访　□问卷　□现场采访　□人员介绍　□个别交谈　□会议　□亲临实践　□图片、照片　□书报刊物　□统计报表　□文件　□影视资料 □集体组织　□自发　□其他
主要调查单位及调查数量	国家审计署、浙江省宁波市审计局、宁波市图书馆、宁波大学图书馆、当当网上书店、卓越亚马逊网上书店、京东商城、博库书城、宁波大学、中国人民大学、中南财经政法大学、复旦大学、浙江财经学院、合肥工业大学、东北财经大学、南京审计学院、湖北大学、厦门大学、天津财经大学、江西财经大学、东北大学、西安财经学院、西南财经大学、首都经济贸易大学、湖南大学、中南大学、东华理工大学、浙江师范大学、杭州电子科技大学、上海对外贸易学院、苏州大学、浙江财经学院东方学院、浙江农林大学。 调查单位共计34个。

B. 当前国内外同类课题研究水平概述

一 关于国家审计在国家治理中“有用、有效”的实证研究

（一）国内研究现状

李进营（2012）认为，领导干部经济责任审计是结合我国制度背景产生的审计模式创新，能在我国国家治理中发挥独特作用，应从建立经济责任审计准则体系等多个方面来完善经济责任审计制度。

李佳（2011）阐述了国家治理及经济责任审计的内涵及关系，提出将绩效问责指标引入经济责任审计，提高国家治理效率。

吴耀星、郭强（2011）分析了国家治理理念对经济责任审计的思想冲击，并提出以经济责任审计推动和完善国家治理的行动对策。

刘颖斐、余玉苗（2007）从宪政视角阐述经济责任审计能提高经济效益，从而提高国家治理绩效，符合依法治国和依法行政的治国理念。

多数学者对国家治理下的经济责任审计研究的共识是，国家审计通过履行审计监督职责去保证国家各项职能的有效发挥和顺利实施，依法用权力监督制约政府在履行国家职能过程中的行政权力。国家审计是国家治理的内在需求，是国家治理的一项重要制度安排，为国家治理提供有效服务，发挥着不可替代的作用。它通过发现揭示问题、提出意见建议、促进整改落实，起到了维护民主法治、保障改善民生、促进反腐倡廉等作用，充分发挥了保障经济社会健康发展的“免疫系统”功能。

当前，经济责任审计还面临着缺乏相应法规、审计方法体系欠缺、审计结果利用不足、审计问责体系不到位等问题。甚至还有人怀疑经济责任审计在国家审计治理中的作用。我们搁置规范研究的争议，从实证角度拟就经济责任审计对国家治理绩效影响展开研究。

（二）国外研究现状

国家审计具有中国特色，在反腐倡廉建设中发挥了重要的作用。但

是在国外的专家学者中，国家经济责任审计在国家治理中的作用也得到了一定的认可。并且，团队成员的论文作品 *A New Approach of Information Management Useful to National Governance*：*Effectiveness of Vaccountability Audit Approach in National Governance Based on An Empirical Analysis* 也在国际会议上取得了国内外学者的肯定。

二　关于国家审计理论教学“失教、失学”的研究

（一）国内研究现状

国内的研究主要集中于审计教材内容和审计教学两方面，学术界认同我国审计教育滞后，审计教材与实践脱节，过于强调注册会计师审计，不够重视国家审计的内容。

冯均科（2001）研究认为，我国现行的审计学教材分为两类：其一，以国家审计为主要内容，这以 20 世纪 80 年代中期到 90 年代中期出版的审计学教材为代表。这段时间仍然强调，以国家审计为主体、以民间审计为补充、以内部审计为基础的审计模式，审计学教材充分体现了国家审计的特色。其二，以民间审计为主要内容，这以 90 年代后期出版的一些较主流的审计学教材为代表。民间审计在证券业审计、国有企业审计等业务拓展的刺激下，以及在政府的强力支持下，得到了长足的发展，报考注册会计师资格已成为一种时尚。但实际因体制、文化、法律以及其他方面的差异，西化的教材无论对大学教学还是专业培训，效果均不甚理想。有必要对原有的审计学教材进行改革。他的研究主要强调了审计教材的内容以注册会计师审计为主，审计教材与实践脱节，并未强调国家审计在审计教材中的缺失与脱节。

张学军（2007）认为，我国审计教育滞后的具体表现之一是，大学阶段开展审计专业知识和专业技能教育的教学资源落后，以学生为本的审计学教材很少。他指出了当前审计教材的不适用性，并未涉及国家审计的相关内容。

马琳英（2007）认为，学科课程建设和教材建设是审计人才培养成功与否的关键所在。教材是审计课程的载体，也是将审计课程传输给

学生的一个重要工具。审计学科的教材建设目标应定位于：注重理论教学与实践的结合，重视学生创新及实践能力的培养，培育复合型人才。他也赞同审计教材应当与实践相结合。

胡继荣、弓亚静（2008）认为，教材的内容体系偏窄。搜集了我国重点财经院校会计学本科审计课程教学所用的教材，或是该院校编写的审计学教材，研究发现大多数院校所用的教材或所编写的教材都是注册会计师方向。内部审计、政府审计、计算机审计等方面的内容很少。建议会计学专业或审计学专业增设政府绩效审计为必修课，增设计算机审计为辅修课程。他们的研究指出了当前审计教材的内容都是注册会计师方向，提及政府审计的内容少，但对审计教材中国家审计所占比例小的原因，并未做深入研究。

邵瑞庆、杨家亲（2008）指出，长期以来我国会计界在处理本国特色会计和向国际会计惯例靠拢这一重大关系上，思想不够解放，认识不够进步，因而对国际范围内的会计改革经验特别是会计教育改革的经验，未能及时全面地引进、学习、消化、吸收。他们的研究表明我国的审计教材内容过度西化，缺乏与实践相结合。

张红轶、侯翠平（2009）指出，要转变教育理念，需要从过去“满堂灌”的形式中走出来，由于审计学具有很强的理论性和实践性，所以在教学过程中应该重视如何将理论和实际有机地结合起来。

李扬（2009）研究认为，审计教学上偏重理论教材编写，本科审计教材基本以财务审计内容为主，偏重审计理论而忽视审计实务。

孔凡玲（2010）认为，审计教学中存在理论难理解、教材不实用以及要求授课教师掌握知识、技能经验多等困难，在教学中教材是决定教学的重要因素，针对前述审计教材存在的问题，她提出在审计教学中，应尽量选用量化内容多、例题多、内容浅显易懂的教材，可能的情况下，教师应编写适合于本校学生实际情况的教材。

刘正毓（2010）认为，目前我国高校使用的专业审计教材，大多是适应国家注册会计师资格考试的需要，将其辅导用书作为教学使用教材。这些辅导用书主要是针对有一定实践经验的审计实务工作者而编写的，偏重于介绍相关规则的内容及应用规定，缺乏教科书应有的系统、连贯、通俗易懂的特征，并不适合初学审计的人；同时，教材又具有相对的稳定性，不能及时随着有关审计法规、准则等的变化作相应的修改，学生所学理论知识与实际工作需要不能及时衔接。他指出审计教学要向实践倾斜，认为国家和社会越重视教育的实践性，教育就越发达。但凡教育比较先进和发达的国家、地区，其教育一定是和实践紧密相连的。很多发达国家的教授都具有丰富的实践经历，这和我国的“纯学院派”教学体制正好相反。所以，在审计教学中，必须采取理论联系实际的教学方法以促进教学相长。对于审计教学，上述研究都表明审计教学过于理论化，应当向实践倾斜，在教学中理论与实践相结合。他的研究虽然明确指出审计教材侧重注册会计师审计，也表明了审计教材与实践的脱节，但并未强调国家审计的内容。

综上所述，国内对于审计教材的研究，更加注重审计教材的主要内容是注会审计，并未强调国家审计在教材中的分量严重不足，也没有指出审计教材中国家审计内容与实践运用的脱节。对于审计教学，只是指出教学中要理论与实践相契合，并未具体指明在哪些内容上契合，怎样解决这些内容与实践脱节的现实问题。

（二）国外研究现状

通过搜索多个外文期刊数据库，包括 Elsevier（sciencedirect），Springer Link（ZADL 赞助），EBSCO Host（ZADL 赞助），Pro Quest（学位全文），SCOPUS（大型文库），输入关于审计教材研究、审计教材中国家审计的内容调研等关键字，未找到相关外文研究文献。以 Elsevier 外文数据库搜索结果为例，检索结果截图如下所示：

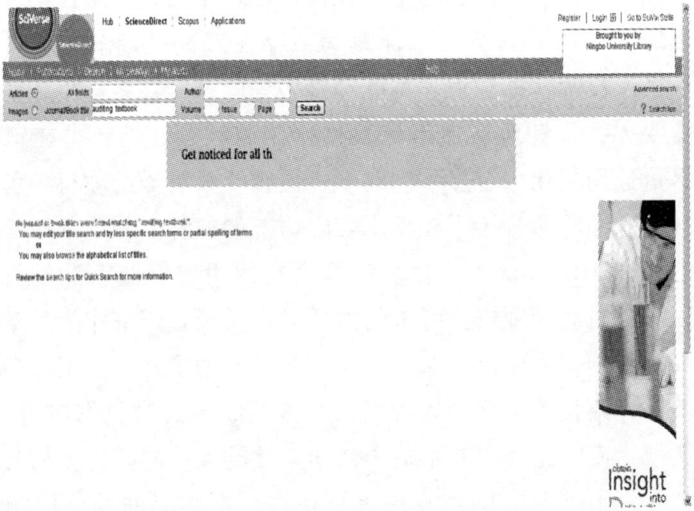

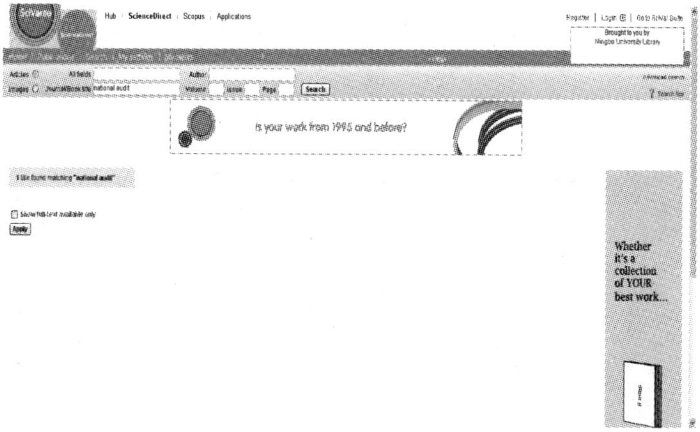

C. 参赛作品文字及图片材料

竞赛论文一：前期对国家审计理论的学习和认知

审计免疫系统的成长
——基于大学生对“国家审计免疫系统论”的认知历程

摘要：“国家审计免疫系统论”是刘家义审计长于2008年提出的审计新理论，尽管审计界已展开广泛学习，但目前该理论在会计专业大学生中普及范围很小，缺少专业教材详细介绍该理论。本文以一群大学生对该理论的认知历程为主线，通过学生的科研活动，采访权威人士，在研究中不断深入认识“国家审计免疫系统论”，同时也见证了“国家审计免疫系统论”的成长。该理论以原先的审计理论为基础，迎合时代发展，构建一个促进社会和谐发展，为国家经济建设保驾护航的国家审计系统。国家审计是国家治理大系统的一个子系统，这个子系统就是促进实现国家良治、保障国家经济社会健康运行的“免疫系统”。

关键词：国家审计免疫系统论　认知历程　国家治理

一 研究背景

（一）大学生对“国家审计免疫系统论”的认知现状

2008 年，时任国家审计署审计长刘家义提出了“国家审计免疫系统论”。“国家审计免疫系统”论的提出，深刻揭示了审计的本质，是对中国特色社会主义国家审计制度的更高定位。目前，审计界正如火如荼地开展对“国家审计免疫系统论”的学习和精神的领会。而当前会计专业大学生的审计教材却停留在注册会计师审计领域，忽略了正在影响并即将带来审计变革的关于审计本质的大讨论。为了解大学生对“国家审计免疫系统论”的认知现状，以宁波大学大二、大三会计专业大学生为调查对象进行了问卷调查及现场访问。问卷发放 240 份，实际回收 178 份。数据表明学生审计知识的 74. 72% 来自教材及老师课堂所授，29. 78% 来自网络、报刊等媒体，2. 25% 来自从事审计工作的人员，有 56. 74% 的学生甚至没听说过“国家审计免疫系统论”。由此可见，目前大学生对“国家审计免疫系统论”了解甚少。

（二）团队成员对“国家审计免疫系统论”的前期认识

国家审计系统作为保障国家经济社会健康运行的“免疫系统论”，第一，必须充分发挥预防功能，作为依法履行监督职责的审计机关，具有独立、客观、公正、超脱、涉及社会各方面的优势，因而能够有责任及时发现苗头性、倾向性问题，及早感受风险，提前发出警报，起到预警作用。第二，必须充分发挥揭露功能。法律规定，审计的首要职责是监督，监督就必须查错纠弊。审计必须查处违法违规、经济犯罪、损失浪费、奢侈铺张、损坏资源、污染环境、损害人民群众利益、危害国家安全、破坏民主法治等各种行为，并依法对这些行为进行惩戒；必须揭示体制障碍、制度缺陷、机制扭曲和管理漏洞，以保护经济社会运行的安全健康。第三，必须充分发挥抵御功能。审计要对这些问题从微观到宏观、从个别到一般、从局部到全局、从苗头到趋势、从表象到里层，进行深层次分析、揭示和反映，调动积极因素，防止消极因素入侵整个经济社会系统，促进改革体制、健全法制、完善制度、规范机制、强化管理、防范风险，提高经济社会运行质量和绩效，增强经济社会运行的

“免疫力”，推动经济社会全面协调可持续发展。新的“国家审计免疫系统论”的提出，不是对原先国家审计理论的否定和批判，是对国家审计系统的改革和创新，新理论的提出，必须建立在原来的理论基础上，不断改进不适应时代发展的部分，从而建立一个促进社会和谐发展，能为国家经济建设保驾护航的国家审计系统。

二 研究过程

（一）资料搜集

1. 查阅图书馆书籍

通过宁波市图书馆——包玉刚图书馆中对所有审计类书籍，基本包括注册会计师审计、内部审计、项目审计、审计实例、政府审计等的查阅，找到一本由国家审计署编写的《中国审计研究报告2008》，其中详细地介绍了“国家审计免疫系统论”以及其与之前相关理论的比较。

2. 查阅网络报道

2009年3月11日，审计署审计长刘家义接受新华网专访，向记者介绍了在应对金融危机过程中，审计工作的重要性、当前的工作重心和日后的发展方向；对灾后重建资金的跟踪审计工作情况以及个人就任审计长以来的体会。

2011年6月27日，审计署审计长刘家义在党的十一届全国人大常委会第二十一次会议上，作了2010年度中央预算执行和其他财政收支的审计工作报告。报告中一个突出的亮点就是，审计加大了对影响经济社会发展大局问题的揭示和反映力度，这也标志着审计机关着力从体制、机制、制度和政策层面，发挥审计的“免疫系统”功能。

3. 查阅学者论文

自刘家义审计长提出“国家审计免疫系统论”后，不同学者也纷纷对此理论发表了自己的见解。

华中科技大学管理学院会计系主任张兆国教授谈到“审计是国家经济社会的免疫系统”的重要观点比喻生动、内涵丰富、意义重大。“国家审计免疫系统论”是指导我国审计理论和审计工作发展的科学发展观。“审计免疫系统论”从国家职能的高度认识审计的本质和任务。

“国家审计免疫系统论”为我们站在维护国家经济安全、人民群众利益的高度。从免疫系统的角度来研究审计问题，提出了新要求、新思路和新方法。

中南财经政法大学会计学院院长张龙平教授认为，“国家审计免疫系统论”准确把握国家审计的本质和目标，具有深刻的哲学内涵，表明刘审计长抓住了现代国家审计的本质，即国家审计一定要促进国家经济社会运行，最终实现真正的免疫。他表示如何按照“国家审计免疫系统论”的观点和要求创新审计方法体系，是需要我们长期认真研究和解决的重大课题。

中南财经政法大学会计学院高文进教授认为“国家审计免疫系统论”内涵丰富，几乎涵盖了我国国家审计发展过程中的一系列重大问题：国家审计制度的本质、特征、独立性、作用和定位等。审计作为国家经济社会的“免疫系统”，能否达到目的，除了我们自己的努力外，国家还需要出台一些配套措施，改善审计生态环境，提高审计的地位，给审计机关一把“尚方宝剑”。

（二）采访权威人士

1. 信访刘家义

在实地调研且查阅相关资料的基础上，团队成员对“国家审计免疫系统论”仍存在部分疑问，面对这些疑问，成员细心整理，大胆提笔，通过信访国家审计署审计长刘家义的方式，希望他能够解答这些疑问。

2. 社会实践采访何小宝

为了更深入了解“国家审计免疫系统论”，通过调研宁波审计局了解以宁波为代表的地方审计局对“国家审计免疫系统论”的理解与贯彻落实，加强大学生对审计的认识，为将来投身于审计事业做好知识铺垫。2011 年 7 月 14 日上午 9：00 成功进行了对宁波审计局何处长的电话采访。

（三）调研结果

1. 宁波市审计局的采访

通过社会实践活动，荣幸地采访到宁波审计局何小宝处长，他耐心地答复了宁波市审计局如何应用审计“免疫系统论”以及“国家审计免疫系统论”在实际工作中的优越性等问题，他的答复不仅肯定了大学生的实践活动，而且对学生科研活动产生了很大帮助。

2. 刘家义间接回复

在2011年7月10日给刘家义审计长邮寄了一封信件，2011年8月30日、31日，刘家义审计长来到南京审计学院视察工作。在与师生们交流互动中，刘家义提及一封让他印象深刻的来自一群审计学专业大学生们的信件。在信中，学生们诚恳地向审计长表达了自己的困惑：为什么在学校和城市的图书馆、在各个书店，审计专业的书籍这么少？为什么找不到一本可以作为教科书的审计专业书籍？这封信，让刘家义既感动于学生们求知的热忱，也让他心生愧疚：“关于国家审计理论体系尚未构建和完善，责任在我。”根据时间推算以及内容相似程度有理由相信刘家义审计长提及的大学生信件就是之前邮寄的那封信件，刘审计长虽没有对此信件进行直接回复，但他的这段话类似给予间接回复，表达了他对学生科研活动的支持，对大学生求知欲望的肯定。

（四）对国家审计免疫系统论的中期认识

1. 审计免疫系统论发挥的巨大作用

2008年中国审计学会五届三次理事会暨第二次理事论坛上。刘家义审计长提出审计是维护国家经济社会健康运行的“免疫系统”这一观点。“免疫系统”观点提出后，很快就有一件事，使之在实践中得到检验。“2008年5月汶川地震后第二天，审计署党组决定，对灾后救援款物进行跟踪审计，连捐赠来的一瓶矿泉水、一包方便面都要审计。”事实证明，这次灾后跟踪审计，在整个灾后救援和重建中发挥了重要作用，得到了党中央、国务院和社会各界的广泛好评。

2. 该理论的落实环节欠缺

“免疫系统”理论的提出拓展了国家审计的功能，创新了国家审计的审计方式，使国家审计具有了预防、揭示和抵御功能，而在实际操作中，预防工作实施相对较为困难，预防是在危险还没有形成之前，就需要发现其存在，对审计工作本身来说，实际开展工作会存在难度。此外，审计免疫系统还具有清除功能，真正清除国家治理中的杂质还需要一个漫长的过程，而这个操作过程也存在不少问题，需要在实际工作中不断完善。

3. 对于其中欠缺环节，给予解决方案的建议

尽管预防工作操作相对较为困难，但在“免疫系统”理论框架下，

提出了跟踪审计的理念。跟踪审计是指审计人员旨在提高被审计对象的绩效，这里的绩效既指经济效益，也指被审计对象的合规性、合法性等。这是对被审计对象进行适时评价、持续监督和及时反馈的一种审计模式。

跟踪审计有效提高了项目建设的质量和效益，有效避免了事后审计“虽然查出问题，但已既成事实，纠正起来难度较大”这一难题。从实践效果看，跟踪审计在监督财政资金的管理使用、防止损失浪费、促进国家有关政策的贯彻落实、提高资金使用效益等方面发挥了积极作用，取得了显著的成效，更加有效地发挥了审计部门的“免疫功能”，实现了审计理念的改变和审计模式的转变，不仅完善了传统的审计方式，而且推进政府完善制度、改进机制，有效发挥了审计部门的保障和促进作用。

宁波市审计局为了确保宁波对口支援新疆库车建设资金及重点建设项目实施，切实落实跟踪审计工作，近期，宁波市审计局根据省审计厅和宁波市援疆方案，精心组织援疆审计。

三　后期结果分析

（一）寄给刘家义审计长的信件未得到直接回复

在“国家审计免疫系统论”研究的中期历程中，对刘审计长的信访未得到直接回复。究其根本原因是刘审计长公务繁忙，没有闲暇进行信件回复，但他在南京审计学院视察调研时已经间接回复了我们。审计长的肺腑之言，表达了他对学生科研活动的支持及肯定。

（二）“国家审计免疫系统论”已升华为“国家治理观”

国家审计是国家治理大系统的一个子系统，是国家政治制度的重要组成部分，是国家治理的重要方面。从本质上看，这个子系统就是促进实现国家良治、保障国家经济社会健康运行的“国家审计免疫系统论”。国家审计就是一种依法以权力监督制约权力的行为，防止权力异化和被滥用，它是国家治理一个内生的具有预防、揭示和抵御功能的“国家审计免疫系统论”，是国家治理不可或缺的重要组成部分。

刘家义认为，国家审计在国家治理中发挥着至关重要的作用。国家审计依据宪法赋予的权力实施监督，具有独立性、专门性、公正性、客观性及权威性，“其固有的独特性，固有的‘免疫系统’功能，固有的信息来源的真实性、客观性、准确性，都决定了其在国家治理中不可替代的作用”。

（三）审计人才培养

大学期间如何提高大学生的自身素质以迎合审计人才的要求？对于会计专业的学生，如果毕业后准备从事审计方面的工作，那么仅仅靠大学期间专业课程的学习是远远不够的。时代在发展，审计方面的相关知识和政策也在不断更新。作为新时代的审计工作者，就要做到与时俱进，时刻关注相关领域的发展动态。因此，在短暂的大学生涯中，提高大学生的自身素质非常关键。

竞赛论文二：从实证角度分析国家审计在国家治理中的有用、有效性

A New Approach of Information Management Useful to National Governance:

Effectiveness of Vaccountability Audit in the National Governance based on an Empirical Analysis

Chen Qi - kai, Ningbo University
Department of International Accounting (CGA)
Ningbo, China
qinkigai@ gmail. com
Guo Qiang - hua , Ningbo University
Accounting department, business school
Ningbo, China

Abstract The importance of information management is well known by contemporary scholars, but previously researches of information management focus too little on tools used in auditing field, which strongly resembles information management in the aspect of data processing. Vaccountability audit is such a prevalent auditing approach, which may be also involved in the field of information management. Most researchers believe that Vaccountability audit plays a prominent role in national governance. However, few researches have been implemented via an empirical analysis to demonstrate the above researchers' statements. Hence, this paper executes a research about the issue from the perspective of an empirical approach. Multiple regression result shows that Vaccountability audit is truly an effective tool to improve the performance of national governance. In other words, information management can be instrumental in efficaciously disposing political affairs. We expect that further discussions in the issue will be explored more profoundly on the basis of this paper.

Index Terms Information management, national governance, Vaccountability audit, multiple regression, incorruptible government.

I. INTRODUCTION

The aim of information management is to better use, develop and control information resources. If this purpose could be well fulfilled, national governance would be easier for any government to execute. Vaccountability audit is a prevalent approach carried out in China for the purpose of better national governance. In the process of implementing Vaccountability audit, large numbers of data need to be disposed efficiently. The new approach of information management, Vaccountability audit, could be an effective tool in national governance.

Generally speaking, perfecting national governance is an intrinsic requirement for long - term sustainable development in any country. Vaccountability audit usefully monitors the operation of public power, and has important significance in preventing corruption, strengthening the construction of an incorruptible government, enhancing citizens' enthusiasm for political participation, and perfecting the supervision and accountability mechanism of a nation.

In order to statistically prove the above statements, we implemented an empirical research about the impact of Vaccountability audit on the national governance.

II. LITERATURE REVIEW

In the last decade, a strong interest involved in effectiveness of Vaccountability audit in the national governance has been shown in large numbers of scholars, especially Chinese researchers, such as Lang Zheng – qing (2006), Liu Ying – fei and Yu Yu – miao (2007), Li Jia (2011), Ma Jun – rong (2011), Sun Hui – ming (2011), Wang Dong – lian (2011). Usually, their studies are based on normative research methodology, shown in following content.

From the constitutional perspective, Liu Ying – fei and Yu Yu – miao (2007) demonstrated that Vaccountability audit can improve economic efficiency, promote the performance of national governance, and comply with the governing philosophy of law – based administration.

Li Jia (2011) described the connotation and relationship between Vaccountability audit and national governance, and advised to introduce performance accountability index into Vaccountability audit in order to enhance the efficiency of national governance.

Wu Yao – xing and GUO Jiang (2011) analyzed the contradiction between national governance ideology and Vaccountability audit, and advocated perfecting national governance by propelling Vaccountability audit.

Deducibly, the consensus of most scholars' researches is that national auditing ensures effective implementation of all national functions via the accountability of audit supervision. Concretely speaking, national audit is the internal demand of state administration, provides effective services for government, maintains democratic rule of law, guarantees the improvement of people's life and promotes implementation of anti – corruption through revealing potential problems and providing constructive advice.

However, the above consensus is concluded under the base of normative research, which lacks quantitative empirical proving.

III. METHODOLOGY

A. Research assumptions

Implementing Vaccountability audit is effective to supervise leading cadres' economic activities, thus it is advantageous to propel construction of an incorruptible government in any country, and eventually boosts the economic benefits and the performance of national governance. Therefore, our whole study is under following basic assumptions:

1. The strength of Vaccountability audit and the construction of an incorruptible government are positively correlated.

2. The strength of Vaccountability audit and the performance of national governance are positively correlated.

3. The strength of Vaccountability audit and the economic benefits of a country are positively correlated.

B. Sample Selection and Data Sources

We mainly selected Chinese party and government offices which implements Vaccountability audit from year 2005 to 2011 as a sample, and initial data were drawn from Vaccountability audit cases in 25 Chinese provinces. All the data were downloaded from Ningbo university library and prevailing Chinese financial websites and were chosen by random screening method. Software Eviews 6.0 was used for processing these raw data.

C. Variable Selection

Table I　Definition and Implicational Interpretation of Each Variable

Variable type	Variable name	Notation	Interpretation of implication
Explained variables	Number of criminals in leading cadres	COUNTYhead	Reflect the region's performance level of national governance
	Ratio of Administrative costs to GDP	GDPfee	Reflect the impact of Vaccountability audit on the economic performance of Party and government offices

续表

Variable type	Variable name	Notation	Interpretation of implication
Explanatory variables	Ratio of Administrative costs to total financial expenditure	EXPENDfee	Reflects the relation between input and output
	Number of auditors	AUDITOR	Refers to the Number of professionals in the Vaccountability auditing field
	Amount of money found questions by auditors	VIOLAT	Reflect implementary intensity of Vaccountability audit
	Audit mode	AUDITEE	Refers to the form of implementing Vaccountability audit
Control variables	Per capita gross domestic product	GDPper	Reflect level of economic development in a certain area
	Number of public management	NUMcivil	Refers the personnel engaged in public management and social organizations
	Average wage	WAGEaverage	Reflect the level of financial expenditure
	Public management personnel ratio	NCPratio	Reflect the ratio of number of public management personnel to the total population in certain area

IV. EMPIRICAL ANALYSIS

A. Analysis of Sample

This paper adopted the data from Vaccountability audit cases from year 2005 to 2011. Table II shows arithmetic average, minimum and maximum value of each variable.

Table II **Raw Data of Sample**

Variable	Average	Maximum	Minimum
COUNTYhead	87. 3904	244	5
GDPfee	0. 020943	0. 178072	0. 006491
EXPENDfee	0. 10897	0. 22129	0. 040681
AUDITOR	190. 433	594	41
VIOLAT	779513. 6	2346915. 8	1625
AUDITEE	1176. 238	4149	10
GDPper	38. 1754	97. 8557	5. 4
NUMcivil	1. 50677	6. 45921	0. 308846

B. Model Building and Hypothesis Testing

We processed the data via panel model and analyzed the impact of Vaccountability audit on the performance of national governance (measured by COUNTYhead, GDPfee, and EXPENDfee). Then we measured the heteroscedastic of error terms and built the following multiple regression models.

$$COUNTYhead = \beta_0 + \beta_1 AUDITOR + \beta_2 VIOLAT + \beta_3 AUDITEE + \beta_4 NUMcivil + \beta_5 GDPper + \varepsilon \quad (1)$$

$$GDPfee = \beta_0 + \beta_1 AUDITOR + \beta_2 VIOLAT + \beta_3 AUDITEE + \beta_4 NUMcivil + \beta_5 GDPper + \beta_6 WAGEaverage + \varepsilon \quad (2)$$

$$EXPENDfee = \beta_0 + \beta_1 AUDITOR + \beta_2 VIOLAT + \beta_3 AUDITEE + \beta_4 NUMcivil + \beta_5 GDPper + \beta_6 WAGEaverage + \beta_7 NCPratio + \varepsilon \quad (3)$$

Hypothesis testing was implemented thereafter, the testing result is shown in the Table III, which shows that adjusted R – squared of each model fluctuates from 0. 4 to 0. 5, and F value (195) is quite considerable. Hence, the three models' degree of fitting is acceptable, and all successfully pass the F test. We may conclude from the above fact that Vaccountability audit and the performance of national governance are significantly positively correlated.

C. Results and Discussions

Regression result is shown below in Table IV. All the raw data were processed via econometric software Eviews 6. 0. In the model 1, variable COUNTYhead (Number of criminals in leading cadres) is selected to represent governance performance of party and government offices. In order to effectively demonstrate the impact of Vaccountability audit on the performance of national governance, other potentially influential variables are ignored, such as GDP and number of management personnel. The multiple regression result denotes that AUDITOR (Number of auditors) and COUNTYhead (Number of criminals in leading cadres) are negatively correlated at 1% significance level. Therefore, we may conclude that implementation of Vaccountability audit well monitors leading cadres' economic and administrative activities, effectively guards against crimes and prevents leading cadres from violating law. In another word, the research assumption 1 is successfully verified.

Simultaneously, the regression results show that VIOLAT (Amount of money found problems by auditors) and COUNTYhead (Number of criminals in leading cadres) are negatively correlated. The implied significance is that the more intensity of implementing the Vaccountability audit, the higher efficiency of audit, in another word, strengthening Vaccountability audit has an significant impact on the performance of national governance. Thus, the research assumption 2 is also verified.

From the regression results of model 2 and 3, we may conclude that AUDITORS and GDPfee (Ratio of Administrative costs to GDP) are negatively correlated at 10% significance level. Also AUDITORS and EXPENDfee (Ratio of Administrative costs to total financial expenditure) are negatively correlated at 5% significance level. These regression results suggest that the Vaccountability audit effectively decreases the administrative costs.

In the model 2, VIOLAT (Amount of money found problems by auditors) and GDPfee (Ratio of Administrative costs to GDP) are negatively correlated at 1% significance level. This result again proves that Vaccountability audit is instrumental in saving costs, reducing waste losses and safeguarding national economic interests. Furthermore, the research assumption 3 is sufficiently proved by the regression result.

Table III **Test Results of Each Model**

MODEL	R – squared	Adjusted R – squared	Std. Error
Model 1	0. 5798	0. 568	0. 254
Model 2	0. 5014	0. 4984	0. 238
Model 3	0. 4036	0. 4006	0. 212

Table IV **Regression Results**

	Model 1	Model 2	Model 3
AUDITOR	-0. 0960374 *** (-2. 70)	-0. 0000242 * (-1. 87)	-0. 0000931 ** (-2. 5)
AUDITEE	0. 0066063(1. 14)	1. 39106(1. 03)	0. 33106(0. 23)
VIOLAT	-7. 99107 ** (-2. 19)	-4. 85111(-0. 45)	9. 8311 *** (4. 1)
NUMcivil	1. 307366 *** (4. 14)	-0. 0002503 ** (-2. 46)	0. 0005731 *** (3. 24)
GDPper	6. 349144(1. 6)	-0. 018772 *** (-4. 36)	-0. 027883^{6} *** (-4. 99)
WAGEaverage	—	2. 6106 *** (5. 29)	4. 38106 *** (6. 93)
NCPratio	—	—	-0. 1552593(-0. 14)
CONS	40. 28844(2. 81)	0. 0076656(1. 57)	0. 0548026(4. 14)
Chi2	25. 58	40. 21	95. 41
N	114	152	152

Note: the numerical values in the parentheses are T values, N refers to sample size, and Chi2 is used to describe each model' s root statistics of overall significance test. ***, ** and * indicate 1%, 5% and 10% significance level respectively.

V. CONCLUSION

In conclusion, the empirical results show that close connection exists between Vaccountability audit and the performance of national governance. In terms of party and government offices, Vaccountability audit and performance of national governance are significantly positively correlated. This indicates that Vaccountability audit is an effective tool to promote the performance of national governance.

Therefore, the new approach of information management is truly useful and effective in executing national governance. In other words, information management can be instrumental in efficaciously disposing political affairs. We expect that further discussions in the issue will be explored more profoundly on the basis of this paper.

ACKNOWLE DGEMENT

This paper has been sponsored by Chinese Philosophy and Social Science Found of Zhejiang Province (No. 12JCML02Z). .

Special gratitude is also given to the excellent student researcher CHEN Qi - kai in his outstanding endeavor of establishing the regression model and in charge of paper writing and amelioration.

REFERENCES

[1] Allan Gibb and Jun Li, "Organizing for Enterprise in China: What Can We Learn from the Chinese Micro, Small, and Medium Enterprise Development Experience", *Futures*, 2003, Vol. 6 (35), pp. 403 - 421.

[2] Lang Zheng - qing, "Impact of Vaccountability Audit on Promoting Government Management", Chinese Nanjing Finance and Economics University, 2006, Vol. 6.

[3] Lev. B and S. Thiagarajan, "Fundamental Information Analysis", *Accounting Research*, 1993, Vol. 30 (Autumn), pp. 190 - 215.

[4] Li Jia, "Several Major Methods in Vaccountability Audit", *Chinese Economic Research Guide*, 2011, Vol. 20.

[5] Liu Ying - fei and Yu Yu - miao, "Vaccountability Audit of Party Leading Cadres from the View of Constitutionalism", *Chinese Audit Research*, 2007, Vol. 3.

[6] Ma Jun - rong, "Enhancing Execution of Audit Program and Improving

Quality of Internal Vaccountability Audit", *Chinese Finance and Accounting Research*, 2011, Vol. 2.

[7] Sun Hui－ming, "Strengthen the Plan, Comprehensively Fulfill Responsibilities of Vaccountability Audit", *Chinese Commercial Economy*, 2011, Vol. 2.

[8] Wang Dong－lian, "A System of Vaccountability Audit for Enterprise Leaders", *Chinese Economic Research Guide*, 2011, Vol. 7.

[9] Wu Yao－xing and Guo Jiang, "Deep Discussion of Vaccountability Audit Pattern under the New Situation", *Chinese Accounting and Audit*, 2011, Vol. 20.

竞赛论文三："国家审计"为什么难入大学讲堂

——来自全国25所高校师生的问卷调查

郭强华　潘攀　叶旭亚

摘要：国家审计作为国家治理的一个重要组成部分，通过预防、揭示和抵御的"免疫系统"功能，在国家治理中发挥着重要作用，但是国家审计在大学讲堂并未得到重视。我们的调查以会计、审计专业的学生对"国家审计"的认识程度为主展开，调查结果显示：目前高校会计、审计专业在教学过程中对于"国家审计"不够重视，导致大学生对"国家审计"了解甚少。其重要原因是审计教材侧重注册会计师审计，较少涉及国家审计内容，加之教师在课堂教学中偶尔讲授甚至不讲授国家审计的知识，是导致"国家审计"难入大学讲堂的原因。

关键词：国家审计　大学生　大学讲堂

一 引言

2011年11月28日，我们收到了刘家义审计长的亲笔回信。[①] 刘家义审计长指出：“我国长时期非常注重国家审计实践之探索，然对实践之总结、经验之提炼，使之上升为理论的工作比较薄弱，中国特色社会主义审计理论体系还很不完善，理论研究大大落后于审计实践。现行不多的审计学教科书也多是简单介绍国外20世纪70年代前的，或将社会中介组织审计的一些原理、方法、摸索搬移、套用、粘贴于中国国家审计，致使审计理论与实践严重脱节，教科书讲的与实践情况‘两张皮’。这在很大程度上禁锢了人们的思想，制约了审计事业的科学发展。”

同时，审计长又说：“谁占领了理论的制高点，谁就拥有了未来！衷心祝愿你们在实践创新的道路上探索，在理论研究的大道上迅跑。”为此，我们开展了“国家审计”为什么难入大学课堂的调研。目的是宣传“国家审计”，使“国家审计”最终走入大学课堂，恢复“国家审计”在注册会计师审计、内部审计中的主导地位。

二 调查情况简介

本次调查是以高校会计、审计专业的学生问卷调查为主，高校审计教师问卷调查为辅[②]，并结合网络书店所售审计教材对象展开调查。[③]

---

① 刘家义审计长提出的“国家审计免疫系统论”是对中国特色社会主义国家审计制度的更高定位，国家审计正发生深刻变化。然而，我们的审计教育、审计教材却停留在注册会计师审计领域，忽视了审计本质变革对审计教育的影响。由此我们展开了对国家审计认知程度的调研，信访了国家审计署审计长刘家义同志。

② 老师问卷——“关于‘国家审计难入大学讲堂’现象的调研”共21个问题，2012年7月，我们将问卷发布到问道网，并且发送邮件给197位审计、会计相关专业的高校教师及研究生，共收到有效问卷27份。

③ 2012年4月，我们在当当网、卓越网、京东商城、博库网搜集2008年后出版的高等院校审计教材，我们共搜集、汇总114本审计教材，并通过教材目录，查阅审计教材涉及国家审计的比重。

学生问卷——“关于大学生对于国家审计理论认识的调研”共有16个题目，包括3个填空题、1个多选题和12个单选题。

2012年5月我们将问卷发布到问道网①，并发送邮件给全国高校大二、大三及大四会计专业及相关专业的264位学生，共收回问卷115份，剔除没有上过审计课的学生，得到有效问卷94份；同时，我们对中南财经政法大学和中国人民大学两所大学的会计、财务管理等专业的大三学生进行纸质问卷和电子版问卷的填写，共收回51份，其中有效问卷46份。两部分共收回有效学生问卷140份，有效率为84.34%。

参与调查的学生的比例是中国人民大学（21.43%）、中南财经政法大学（11.43%）、复旦大学（10.00%）、浙江财经学院（7.14%）、合肥工业大学（5.71%）、东北财经大学（5.00%）、南京审计学院（5.00%）、湖北大学（5.00%）、厦门大学（4.29%）、天津财经大学（4.29%）、江西财经大学（2.86%）、东北大学（2.86%）、西安财经学院（2.86%），另外还有西南财经大学、首都经济贸易大学、湖南大学、中南大学、东华理工大学、宁波大学、浙江师范大学、杭州电子科技大学、上海对外贸易学院、苏州大学、浙江财经学院东方学院、浙江农林大学等（见图1）。

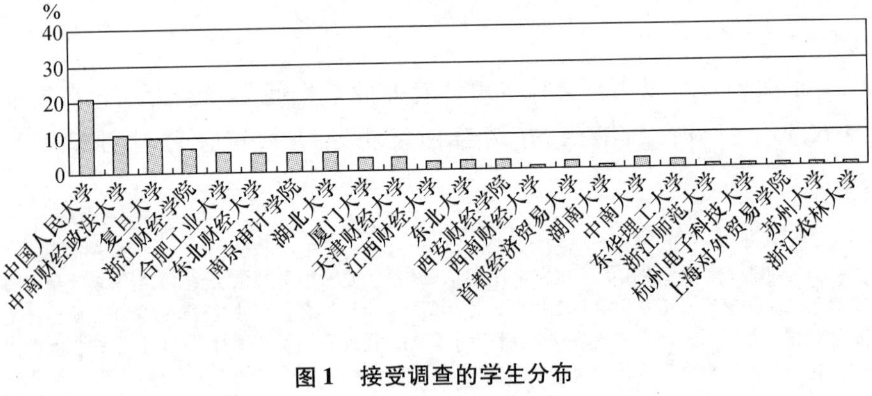

图1　接受调查的学生分布

参与调查的学生的年级是，大二学生4人，占2.86%；大三学生

① 问道网是国内专业的调查问卷服务在线工具平台，提供市场调查、问卷调查、调查问卷服务。免费注册会员后可以创建你的问卷，提供导出数据服务。

124 人，占 88. 57%；大四学生 12 人，占 8. 57%。在性别方面，男生 58 人，占 41. 43%；女生 82 人，占 58. 57%。在专业方面，会计专业 117 人，占 83. 57%；财务管理专业 13 人，占 9. 29%；审计专业 10 人，占 7. 14%（见图 2、图 3）。

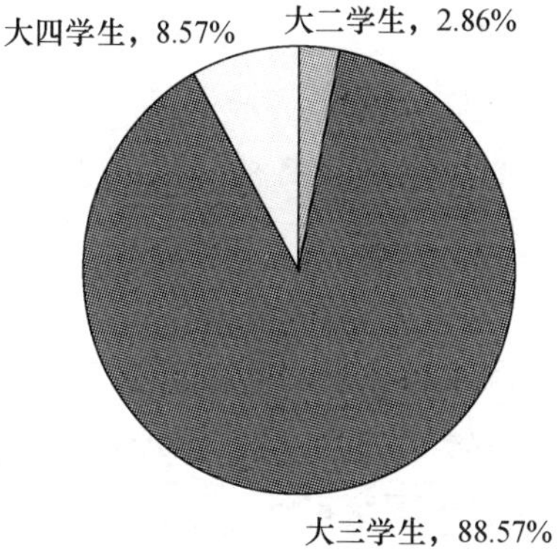

图 2　年级分布

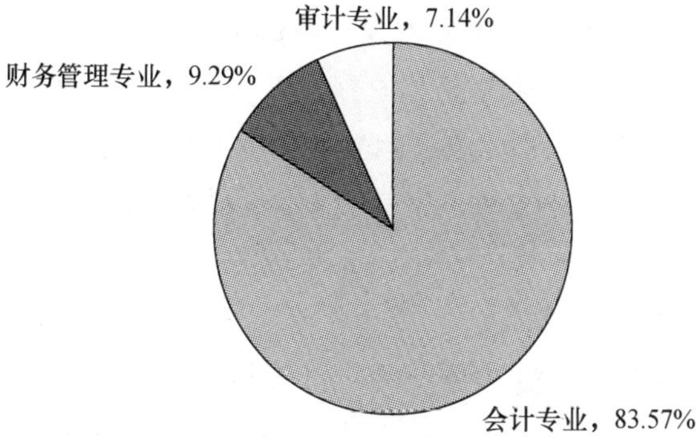

图 3　专业分布

三　调查结果

（一）近七成学生不知道现任国家审计署审计长人选

“您是否知道现任中华人民共和国审计署审计长”一问，收回的

140 份有效问卷当中，大部分同学不知道审计署现任审计长刘家义的名字。表示知道中华人民共和国审计署现任审计长的只占 30%，不知道的占 70%。

（二）超过七成大学生对“国家审计”不了解

在“是否知道国家审计”的问题中，没听说过的占 6.43%，听说过，但不了解的占 67.14%，合计 73.57% 的学生不了解国家审计；了解国家审计的仅占 26.43%。

（三）学生对审计的认知多来自教材和课堂

在多选题“您对审计的认识来自什么”一问中，59.64% 的学生认为来自教材及老师课堂所授，18.83% 的学生认为来自网络、报刊等媒体，17.49% 的学生认为来自从事审计工作的人员，4.04% 的学生认为来自其他途径。说明大部分学生对知识的获取主要依赖于教材和老师的教学，教材和老师授课对于国家审计的涉及程度，在很大程度上决定了大学生对国家审计的了解程度。

（四）审计教材内容侧重于注册会计师审计，国家审计不被重视

学生认为教材内容侧重于注册会计师审计的占 80.71%，认为侧重于内部审计的占 9.29%，认为侧重于国家审计的仅占 8.57%，其他占 1.43%。说明在审计教材内容上主要是以注册会计师审计为主。

此外，2012 年 4 月我们通过对各大网络书店销售的高等院校审计教材目录的查阅结果，统计了审计教材涉及国家审计的比重，共搜集、汇总 114 本审计教材，其中有 25 本涉及“国家审计”，占总教材比重的 21.93%。

在教师样本中，针对“您认为审计教材编写者在编写教材的过程中会主要参考哪一个方面”一问中，有 11 位教师认为主要参考注册会计师考试审计教材，占 42.31%；认为参考现有审计教材的占 22.22%；认为参照国家审计署相关指示文件和国际审计理论的占 15.38%。这进一步印证了刘家义审计长回信中所讲“现行不多的审计学教科书也多是简单介绍国外 20 世纪 70 年代前的，或将社会中介组织审计的一些原理、方法、摸索搬移、套用、粘贴于中国国家审计，致使审计理论与实践严重脱节”这一现象。

学生了解审计知识主要来自教材和课堂教学，而教材中涉及国家审计的知识很少，这是学生对“国家审计”了解少的主要原因之一。

（五）超过七成的学生关注注册会计师审计，忽略国家审计

在“您在对审计知识的掌握过程中主要会偏重于哪方面的审计知识”的问题中，76.43%的学生选择了注册会计师审计，6.43%的学生选择内部审计，5.71%的学生选择国家审计，剩下11.43%的学生表示并未侧重于某一方面。究其原因，教材和课堂教学的侧重点影响了学生学习审计知识的侧重点；此外，学生对国家审计缺乏兴趣也会导致该现象的产生。

（六）超过六成学生对“国家审计”发挥的巨大作用不了解

在“是否关注过国家审计功能在实际审计工作中运用效应（如汶川地震救灾款物审计）”的问题中，从没有关注过的占65%，关注过的占35%。“国家审计”在社会经济运行中发挥越来越重要的作用，但大学生对“国家审计”在国家治理中发挥功效的关注度并不高。在“国家审计”发挥重大经济作用的同时，也要加大对其的宣传力度，使高校学生了解“国家审计”。

（七）超过一成学生承认课堂教学提及了“国家审计”

调查结果显示，15%的学生认为老师在授课过程中经常讲授国家审计的前沿知识，认为偶尔提及的占71.43%，从不提及的占13.57%。

在被调查的14位有教龄的审计老师中，有8位老师会在课堂上讲解国家审计理论。讲授国家审计实务和提及国家审计前沿知识的情况如图4和图5所示。

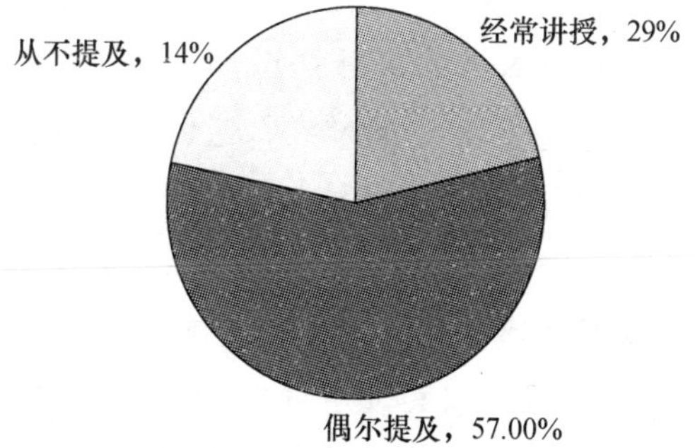

图4 国家审计实务情况

老师授课过程中涉及“国家审计”甚少，而同学们对审计知识的

认识，老师的课堂授课是重要的渠道之一。因此，这也是造成学生对“国家审计”了解不多的重要原因之一。

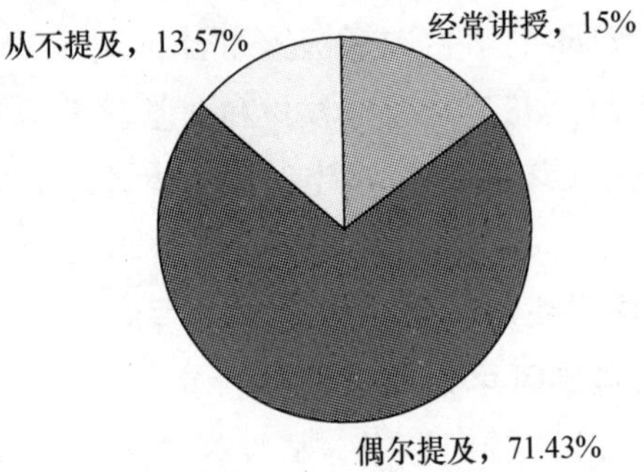

图5　国家审计前沿知识情况

（八）大部分学生毕业去企业或事务所工作，选择国家审计部门较少

在就业意向的问题填写选择中，有40.71%的学生有意向去企业财务方向，去会计师事务所的占35%，去银行的占12.14%，而去国家审计相关部门工作的仅占5.71%，选择其他的占6.44%。数据表明，大部分会计相关专业的学生意向去企业财务方向或会计师事务所。

（九）近六成学生看重教材内容贴近以后工作实际

教材是学生接受知识的重要工具之一，有58.57%的学生最看重教材内容贴近以后工作实际情况，30%的学生看重涵盖全面的审计知识，10.71%的学生看重涉及前沿的审计知识部分，选择其他的占0.72%。近年来，高校毕业生就业压力不断增大，这也许使高校学生在学习知识的过程中以就业为导向，希望在校园中能够学到与今后工作内容接近的知识。

（十）学生课余阅读审计期刊较少，阅读有国家审计内容的更少

在问及学生课堂学习之余阅读审计期刊、相关审计文献的调查中，学生经常阅读，但不怎么阅读关于国家审计的内容占12.14%；经常阅读，且会关注国家审计内容的学生仅占2.14%；偶尔阅读的占49.29%；基本不阅读的占36.43%。数据表明，学生缺乏主动了解国家审计的积极性。

（十一）八成左右的师生认为有必要推广学习“国家审计免疫系统论”

在“您觉得是否有必要将‘国家审计免疫系统论’在大学生中推广”的问卷中，有79.29%的学生认为有必要将“国家审计免疫系统论”在大学生中推广；而20.71%的学生则认为没有必要向大学生推广“国家审计免疫系统论”。说明近八成学生希望了解“国家审计”如何在国家治理中发挥“免疫系统”的功效。同时，在给老师的问卷“您觉得是否有必要将国家审计推入大学课堂”一问中，填写问卷的27位老师中，也有24位老师认为有必要将“国家审计”推入大学课堂。

（十二）将“国家审计”编入审计教材是“国家审计”进入大学讲堂的重要举措

在“您觉得怎样才能让国家审计进入大学课堂”一问中，50%的学生认为可以将“国家审计”编入审计教材，30.71%的学生认为可以在高校中开设“国家审计”选修课，16.43%的学生认为可以在高校中开展“国家审计”学术知识讲座，2.86%的学生选择了其他。半数的学生认为将“国家审计”编入审计教材是将“国家审计”推入大学课堂的重要举措，选择开设选修课的也占了一定比例。

结合教师填写的“您觉得推动国家审计进入大学课堂最有效的方法”一问中，选择实行我国审计教材的大改革，加大国家审计在审计教材的篇幅的占48.15%；认为其他（开设选修课）的占19.23%；选择学生积极主动阅读课外审计期刊、文献的占26.92%；选择国家审计署加强“国家审计”在相关专业大学生中的宣传的占7.69%。

四　结论

（1）目前高校会计、审计专业在教学过程中对于“国家审计”不够重视，导致大学生对“国家审计”了解甚少。

（2）审计教材以注册会计师审计内容为主，较少涉及国家审计内容，加之教师在课堂教学中偶尔讲授甚至不讲授国家审计的知识，是导致学生对国家审计了解甚少的重要原因。

（3）师生共识是“国家审计”进入大学讲堂很有必要，学习“国家审计免疫系统论”是认识国家审计的重要途径。

(4) 实行审计教材改革，增加“国家审计”在审计教材的篇幅，以及在高校增设选修课，是“国家审计”进入大学讲堂的重要举措。

附：图片材料（相关截图和照片）

（一）相关媒体报道

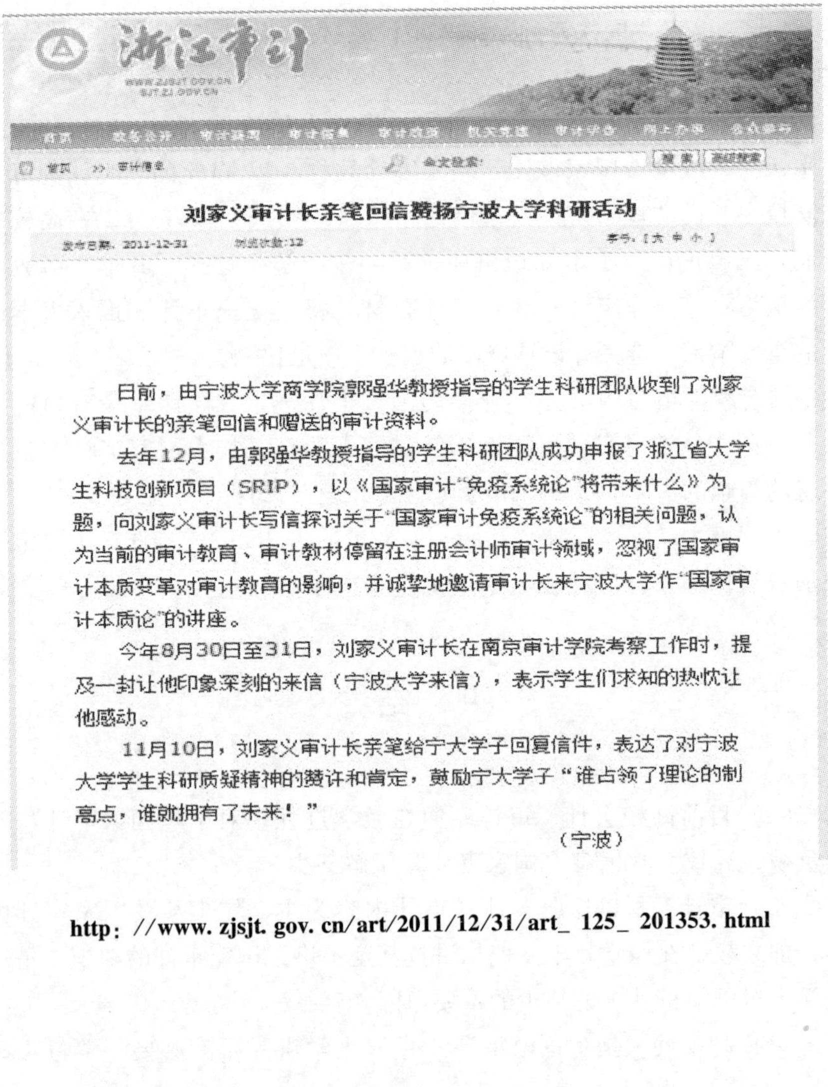

浙江审计

刘家义审计长亲笔回信赞扬宁波大学科研活动

发布日期：2011-12-31　　字号：[大 中 小]

日前，由宁波大学商学院郭强华教授指导的学生科研团队收到了刘家义审计长的亲笔回信和赠送的审计资料。

去年12月，由郭强华教授指导的学生科研团队成功申报了浙江省大学生科技创新项目（SRIP），以《国家审计“免疫系统论”将带来什么》为题，向刘家义审计长写信探讨关于“国家审计免疫系统论”的相关问题，认为当前的审计教育、审计教材停留在注册会计师审计领域，忽视了国家审计本质变革对审计教育的影响，并诚挚地邀请审计长来宁波大学作“国家审计本质论”的讲座。

今年8月30日至31日，刘家义审计长在南京审计学院考察工作时，提及一封让他印象深刻的来信（宁波大学来信），表示学生们求知的热忱让他感动。

11月10日，刘家义审计长亲笔给宁大学子回复信件，表达了对宁波大学学生科研质疑精神的赞许和肯定，鼓励宁大学子“谁占领了理论的制高点，谁就拥有了未来！”

（宁波）

http：//www. zjsjt. gov. cn/art/2011/12/31/art_ 125_ 201353. html

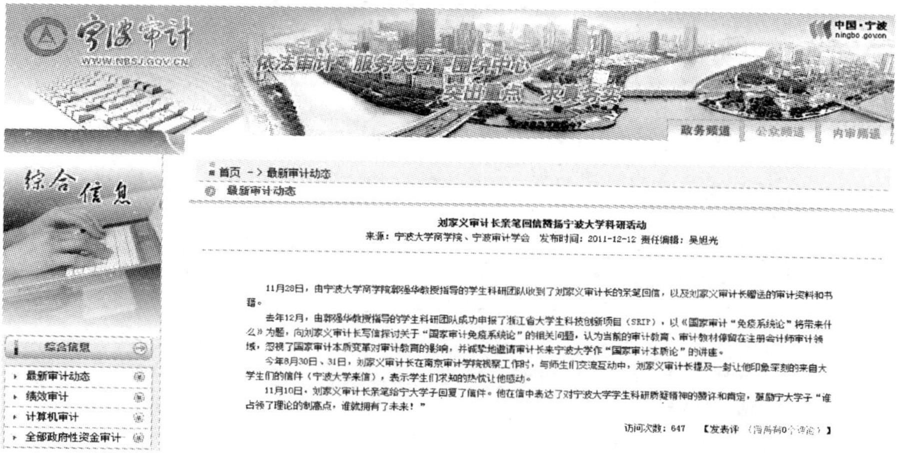

首页 -> 最新审计动态

最新审计动态

刘家义审计长亲笔回信赞扬宁波大学科研活动

来源：宁波大学商学院、宁波审计学会 发布时间：2011-12-12 责任编辑：吴旭光

11月28日，由宁波大学商学院郭强华教授指导的学生科研团队收到了刘家义审计长的亲笔回信，以及刘家义审计长赠送的审计资料和书籍。

去年12月，由郭强华教授指导的学生科研团队成功申报了浙江省大学生科技创新项目（SRIP），以《国家审计“免疫系统论”将带来什么》为题，向刘家义审计长写信探讨关于“国家审计免疫系统论”的相关问题，认为当前的审计教育、审计教材停留在注册会计师审计领域，忽视了国家审计本质变革对审计教育的影响，并诚挚地邀请审计长来宁波大学作“国家审计本质论”的讲座。

今年8月30日、31日，刘家义审计长在南京审计学院视察工作时，与师生们交流互动中，刘家义审计长提及一封让他印象深刻的来自大学生们的信件（宁波大学来信），表示学生们求知的热忱让他感动。

11月10日，刘家义审计长亲笔给宁大学子回复了信件。他在信中表达了对宁波大学学生科研质疑精神的赞许和肯定，鼓励宁大学子“谁占领了理论的制高点，谁就拥有了未来！”

访问次数：647 【发表评论】

http：//www.nbsj.gov.cn/gzxsjdt_ detail.asp？id = 3821

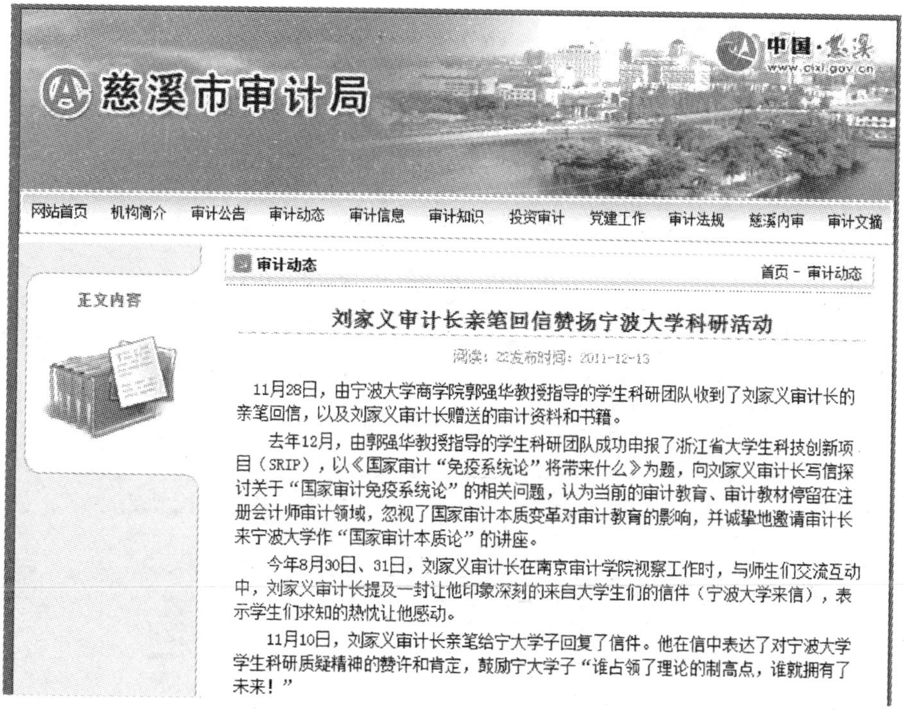

审计动态 首页 - 审计动态

刘家义审计长亲笔回信赞扬宁波大学科研活动

阅读：22发布时间：2011-12-13

11月28日，由宁波大学商学院郭强华教授指导的学生科研团队收到了刘家义审计长的亲笔回信，以及刘家义审计长赠送的审计资料和书籍。

去年12月，由郭强华教授指导的学生科研团队成功申报了浙江省大学生科技创新项目（SRIP），以《国家审计“免疫系统论”将带来什么》为题，向刘家义审计长写信探讨关于“国家审计免疫系统论”的相关问题，认为当前的审计教育、审计教材停留在注册会计师审计领域，忽视了国家审计本质变革对审计教育的影响，并诚挚地邀请审计长来宁波大学作“国家审计本质论”的讲座。

今年8月30日、31日，刘家义审计长在南京审计学院视察工作时，与师生们交流互动中，刘家义审计长提及一封让他印象深刻的来自大学生们的信件（宁波大学来信），表示学生们求知的热忱让他感动。

11月10日，刘家义审计长亲笔给宁大学子回复了信件。他在信中表达了对宁波大学学生科研质疑精神的赞许和肯定，鼓励宁大学子“谁占领了理论的制高点，谁就拥有了未来！”

http：//sjj.cixi.gov.cn/art/2011/12/13/art_ 10445_ 870384.html

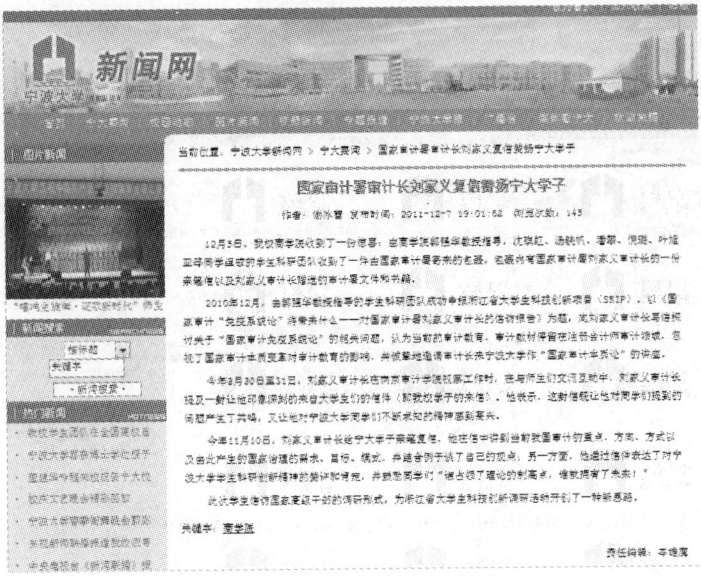

当前位置：宁波大学新闻网 > 宁大要闻 > 国家审计署审计长刘家义复信赞扬宁大学子

国家审计署审计长刘家义复信赞扬宁大学子

作者：谢冰蕾 发布时间：2011-12-7 19:01:52 浏览次数：145

12月5日，我校商学院收到了一份喜报：由商学院郭强华教授指导，沈琪虹、汤晓帆、潘翠、倪琳、叶旭亚等同学组成的学生科研团队收到了一件由国家审计署寄来的包裹，包裹内有国家审计署刘家义审计长的一份亲笔信以及刘家义审计长赠送的审计署文件和书籍。

2010年12月，由郭强华教授指导的学生科研团队成功申报浙江省大学生科技创新项目（SSIP），以《国家审计"免疫系统论"将带来什么——对国家审计署刘家义审计长的信访报告》为题，向刘家义审计长写信探讨关于"国家审计免疫系统论"的相关问题，认为当前的审计教育、审计教材停留在注册会计师审计领域，忽视了国家审计本质变革对审计教育的影响，并诚挚地邀请审计长来宁波大学作"国家审计本质论"的讲座。

今年8月30日至31日，刘家义审计长在南京审计学院视察工作时，在与师生们交流互动中，刘家义审计长提及一封让他印象深刻的来自大学生们的信件（即我校学子的来信），他表示，这封信既让他对同学们提到的问题产生了共鸣，又让他对宁波大学同学们不断求知的精神感到高兴。

今年11月10日，刘家义审计长给宁大学子亲笔复信，他在信中讲到当前我国审计的重点、方向、方式以及由此产生的国家治理的需求、目标、模式，并结合例子谈了自己的观点；另一方面，他通过信件表达了对宁波大学学生科研创新精神的赞许和肯定，并鼓励同学们"谁占领了理论的制高点，谁就拥有了未来！"

此次学生信访国家高级干部的调研形式，为浙江省大学生科技创新调研活动开创了一种新思路。

关键字：商学院

责任编辑：李艳霞

http：//news. nbu. edu. cn/WebNewsRead. asp？ Id＝17020

（二）国际会议邀请函

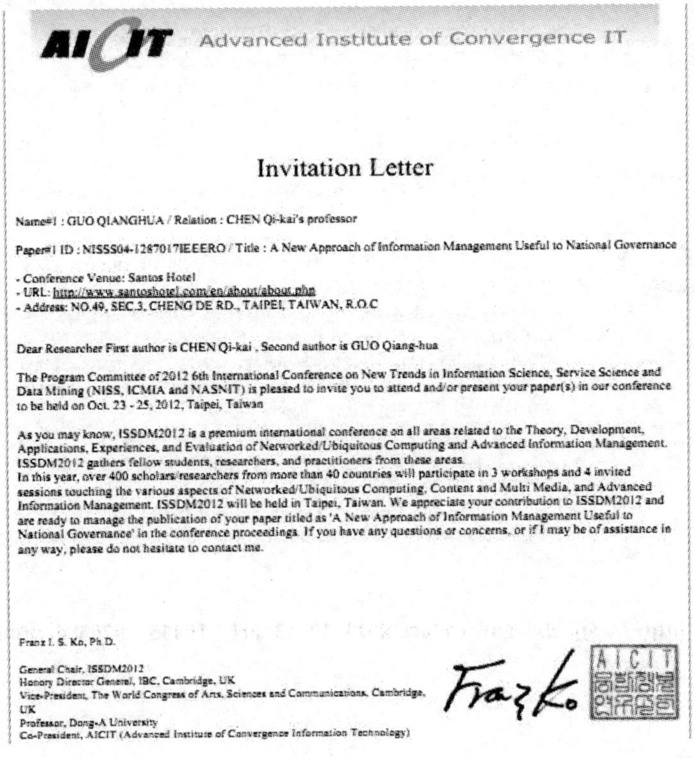

AICIT Advanced Institute of Convergence IT

Invitation Letter

Name#1 : GUO QIANGHUA / Relation : CHEN Qi-kai's professor

Paper#1 ID : NISSS04-1287017IEEERO / Title : A New Approach of Information Management Useful to National Governance

- Conference Venue: Santos Hotel
- URL: http://www.santoshotel.com/en/about/about.php
- Address: NO.49, SEC.3, CHENG DE RD., TAIPEI, TAIWAN, R.O.C

Dear Researcher First author is CHEN Qi-kai , Second author is GUO Qiang-hua

The Program Committee of 2012 6th International Conference on New Trends in Information Science, Service Science and Data Mining (NISS, ICMIA and NASNIT) is pleased to invite you to attend and/or present your paper(s) in our conference to be held on Oct. 23 - 25, 2012, Taipei, Taiwan

As you may know, ISSDM2012 is a premium international conference on all areas related to the Theory, Development, Applications, Experiences, and Evaluation of Networked/Ubiquitous Computing and Advanced Information Management. ISSDM2012 gathers fellow students, researchers, and practitioners from these areas.
In this year, over 400 scholars/researchers from more than 40 countries will participate in 3 workshops and 4 invited sessions touching the various aspects of Networked/Ubiquitous Computing, Content and Multi Media, and Advanced Information Management. ISSDM2012 will be held in Taipei, Taiwan. We appreciate your contribution to ISSDM2012 and are ready to manage the publication of your paper titled as 'A New Approach of Information Management Useful to National Governance' in the conference proceedings. If you have any questions or concerns, or if I may be of assistance in any way, please do not hesitate to contact me.

Franz I. S. Ko, Ph.D.

General Chair, ISSDM2012
Honory Director General, IBC, Cambridge, UK
Vice-President, The World Congress of Arts, Sciences and Communications, Cambridge, UK
Professor, Dong-A University
Co-President, AICIT (Advanced Institute of Convergence Information Technology)

Franz Ko

AICIT

（三）国际会议论文收录通知

ACCEPTANCE LETTER

Dear Researcher Qikai Chen,

Congratulations! It is my great pleasure to announce you that your paper, **A New Approach of Information Management Useful to National Governance**, is accepted by the ISSDM2012: 2012 6th International Conference on New Trends in Information Science, Service Science and Data Mining (NISS, ICMIA and NASNIT) which will be held from ISSDM2012 in Taipei, Taiwan.
This year, we have accepted a large number of various papers from more than 25 countries and it wasn't easy work for us to select the most innovative and well-written papers among them.
With the assigned ID and PW, you can check or revise your personal and paper information from web system of the ISSDM2012, http://www.aicit.org/issdm.

Mission and Aims

ISSDM2012 will trigger off the scientific community to propose topics that should be tackled from research perspective and let the community explain how to best use their tools for practical and theoretical problems of Interaction Sciences. Many various contributions are foreseen from prospective authors. This includes use-cases of theoretical tools and methods to solve practical problems. Such contributions should be as usable as possible by practitioners in the related field. We also expect research results from practitioners that have identified a problem that could be solved by tools from network sciences. One of the missions of ISSDM2012 is to make the scientific community aware of the importance of the issues in Interaction Sciences and to suggest means by which the problem may be solved by the scientific community. The contributions should stimulate interaction between theoreticians and practitioners and also have high potential impact in either field.

We aims to bring together and share brilliant and ideas, accumulated knowledge and unique experiences for mutual benefit of researchers and practitioners and explore possible directions for development of Multidisciplinary and Hybrid/Convergent research in the areas of Interaction Sciences.

Once again, congratulations on your paper acceptance.
I look forward to seeing you at the conference soon.

Dr. Kae Dal Kwack

General Chair, ISSDM2012
IEEE Korea Council Chair, Korea

Franz I. S. Ko, Ph.D.

General Chair, ISSDM2012
Honory Director General, IBC, Cambridge, UK
Vice-President, The World Congress of Arts, Sciences and Communications, Cambridge, UK
Professor, Dong-A University
Co-President, AICIT (Advanced Institute of Convergence Information Technology)

AICIT SINCE 2005

Address: 1104, Jinseok Tower Bldg., Samdeok-dong 2ga, Jung-gu, Daegu, Korea(Rep. of), Zipcode: 700-719
Registration Number: 314-04-42154, TEL: International: +82-70-7713-9170, Domestic: 070-7713-9170

（四）国际会议论文收录通知

abmc2012

The Third Asian Business & Management Conference
www.abmc.iafor.org

iafor

The International Academic Forum
www.iafor.org

November 16-18 2012, The Ramada Osaka, Osaka, Japan

Dr Joseph Haldane, B.A. Hons., Ph.D. (London), F.R.A.S.

Executive Director, IAFOR Japan

QIKAI CHEN

Ningbo University, China

August 14, 2012

Contact Email: qinkigai@gmail.com

Submission Reference Number: 0067

Presentation Type: Oral Presentation

Submission Title: *An New Approach of Information Management Useful in National Governance - Effectiveness of Vaccountability audit approach in national governance based on an empirical analysis*

Author(s): Qikai Chen, Qianghua Guo

Dear Dr. CHEN,

On behalf of the conference organizers, and the Chairman of the IAFOR International Advisory Board, Professor Jerry Platt, I am pleased to write that your proposal "An New Approach of Information Management Useful to National Governance - Effectiveness of Vaccountability audit approach in national governance based on an empirical analysis", having met the accepted international academic standards of blind peer review, has been accepted for Oral Presentation at ABMC 2012.

The Conference will be held in Osaka, Japan, at the Ramada Osaka Hotel, from the evening of Friday November 16 through Sunday, November 18 2012. The keynote speaker and plenary session will be on Saturday morning. Parallel panel sessions begin Saturday afternoon and run for the duration of the conference. Most panels run for 90 minutes, with generally three presenters per panel, so each presenter has 30 minutes total for presentation and Q&A. For more detailed information about the conference, and accommodation, please visit the conference website.

If you cannot attend for any reason, please notify the conference administration team at abmc@iafor.org, remembering to quote your submission reference number. Also, if you observe special religious holidays during the conference, please let us know on which day(s) you must not present. Not everyone can be accommodated with preferential dates and time, so presenters should limit any request of this nature to unavoidable situations.

A PDF of the full Conference Programme will be placed on the ABMC 2012 website by November 6, 2012. Your name and paper title will be listed in the Programme upon payment of your registration fees. Please check the Programme at that time to make sure all information pertaining to you is included and correct.

Thank you for participating in the Third Asian Business & Management Conference 2012. All of us affiliated with the organization aim to make this conference a success.

Yours Sincerely,

Joseph Haldane

iafor

iafor japan, 1-4-1 Ohishi Kataba, Kitanagoya Aichi, 481-0001 Japan
www.iafor.org

浮云遮月终有时　不信东风唤不回

——国家审计署刘家义审计长肯定商学院学生科研团队纪实

2011 年 11 月 28 日，宁波大学商学院郭强华教授收到了一件由国家审计署办公厅寄来的包裹，其中包括刘家义审计长的亲笔回信，以及赠送的审计署红头文件和书籍。在回信中，刘家义审计长接受了郭强华教授指导的学生科研团队（沈琪虹、汤晓帆、潘攀、倪璐、叶旭亚）的建议，肯定并赞扬了他们的科研活动。

一　重视选题

——小荷才露尖尖角

2010 年 12 月，针对每年一度的学校 SRIP 项目申报工作，商学院学工部非常重视，特地召开了由谢冰蕾主持，各系主任参加的动员会议，熊德平书记作了动员报告。会计系的出题任务落在了郭强华教授身上。

如何为学生打造适合他们特点而不是“大人”式的课题，这让拿过国家社会科学基金的郭老师犯难了：课题太理论化，大二的学生啃不动；课题没有理论又难说丰厚和创新。为此，整整一个星期，郭老师查阅了全国挑战杯获奖项目，结合审计教学中感悟的教材偏重注册会计师审计现象，提出科学疑问：现行审计教材只讲注册会计师审计，忽略国家审计的现象是正常的吗？尤其是刘家义审计长上任后，国家审计的理念、内容和方法都发生了重大变革，我们完全可以把疑问求解于审计长，于是课题《国家审计“免疫系统论”将带来什么》出炉了。随即被列为商学院入选课题，参加学校评审，获得 SRIP（浙江省大学生科技创新项目）重点立项项目。

二　问题式探究

——拨去乌云始见月

课题立项后，郭强华老师开始组建会计系学生科研团队。通过自由报名，面试考核筛选，组成了以沈琪虹为组长，汤晓帆、潘攀、倪璐、叶旭亚为组员的科研团队。

2008 年新任国家审计署审计长刘家义提出了“国家审计免疫系统论”，它是对中国特色社会主义国家审计制度的更高定位。目前，审计界正如火如荼地开展对“国家审计免疫系统论”的学习。然而，我们的审计教育、审计教材却停留在注册会计师审计领域，忽视了审计本质变革对审计教育的影响。由此我们展开了对“国家审计免疫系统论”认知程度的调研。

此课题顺应当前审计界热点话题，通过信访国家审计署审计长刘家义同志的调研形式，为浙江大学生科技创新调研活动提供一种新思路。在之后一年的时间里，学生团队成员展开了实地调研。调研形式主要有发放调研问卷，走访宁波市图书馆以及信访刘家义审计长。为了解大学生对“国家审计免疫系统论”的认知现状，我们以宁波大学大二、大三会计专业大学生为调查对象进行了问卷调查。问卷发放 240 份，实际回收 178 份。在对问卷进行了收集与统计后，得出当代大学生对国家审计的认识误区与未知领域，并进行整理与总结。在 2011 年暑假期间，学生科研团队走访了宁波市图书馆，查阅了各类审计书籍，找到一本由国家审计署编写的《中国审计研究报告 2008》，其中详细地介绍了“国家审计免疫系统论”以及其与之前相关理论的比较。经过了很长一段时间的前期准备工作，学生科研团队于 2011 年 7 月 10 日向刘家义审计长邮寄了一封信件，信中我们向他展示了我们的调研数据，表达了我们对于“审计免疫系统论”的疑惑，并且还诚挚地邀请他来宁波大学进行关于“国家审计免疫系统”的宣讲。主要向审计长提出了以下 6 个问题：

（1）据调查结果显示，目前审计书籍中很少涉及“国家审计免疫系统”，刘审计长如何看待审计教材中注册会计师审计内容比重大，“国家审计免疫系统论”内容比重小的问题。

（2）对于学生而言，接触审计理论主要以教师授课和阅读审计书籍为主，经过调查发现目前这两条途径都缺乏“国家审计免疫系统”普及力度，我们想请刘审计长谈谈如何引起或者说吸引大学生对“国家审计免疫系统论”的关注。

（3）“国家审计免疫系统论”揭示了审计的本质，是对中国特色社会主义国家审计制度的更高定位，该理论相比之前的审计理论在指导审计工作开展方面具有革命性的意义。

（4）在运用“国家审计免疫系统论”指导实践的过程中，想必也存在一些质疑之声，请问审计长是如何看待“审计免疫论”在实践过程中所产生的问题的，针对这些问题您对该理论又有哪些新的发展？

（5）据相关报道，目前部分审计人员的素质还尚待提高，刘审计长对高校即将步入审计工作岗位的在校大学生的成长有哪些建议？

（6）尽管“国家审计免疫系统论”提出已有3年的时间，但是大学生对其的了解还很少。为了改善这一现状，请问刘审计长是否有去高校对在校大学生进行“国家审计免疫系统论”宣讲的想法？能否先以宁波大学为试点开展？

三　审计长的肯定和赞许
——唤得东风大地春

2011年8月30日、31日，刘家义审计长在南京审计学院开展视察工作时，在与师生们交流互动中，刘家义提及一封让他印象深刻的来自一群审计学专业大学生们的信件。这封信，让刘家义既感动于学生们求知的热忱，也让他心生愧疚：“关于国家审计理论体系尚未构建和完善，责任在我。”

2011年11月10日，刘家义审计长亲笔给宁波大学学子回复了信件，这是刘家义审计长首次对学生信件进行回复。他在信中表达了对宁波大学学生科研质疑精神的赞许和肯定。认为“审计理论研究大大落后于审计实践，教科书讲的与实践情况‘两张皮’。这在很大程度上禁锢了人们的思想，制约了审计事业的科学发展”。最后，审计长鼓励宁波大学学子“谁占领了理论的制高点，谁就拥有了未来!”

刘家义审计长鼓励宁波大学子的信件引起了商学院党委熊德平、邵丽书记和谢冰蕾老师的重视。宁波大学新闻网、宁波大学商学院、商科实验教学示范中心等相关网站上进行了报道。宁波市审计局新闻网连发两篇报道，市审计学会秘书长张克俭处长对学生科研项目大加赞赏，表示将组织审计人员开展对刘家义审计长信件的学习。

目前，学生科研团队正在郭强华老师的指导下，申报下一轮研究课题——《为什么国家审计难入大学课堂：审计教材与实践脱节‘两张皮’现象》。他们将本着“实事求是，经世致用”的精神，力行刘家义审计长的期望：“在实践创新的道路上求索，在理论研究的大道上迅跑！在求索中锤炼，在迅跑中升华!”

（郭强华、沈琪虹等）

学术质疑

对“国家审计免疫系统论”的不同看法

刘家义同志最近提出了“现代国家审计是经济社会运行的一个‘免疫系统’”。它的提出无疑会在很长一段时期内影响到中国对审计理念的研究以及对审计实务的指导工作。

这一理论虽然具有科学性、创新性、前瞻性，但笔者认为还是存在一些问题。

一 定义过窄

这一新的理论要求将国家经济社会运行视为一个有机的系统，而国家审计因必须关注政府责任、必须重视政府责任的核心内容——国家利益、必须保障国家利益的基础——国家安全，因而成为经济社会健康运行的“免疫系统”，即与运行、控制、管理等系统相对独立而又能发挥功用的系统，其内在的作用机理应该是识别、处理乃至免疫。中国国家审计作为一个“免疫系统”，自然地具有免疫系统的基本功能，即在国家经济社会运行中具有并发挥其防御、自稳及监督的功能。也就是说，我们可以借鉴和吸收现代医学的免疫学等多学科基本原理与主要内核，探讨作为“免疫系统”的中国国家审计发挥其“免疫功能”的有关议题和相关问题，但并不能就此而下定论说“现代国家审计是经济社会运行的一个‘免疫系统’”，因为一个“是”字就在“国家审计”与“免疫系统”之间画上了等号。

其实，在很多方面，人体的免疫系统和国家审计在本质上是有一定区别的。人体免疫系统是将非己的物质排斥掉。换句话说，被排斥的物质，要么是体外进入体内且不被人体免疫系统所识别的物质，要么就是由体内自身转变成为不被人体免疫系统所识别的物质，总之也就是不好的东西。而国家审计的“免疫系统”则更侧重于一个全方位的审计，它不仅针对不好的方面，同样也要针对好的方面，比如，审计部门在对财政部门进行国家审计过程中，发现财政收入增长很快，从表面上来看，说明该政府的财政状况很好，但从“免疫系统”的角度出发，还应分析收入增长的原因。因为很多地方政府财政收入增长的一大部分来自土地的出让，由于房产市场的过量开发，导致土地供不应求，因而土地的价格不断上涨，从而再带动房价的上涨，形成百姓买不起房，这就形成了我们所说的在经济发展过程中的社会问题。国家审计部门就应该向有关部门提示这些可能存在的问题，以便于这些社会问题能得到及时的解决。

二　提法标点符号出错

“系统”是指由相互联系和相互作用的诸要素组成的、具有一定功能的有机整体。构成一个系统必须有三个要件，即有两个或两个以上的要素，而且各要素之间相互联系、相互作用，要素之间的联系与作用必须能够产生或发挥整体功能。中国国家审计关系到审计主体（审计人）、审计客体（财产经营管理者）及审计委托人（委托人或财产所有者）等多方审计关系人。审计关系人之间相互联系，相互作用：财产所有者将财产委托给财产经营管理者进行管理与经管，财产经营管理者对财产所有者承担经营管理责任。财产所有者欲了解财产经营管理者所履行的经营管理责任情况，便委托审计人对财产经营管理者的经营管理情况进行审查；受托的审计主体接受财产所有者的委托，对财产经营管理者的经营管理情况进行审查后，将审查结果报告给委托人。在国家审计三方关系人中，审计主体既不是财产的所有者，也不是财产的经营管理者，而是处于独立的第三方地位。这种既独立于委托人又独立于被审计人的地位，有利于保证审计人客观地进行审查，公正地做出审计结论，从而发挥国家审计的经济监督、经济评价及经济鉴证等基本职能。

可见，国家审计及其活动具有形成系统的三个条件，并且成为一个严格意义上的系统。既然已是一个严格意义上的系统，又怎么会加上“免疫系统”呢，而应该是“免疫”系统才对。

三 用比喻作定义项不妥当

逻辑是关于思维形式的正确性的科学。尽管合乎逻辑的未必就准确，但是，不合乎逻辑的就一定不正确。只有合乎逻辑，才有可能准确。也就是说，讲究逻辑是保证准确的必要条件。

下定义可以通过以下三种基本类型：

（1）转换语词释义模式，这种模式的释义项是利用与被释义词项具有同义关系或反义关系的另一词项构成。例如，哀矜：［书］哀怜。

（2）分解语素释义模式，这种模式的释义项以解述或组合的方式将被释义的词语所包含的语素义表述出来。例如，哀恸：十分悲痛。

（3）属加种差式，这种释义项是通过对语词所指对象进行属加种差式的说明、描写来揭示被释义的语词的意义。例如，丝糕：小米面、玉米面等加水搅拌发酵后蒸成的松软的食品。

金岳霖主编的《形式逻辑》中指出“定义项不能用比喻”。但这也不是绝对地说不能用比喻进行定义，能否采用比喻取决于两点：首先，是释义的目的。释义的目的是要使被释义的语词意义明确，而比喻是用有某些相似点的事物来比拟想要说的某一事物，用于比拟的事物应是更易理解的。因而在释义中恰当地使用比喻能够帮助我们理解被释义对象。其次，是释义的方式。如果采用分解语素式释义的语词本身包含了比喻，那么我们在分析解说语素的意义的时候当然也离不开比喻。笔者认为对于国家审计的定义，可以说是满足了前半条要求，即释义的目的。但关于释义的方式，应采用属加种差式，所以没有满足用比喻定义的后半条要求。也就是说，不能用比喻的手法来对国家审计下定义，不能说国家审计是“免疫系统”。

中国审计改革模式只有两条路可走吗？

一　中国审计改革模式只有两条路可走吗？

目前在世界范围内，国家审计体制主要有立法型、司法型、行政型和独立型，每种模式都各有其特点并各自发挥不同的作用和影响。根据我国宪法规定，国务院设立审计署，在国务院总理领导下，主管全国审计工作，县级以上地方政府设立审计机关，在本级政府和上一级审计机关领导下负责本行政区域内的审计工作。我国目前的国家审计是一种典型的行政型审计体制。

其实，从审计署成立之初就伴随着对其定位问题的分歧。项俊波认为最为可取的还是应将我国国家审计体制适时地由行政模式向立法模式转变。这种转变，虽然需要一段时间、需要一个过程，但却是一种较为理想的模式，且有其可行性。

廖洪认为，我国审计体制改革应分两步走：在现阶段，对现行审计体制进行完善和调整，以增强独立性为主，加强审计监督力度；待各方面条件成熟后，向立法型体制转变。

目前，这种改革呼声已经延伸到人大代表提案中，在2003年的“两会”上，人大代表叶青联合33名代表向全国人大提交议案修改《审计法》，并提议审计机关直接对立法机关负责。2005年“两会”期间，人大代表和政协委员再次进言，修改《审计法》等相关法律、推动审计体制改革从行政型模式向立法型模式转变，即隶属于各级人民代表大会及其常委会。似乎中国审计模式只有两条路可走：要么保持现在的行政型审计体制，要么改革为立法型审计体制。

我们认为立法型审计体制既不适合于廉政审计体制，也与我国政治体制改革要求不相符。国家审计是一个国家整体政治框架的组成部分，是国家整体制度建设中的重要环节。一个国家的国家审计目标的确立和体制的选择，主要受审计环境因素影响，如政治环境、经济环境、文化和法律环境等，其中影响最大的因素是这个国家的政治制度和政治体制。

政治体制一般是指一个国家政府的组织结构和管理体制，在不同的历史时期，不同的国家和地域，政治体制不尽相同，大致可分为独裁型、君主立宪制、共和制、总理制和社会主义共和制等几种类型。我国基本的政治制度就国体而言是人民民主专政，就政体而言是人民代表大会。这一基本政治制度是中国社会历史进程的客观要求，也是中国人民长期选择的结果。行政型审计体制实际上就是我国政治体制上的制度安排。很多学者看好立法型审计体制，是因为独立性较强，但是我们应该认识到它产生的基础是西方民主社会政治体制，比如美国，由于实行的是议会民主制度，立法、行政和司法三权相互制衡，立法机关享有较大的权力，国家审计机关成为维系三权制衡的一种工具，是立法机关监督政府服务质量的一个重要手段。在这种情况下，国家审计机关往往独立于政府之外。显然，把西方民主政治制度下的立法型审计直接嫁接于中国人民民主专政的政治体制是不合时宜的。即便是审计署归属于全国人大，如果不受委员长直接管辖，极有可能列入人大财经委员会下，较之总理领导下的行政型审计体制，其权威性更差，独立性也不强。这是因为我国人大常委会机构设置与西方议会制度不同。另外，党的报告也多次提出，推进政治体制改革，要从我国的国情出发，坚定不移地走自己的发展道路，坚持社会主义政治制度的自我完善和发展，发挥我国社会主义民主政治的特点和优势，绝不照搬西方政治制度模式。由此看来，政治体制改革的重要内容之一的政府机构改革，如果审计体制改革要照搬西方立法型审计模式，可能性不大。

但是，目前行政性审计体制的弊病也显而易见，也难适应廉政审计体制的要求。尽管《审计法》规定国家审计机关的审计工作不受其他行政机关、社会团体和个人的干涉，同时对审计机关的经费、审计机关负责人任免等都做了有利于保证审计独立性的规定，但现行组织体制仍存在明显的局限性，要有效开展廉政审计，审计的独立性缺乏保证：一是从现实情况分析，《审计法》有关独立性的规定实际执行情况没有达到立法设计的预期要求，各种干涉审计执法的现象时有发生、审计查处困难普遍存在；二是从组织角度分析，各级审计机关在各级政府首脑领导下进行审计工作审计监督职能作用的发挥在很大程度上取决于行政领导的重视程度，特别是当违法乱纪等腐败问题涉及有关领导层时，审计机关的廉政审计是否能有效进行，没有充分把握。

在这种情形下，作为国家廉政制度之一的审计，要肩负起监督政府部门腐败行为的重任，难度是可想而知的。要解决这一问题，特别要开展好廉政审计，必须改革现行审计管理体制。

党的十六大报告提出要发挥审计部门的作用，强化对权力的制约和监督。这就很清楚地告诉我们，强化对权力的制约和监督，这是新形势下我国审计最主要的职能。因此，必须以强化对权力的制约和监督为中心，加强审计反腐败作用来设计和重构我国审计体制。

二 审计反腐另类视野：审计与司法机关的联合体

（一）审计与检察机关联合体

检察机关是惩治贪污贿赂、渎职等职务犯罪的专门机关。审计机关是发现国家工作人员重大经济违法违规问题以及贪污贿赂、渎职等职务犯罪案件线索的重要部门。加强检察机关与审计机关的协作配合，实现审计监督与法律监督的紧密衔接，整合资源，优势互补，有助于形成反腐败工作的合力。

（二）审计与纪检监察联合体

监察机关主要职责是对国家行政机关及其工作人员以及国家行政机关任命的其他人员的行为实施监督检查，使其依法行政。由于在实际审计工作中，审计机关权力有限，很难杜绝这些违法违纪行为。而监察机关所具有的调查权、检查权、查处权、惩戒权，可以提高审计的权威性和威慑力，真正达到审计的目的。

（三）审计与公安机关联合体

近年来，各级审计机关按照国务院领导关于审计机关要突出重点，注重查处大案要案的指示精神，在审计过程中发现了大量犯罪线索，并根据有关法律关于案件管辖分工的规定，及时移送公安机关查处，取得了显著的成效。为了加强审计机关和公安机关的工作联系和协作配合，进一步规范案件移送工作，充分发挥审计机关和公安机关在查处、打击经济领域中违法犯罪活动的作用，有必要建立审计与公安联合查处机制。

三 审计体制改革畅想

在目前的情形下，要完成从中央到县级审计组织体制的根本性改革，时机尚不成熟，可以分三步走。

第一步，最高审计机关隶属关系不动、对地方各级审计机关进行组织体改革。即省、地市以下审计机关与同级监察机关合并，形成“监审合一”模式，原有地方审计机关任务改由地方特派办承担。这样既可以改变地方审计机关工作不饱合，人浮于事，双重领导弊病，又可以加强地方审计问责权力。目前，全国不少企事业单位的审计与监察部门已经合并工作，他们的成功经验完全可以移植到地方审计机构改革上。第一步之所以不改变最高审计机关隶属关系，是因为李金华的“铁腕审计”使我国行政型审计体制反腐败发挥了极大威力。在这种形势下，要求向立法型审计体制转变，这种呼声无疑是微小的。

第二步，将经济责任审计改造为廉政审计。鉴于目前审计职能分工和机构设置的情况，特别是在大张旗鼓推行领导干部任期经济责任审计，并强化其反腐防腐作用的前提下，可以借助任期经济责任审计机构，兼司一段时间的廉政审计工作，但有必要在审计对象、审计程序和审计重点等方面提高经济责任审计对廉政审计的兼顾性和包容性，并能在必要时将任期经济责任审计直接转换成廉政审计。

适应后，审计机关应该设立专门的廉政审计机构，配置专职人员，专司反腐败审计职能。笔者认为，即使是兼司廉政审计的任期经济责任审计机构，也不可能充分发挥出审计反腐败的职能和作用，必须设立专门机构，提升审计反腐防腐工作效能。

第三步，从廉政审计长远发展来看，建议把国家审计署、监察部和隶属于最高人民检察院的反贪局、职务犯罪预防局合并，成立国家廉政总署或类似机构，各省、区、直辖市设立廉政总署下辖分支机构，由中央国家廉政总署直接领导，国家廉政总署直接向全国人大及常委负责，并赋予一定司法权。因为监察、检察和纪委单兵种反腐似乎力不从心，毕竟权力有限，打“苍蝇”可以，打“老虎”就难了。合并的好处显而易见：审计先行突破，监察负责查处，司法问责，反贪预防紧跟，成为有特色的反腐制度设计。

把国家审计署、监察部和隶属于检察院的反贪局、职务犯罪预防局合并，成立国家廉政公署，并赋予一定司法权。这是因为，我国腐败现象没有从根本上得到遏制，与缺乏一个有足够权威的、名正言顺的反腐败机构有关。监察部副部长李玉彬在接受媒体采访时说：“任何国家，不论发达与否，它所建筑在自己国情基础上的反腐机构应该是多样化的，不能套用一种模式。”中国审计体制改革也是如此，并非只有行政型审计体制和立法型审计体制两条路可走。

法务会计与司法会计之争说明了什么？

目前，关于司法会计与法务会计争论的“对峙”现象严重。那么，司法会计与法务会计之争的焦点在哪里，如此激烈的争论到底说明了什么，这正是本文试图探讨的问题。

一　司法会计与法务会计之争的焦点

司法会计与法务会计在我国发展至今，双方在一些方面已有共识：理论基础相同，都是法律与会计的边缘交叉学科；对执业人员的业务素质需求相同，需要具备专业的法律知识和会计知识；活动目标相同：都服务于法庭诉讼，维护司法公正。然而在两者的称谓、学科属性以及两者到底是怎样的关系一直存在争议。

（一）叫什么？——称谓之争

1. 司法会计一方

以检察院同志为代表的司法界研究学者认为：英文“Forensic accounting”应该意译为“司法会计”。“法务会计”一词之所以出现，是因为大多经济管理专业出身的“法务会计”研究者不熟悉中外诉讼制度和证据制度的差异，不了解不同法系国家司法科学中相关专业技术名词的含义和差异，把“Forensic”视为新名词，并借用日文将其误译为“法务会计”。

2. 法务会计一方

法务会计研究学者认为：法务会计是英文“Forensic accounting”的直译，因为“Forensic”在《牛津词典》里的解释是“法庭的”、“与法庭有关的”、“用于法庭的”。早在1946年，美国纽约会计师莫瑞克·派勒博特就首次使用“Forensic accounting”，这是法务会计理论研究的开始。在1982年，美国学者Francis C. Dykeman发表了著名论文《法务会计：作为专家证人的会计师》。1986年，美国注册会计师协会（AICPA）颁布了实务帮助，勾勒出注册会计师诉讼服务的6个领域：赔偿金、反托拉斯分析、会计业务、评估、普通咨询与分析。由此可以看出“Forensic”的“司法会计”是有区别的，故法务会计在我国应得到深入研究和发展。

3. 笔者观点

所谓“称谓之争”，笔者认为主要是“Forensic accounting”在我国到底如何翻译的问题。“Forensic accounting”作为一个外来词，在引入我国之初出现诸如“法务会计”、“司法会计”、“法庭会计”、“诉讼会计”等翻译版本也无可厚非，因为英文毕竟是我们的第二语言，将其翻译成母语时难免有人从不同的专业背景出发，得出不同的翻译名称。然而法务会计并非误译，它是有历史渊源、特定内容并在国内外得到普遍认同的。

（1）法务会计是个有历史渊源的名词。自1946年“Forensic accounting”首次出现以后，法务会计理论在西方国家受到重视并得到发展。在1953年，MaxLourie明确提出了“法务会计”的概念。1982年，Franencis C. Dykeman发表了著名论文《法务会计：作为专家证人的会计师》。1992年，美国法务会计师理事会成立。

（2）法务会计是有特定内容的名词。在G. Jack Bologna Gobert. J. Lin－quist的《舞弊审计和法务审计：新工具和新方法》一书中，法务会计被定义为处理与刑事或民事问题相关的财务事实的新会计行业。在1986年，AICPA发布了实务指南第7号，列出了会计师提供诉讼服务的6个领域：赔偿金、反托拉斯分析、会计业务、评估、普通咨询与分析。

（3）法务会计在国内外得到了普遍的认同。美国、加拿大、澳大利亚、英国等国都非常重视法务会计的研究，设立了不同形式的法务会计组织，并在大学开设法务会计专业课。我国于2005年在复旦大学首次开设“舞弊审计与法务会计”专业硕士班后，多个高校相继设立法务会计专业。2010年5月，据中国网报道，注册法务会计师FCPA登陆中国，该职称获得了世界500强、中国500强、大中型国有企业、外企、私企的广泛认同。

综上所述，法务会计是不同于司法会计的新的学科领域。在我国，对于法务会计的研究应当更加深入，使其进一步发展。

（二）姓什么？——学科属性之争

1. 司法会计一方

以检察院同志为代表的司法界研究学者认为：学科归属问题应该看其研究对象是哪个学科的研究对象。司法会计学研究的是司法会计活动，而司法会计活动属于诉讼活动，其会计知识和财务知识的运用是为诉讼程序的进行服务的，其目的是向司法机构提供证据材料，司法会计自然就应当归属于法学。

2. 法务会计一方

法务会计研究学者对于法务会计的学科属性问题存在争议，主要有三种不同的观点。

（1）会计法律问题论。支持这一论断的学者们认为法务会计是以法律为起点，研究和解决会计中的法律问题，所以法务会计学应属于法学的范畴。

（2）法律会计问题论。支持这一论断的学者们认为法务会计的起点应该是会计，研究和解决法律中的会计问题，因此法务会计学应归属于会计学，是会计学的一个新分支。

（3）法律会计双问题论。支持这一论断的学者们认为法务会计既研究和解决会计中的法律问题，也研究法律中的会计问题，故法务会计是一门完全独立的集法学和会计学于一体的边缘性学科。他们将法务会计学归属于法学的同时，又将其列入会计学中，认为它和财务会计、成本会计、管理会计、国际会计一样应属于应用会计学的范畴。

3. 笔者观点

笔者认为，司法会计和法务会计的学科属性问题，可以借鉴目前发展相对成熟且同属于边缘性学科的法医学的学科定位来归结司法会计与法务会计的学科属性。法医学是利用医学知识解决法律问题的科学，用于为侦查犯罪和审理民事或刑事案件提供证据，其属于一门应用医学，是医学的一个分支。因此，学科属性的划分应该以利用和依托的学科作为归属。同理可知，司法会计和法务会计是利用会计学知识，作为在诉讼中获得证据的手段，应该属于会计学。

（三）谁大谁小？——关系之争

1. 司法会计一方

检察院同志认为：司法会计与法务会计是“一回事”，只是名词翻译出现问题而导致在中国出现两种称谓。也有司法界的研究学者认为：法务会计或司法会计只是在不同法律体系下发展导致它们具体程序、形式不同而已，不会影响两者的理论基础、执业目标、专业技术要求、职业道德要求。法务会计和司法会计不是包含与被包含的关系，而是同等概念，司法会计只是我国司法实践中对法务会计的另一种称呼而已。

2. 法务会计一方

法务会计研究学者认为法务会计包含司法会计。司法会计是法务会计的一种，法务会计的范围要大于司法会计。因为法务会计人员的业务范围包括诉讼支持和调查会计两大分支，而司法会计鉴定人的行为范围仅限于诉讼支持业务部分。也就是说，法务会计除了在诉讼过程中提供法务会计服务外，还涉及调查犯罪行为证据、要求获得或拒绝给予补偿等领域，这是司法会计理论所没有包括的。总之，法务会计提供的是诉内诉外业务，而司法会计只提供诉内业务，所以法务会计的范围更广。

3. 笔者观点

司法会计业务一直局限在司法鉴定上，这使司法会计学的研究出现了故步自封的状态，而法务会计已经突破了司法鉴定的框架。在国际法务会计刚开始发展的初始阶段，其应用领域只是简单地分为诉讼支持和调查取证，而当前，国际法务会计的应用领域分为诉讼支持、诈骗调查、政府调查、商业交易分析四类。

二　司法会计与法务会计之争说明了什么？

（一）争论学科双方代表不同领域

在笔者搜集相关资料的过程中发现，站在“司法会计”一方的，也就是持“司法会计与法务会计是同一个学科概念，没有必要在中国发展法务会计”观点的学者大多都是法学学者。而站在“法务会计”一方，主张在中国发展法务会计的大多都是经济管理专业的学者，以会计学学者居多。笔者认为，这种现象的出现，除了有不同学科背景的学者出于不同的学术世界观，限于自身知识结构和专业习惯的原因之外，与司法会计和法务会计在我国的发展轨迹也不无关系。司法会计引入我国之初，教育部就将《会计核算与司法会计鉴定原理》列为法学专业课，后来随着高教部和司法部的重视，越来越多的法学学者投身于司法会计的研究工作，有的甚至是相关司法会计理论的创始人，故而他们始终坚持着司法会计目前的理论研究成果。然而作为一门集会计学知识和法学知识为一体的边缘性交叉学科，它在会计领域的理论研究却没有受到重视。当会计学学者发现有异于国内司法会计学的法务会计可以利用会计知识为司法服务时，便开始投身于法务会计研究，并发表了一系列的法务会计研究成果。

（二）争论双方折射出利益关系

司法会计与法务会计如此激烈的争论除了纯粹的学术观不同之外，还有其他原因吗？不可回避的事实是，功利化倾向是当前人类社会科学研究中，或者可以说是整个学术界普遍存在的问题。目前，无论是司法会计理论还是法务会计理论都还未完全成熟，没有在全国范围内建设起自己的学科体系或完成相应的专业建设。无疑，谁在这场争论战役中胜出，抢占相关学术研究的“山头”，就能为其学术生涯带来名誉上或者物质上的利益。对于部分司法会计学者来说，他们需要在与法务会计的争论中，竭力维护自己的研究成果，维持自己在原有领域的学术地位，不允许法务会计将其取而代之。而部分法务会计学者也需要通过对法务会计这样一门新兴学科的研究来弥补国内相关领域的空白，获得新的学术资源。当然，学术界的这种功利化的行为与我国现行的学术评价制度有很大关系。学术成果评价制度应该为优秀研究成果的生成提供相应的制度支持，而对研究学者进行放弃物质享受追求学术理想等的政治化说教显得太苍白无力。学术研究是一项严肃的科学活动，学术界也不乏有着学术良知和社会责任感的学者能够以国家发展、学术繁荣为己任，致力于相关的学术研究活动。

三 总结

综上所述，笔者认为法务会计与司法会计的争论，首先体现了百家争鸣的现象，反映了学术界民主学风和宽松的学术氛围；其次争论的同时也暴露出我国经济法制体制中存在的问题。虽然目前司法会计已形成了较为流行的“二元论”体系，但司法会计内部还是对司法会计实施主体、研究对象、职责范围等问题未达成共识。至于法务会计，有关概念、依据、基本假设、范围、目标、功能等方面还存在一些争议，更谈不上规范的准则和制度、程序和方法、执业规范与职业道德标准了。

所谓“攘外必先安内”，要解决司法会计与法务会计之争，笔者提出以下建议：一是当争论持续升级的时候，双方更需要的是一个沟通交流的平台，以各种学术研讨会、论坛、专门刊物等形式进行交流，在学术上进行积极交流碰撞的同时达到学术大方向上的共识。交流双方都应该撇开原有的学术偏见，本着实事求是、专心做学问的态度来解决司法会计与法务会计之争，使两者在争论中团结壮大。

二是将准则制定一分为二：司法会计准则及相关标准由司法部制定，业务应该由司法部门执行；法务会计准则由中国注册会计师协会草拟并经财政部审核制定，业务由会计师事务所执行。只有争论双方先整合自己的研究力量，不断完善各自的理论体系，以准则及法律法规来规范司法会计和法务会计的研究对象、内容、方法及主体等，才能为司法会计与法务会计之争去除不必要的“杂音”，使争议早日结束。

（郭强华、何珍珍）

经济责任审计三层次假说：经济责任审计、廉政责任审计和政治责任审计

一项制度创新是“时”与“势”的必然。从“时”这一端上看，预防腐败、惩治腐败的严峻形势与光荣任务为经济责任审计发展创造了机遇。从“势”这一端上看，最初经济责任审计产生就是源于党政领导的推动。因此，中共高层决策层对于经济责任审计发展指示精神，将决定经济责任审计形态、内容与未来走向。

一　经济责任审计责任追究三层次说

在古代汉语中“责任”是一个复合词，现代汉语中的“责任”是从古代汉语中的“责”发展而来的。“责”在古代汉语中是一个多义的概念，至少有六种含义：一是求、索取；二是诘斥、非难、谴责；三是要求、督促；四是处罚、处理；五是义务、责任、负责；六是债。《汉语大词典》认为，汉语中“责任”有三重含义：其一，使人担当起某种职务和职责；其二，分内应做之事；其三，做不好分内应做的事，因而应承担的过失。第一重含义，实际上仍然把“责任”作为复合词，大都见于古代汉语中。在现代汉语中，“责任”的含义一般是指后两种。

根据《汉语大词典》，我们认为“责任”可以从两个方面来理解：第一，“责任”意为分内应做之事；第二，“责任”意为未做好分内应做之事所应受的谴责和制裁。从第一层含义看，“分”即角色，它说明责任与责任主体的社会角色是相联系的，是各种社会规范要求社会成员负担与自己的社会角色相适应的行为，表明了社会对责任主体的行为预期，属于积极意义上的责任；从第二层含义看，它说明社会对行为不符

合社会规范的成员所给予的谴责和制裁，反映社会对其成员不履行或没有履行好积极意义上的责任进行的处置，是社会成员因为没有做好分内之事而引起的，属于消极意义上的责任。综上所述，责任内涵具有复杂性和多层次性。

2003 年 7 月，在中央五部委经济责任审计工作联席会议上，颁布了《关于党政领导干部任期经济责任审计若干问题的指导意见》，这是继《县级以下党政领导干部任期经济责任审计暂行规定》、《县级以下党政领导干部任期经济责任审计暂行规定实施细则》之后，指导现阶段经济责任审计工作的最新政策性文件，并体现了党的十六大报告精神，带有执政党对经济责任审计的期许。

在颁布的《关于党政领导干部任期经济责任审计若干问题的指导意见》中，第七条党政领导干部任期经济责任审计的重点内容主要包括：

（1）被审计的领导干部任职期间所在单位（所在地区）的财政财务收支是否真实，有无做假账；

（2）贯彻执行国家重要经济政策情况；

（3）有无个人违反决策程序或决策造成重大损失情况；

（4）个人遵守有关廉政规定情况等。

并说明“审查被审计的领导干部遵守廉政规定情况应当围绕其所在单位和分管、关联的单位、项目的财政财务收支中与廉政规定相关的事项进行。审计组可以采取多种方式了解相关情况，选择其中应重点审核的内容进行审计”。从文件内容上看，经济责任审计“责任”的内涵很丰富，具有多层次性，包括会计信息真实性责任、国家重要政策执行责任、个人决策错误造成损失责任、廉政责任等。

因此我们根据文件精神，按照我们的理解，把经济责任审计划分为三个层次：经济责任审计、廉政责任审计和政治责任审计。

二　经济责任审计：乡镇领导干部经济责任审计和村级领导干部经济责任审计

我们认为，乡镇领导干部经济责任审计和村级领导干部经济责任审计侧重于经济责任审计。文件第三条称：本规定所称领导干部任期经济责任，是指领导干部任职期间对其所在部门、单位财政收支、财务收支真实性、合法性和效益性，以及有关经济活动应当负有的责任，包括主管责任和直接责任。这也是经济责任审计的最初目标。

为什么乡镇（村）领导干部经济责任审计定位于“经济责任”审计，而不是其他呢？这与乡镇（村）级经济情况特点有关。据报道，中国乡镇2000亿元债务不乏腐败债。乡镇（村）经济财务问题一直是群众关注的焦点。乡镇是最基层的政府，是农民看得见的身边执政者。这些执政者花钱是否合理、合规、合法，关系到基层政权的正常运转，关系到党和政府的形象，是执政能力的直接体现。乡镇（村）财务管理之所以混乱，其主要原因是管理不严和监督缺失。乡镇领导干部经济责任审计和村级领导干部经济责任审计为消除基层腐败开了好头，起到了规范乡镇（村）财务，提高执政能力作用。比如，2004年安徽省合肥市由市纪委牵头和组织协调，相关部门参加，历时两年多，在全国率先对全市107个乡镇财务进行了彻底普查清理，并进行了乡镇领导干部经济责任审计和村级领导干部经济责任审计，通过清查和审计，合肥市及各乡镇纷纷出台财政财务管理新规定，重建了乡镇财务管理监督体系，规范了乡镇财务的各个环节，从源头上治理乡镇财务“黑洞”。

以“经济责任”为内容的审计客观上推动了中国乡镇（村）法制化进程。乡镇（村）领导干部经济责任审计“审”什么？就是以财政财务收支的真实、合法、效益为基础，检查评价基层干部在有关经济活动中的职责履行及经济自律情况。通过审计和科学评价，一批腐败分子受到惩处，一批干部得到保护。无论警示整改还是促进防范，都是作为一种制度的威慑力。老百姓欣慰的是：政府能依法公开揭露基层政府财务“黑洞”问题，这是中国建设法治政府进程中了不起的进步。

三　廉政责任审计：县级、厅级领导干部经济责任审计

我们认为县级、厅级领导干部经济责任审计侧重于廉政责任审计。党的十四大以来，以江泽民同志为核心的党中央十分重视党风廉政建设

和反腐败工作，要求各级党委、政府建立严格的党风廉政建设责任制。在1998年召开的中纪委第二次全会上，江泽民同志又一次提出，各级领导干部要对自己管辖范围内的党风廉政建设切实负起领导责任，要在抓好改革开放和经济建设的同时，把党风廉政建设和反腐败工作提上重要议事日程，并要求把“一把手总负责，分管领导各负其责”的党风廉政建设责任制一级一级地落到实处，改变一些地方和单位“一手硬，一手软”的状况。

那么什么是廉政责任呢？目前政治学界还没有对“廉政责任”有明确解释。我们还是把目光关注于《关于实行党风廉政建设责任制的规定》上来。文件要求党委（党组）、政府以及党委和政府的职能部门的领导班子、领导干部在党风廉政建设中承担以下领导责任：

（1）贯彻落实中共中央、国务院关于党风廉政建设的部署和要求，分析研究职责范围内的党风廉政状况，研究制订党风廉政建设工作计划，并组织实施。

（2）标本兼治，综合治理，完善管理机制、监督机制，从源头上预防和治理腐败。

（3）组织党员、干部学习邓小平关于党风廉政建设的理论，学习党风廉政法规，进行党性党风党纪和廉政教育。

（4）贯彻落实党和国家党风廉政法规制度，结合实际情况，制定本地区、本部门、本系统、本行业的党风廉政法规制度，并组织实施。

（5）履行监督职责，对所辖地区、部门、系统、行业的党风廉政建设情况以及领导班子和领导干部廉洁从政情况进行监督、检查和考核。

（6）严格按照规定选拔任用干部，防止和纠正用人上的不正之风。

（7）依法领导、组织并支持执纪执法机关履行职责。

综合概括上述内容，我们把主要领导干部的廉政责任分为五个层次：①组织和实施本部门廉政计划责任；②预防和治理腐败责任；③党风廉政教育责任；④监督和考核干部廉政情况责任；⑤干部选拔廉政责任。

因此，廉政责任是指主要领导干部对本部门党风廉洁从政状况负责。

经济责任审计是否需要审计领导干部廉政情况在审计界一直存在争

议："审计机关应正确对待与干部管理监督部门存在的审计期望差距，不能一味满足组织人事、纪检监察部门的希望，而超出其法定职责范围。"其实，2003 年 11 月出台的《关于党政领导干部任期经济责任审计若干问题的指导意见》已经明确做出了答复，其中党政领导干部任期经济责任审计的重点内容第四条规定如下："个人遵守有关廉政规定情况等。"很明显，廉政责任就是经济责任审计重点内容之一。此外，李金华在谈到地厅级党政领导审计时也说，在对地厅级党政领导干部进行经济责任审计的工作过程中，要注意区分党政主要领导和部门领导的不同特点，采取不同的审计方式和方法。暗示对地厅级领导经济责任审计不能简单只是"经济责任"审计。

在 20 世纪 80 年代和 90 年代初，一些专家断言，中国的腐败分子主要发生在县处级干部和乡科级干部当中，认为他们掌握的权力大，政治上发展前途不大、容易被腐蚀。现在看，情况不一定是这样，领导干部腐败现象成为近几年相当严重的社会问题，县处级领导干部腐败成了重灾区，而厅局级领导干部经济犯罪也呈现出上升势头。李金华强调，对县处级领导干部和地厅级部门领导干部，要在已经试点的基础上继续扩大审计覆盖面，逐步增强审计的深度和广度，充分发挥审计成果的作用。县处级乃至厅局级领导干部经济责任审计的意义首先是强调县处级、厅局领导干部的廉政责任。因为领导干部是否廉洁、政绩如何是纪检监察机关和组织部门对其监督考核的重点，而其是否廉政，可以通过经济责任的履行情况集中反映出来。长期以来，国家对干部的监督管理从未将领导干部经济责任以及涉及本人的廉政情况作为监督和考核的内容，这种监督与考核制度方面的缺陷，直接导致了虚假会计信息、虚假政绩、贪污、受贿等现象的产生，"官出数字、数字出官"成为一段时期以来某些领导干部标榜政绩的主要手段。其次是促进基层和高层干部的监督。中央党校政法研究室研究员刘素华（2004）指出，经济责任审计范围从县级领导干部扩大到地厅级干部，扩大了监督的范围，所监督干部级别的提高，直接带来监督权限范围的扩大，审计资金范围也会扩大，对于提高财政资金使用效率、强化领导干部经济责任意识很有好处，地厅一级覆盖了全国主要中层政权，这个层级监督好了，将会促进基层和高层干部的监督。正如广东省纪委副书记丘海在谈论经济责任审计时说："通过审计，加强对领导干部执行财经纪律情况的监督，约束和规范领导干部的经济行为，并以经济责任审计为手段，发挥审计工作对干部的‘体检’和‘保健’作用。”这个讲话很好地解释了对县级、厅级领导干部经济责任审计更多的是廉政审计。

四 政治责任审计：省级干部经济责任审计

我们认为，对省级干部经济责任审计侧重于政治责任审计。根据中组部的委托，由审计署建设建材审计局承担的对原国家建材局局长张人为的任期经济责任审计于2001年9月10日进入全面实施阶段，这标志着省部级领导干部经济责任审计试点工作正式启动。

考察首例省部级领导干部经济责任审计，经济责任审计似乎仍然是以“经济责任”为内容的审计。实施省部级领导干部经济责任审计从审计技术上讲，应该并不难，为什么会被认为“是一项全新的课题与审计实践活动”？难道还有更重要的责任内涵需要把握？报道称，为促进这项活动的顺利实施，建设建材审计局从被审计对象及单位的实际出发，在审计方法上进行了有益的探索：一是注重经济责任审计与年度预算审计结果的结合；二是注重会计资料检查与召开被审计单位干部座谈会的结合；三是注重经济责任审计与财政、财务收支审计的结合；四是注重从宏观着眼与微观入手的结合。前三项注重都是经济责任审计常用的审计手段，关键是第四项“注重”。宏观着眼，着眼什么？国家审计署经济责任审计司负责人李树廷，就提高审计级别问题发表看法。他认为对省部级领导干部的审计很复杂，审计范围很难把握（李树廷，2004）。从李树廷很难把握的讲话中，我们终于明白经济责任审计不再局限于“经济责任”，否则就不存在内容和范围难把握的问题，这说明省部级领导干部的审计范围在扩大，我们认为这个扩大的内容就是政治责任审计。

“所谓政治责任，就是行使公权力者因违反政治义务而承担的政治上的否定性后果。这种政治上的否定性后果也就意味着社会中的个人或组织已丧失了从事行使政治权力的资格。”日文版的《现代政治学小辞典》则根据马克斯·韦伯的论述对“政治责任”这个词条进行了较为详细的解释：“政治家必须对自己的言行之结果负责。对于行政官员来说，首先重视的是法律责任；对于政治家而言，即使没有法律责任，但仍要求他对于自己言行之结果负责。因此，不允许政治家在强调该言行的动机和个人心理的前提下逃避责任。”我国学者郭道晖在《法的时代精神》中明确指出：如果政府决策失误或行政行为有损于国家与人民的利益，虽则不一定违法，不受法律追究，却要承担政治责任。政治责任由政治责任的主体——政治官员以个人名义承担，其后果意味着政治责任主体政治上受信任的程度降低，它体现为执政党、权力机关和上级政府等的监督。

因此，我们在衡量省级领导干部是否负有政治责任时，主要考察他们是否与党中央精神保持一致和积极执行国务院政令要求。政治责任是一种期待，也是一种控制和约束。2001 年经党中央、国务院批准，中组部、国务院法制办、国家行政学院在京共同举办了两期省部级干部依法行政专题研究班。这在我国尚属首次，充分体现了党中央、国务院对依法行政的高度重视，以及全面推进依法治国、依法行政的决心。国家行政学院常务副院长陈福今在回答记者提问时，特别强调要强化政府的政治责任，建立和完善行政首长在政府工作出现重大违法、失职、滥用职权等情形时罢免、引咎辞职或责令辞职的政治责任制度。认为由各级人大选举或决定产生的行政首长具有特殊的政治地位和法律地位，决定了他们比一般公务员需要承担更多的责任，特别是对人民负责的政治责任。这说明省部级领导干部除了要承担行政责任、法律责任、道义责任之外，更需要承担政治责任。

对党政领导干部尤其是省部级干部的经济责任审计，属于一种授权审计，它的立项依据是党委、政府、组织人事、纪检监察机关的授权。从审计立项方面看，审计部门毫无主动权。既然党委和纪检监察机关等部门授权审计，按照委托代理理论观点，恐怕不会是简单“经济责任”的审计。人民网消息称，《中国共产党党内监督条例（试行）》出台后，针对各级一把手的配套监督措施不断出台，省部级高官经济责任审计制就是配套措施之一。由此看来，省部级经济责任审计一出台就被打上了政治责任审计的烙印。此外，还因为经济责任审计从一开始就有浓厚的政治化色彩，实际上它就是依靠政治力量支持和推动的。有篇关于经济责任审计扩展至地厅级干部的新闻报道，其标题更是一语中的：让经济审计成为政治习惯！

省部级领导干部位高权重，权力易生腐败，审计作为制约滥用权力的作用一直没有中断过。无论是以“事”为落脚点的绩效审计，还是以“人”为核心的经济责任审计，实质上都是以此权力制约彼权力。只不过，绩效审计侧重于查验事权行使者（受托人）所做之“事”是否合法、是否有效，经济责任审计侧重于查验事权行使者这个“人”本身是否称职、是否可信，它集中地表现了“依人定事、就事论人”的个性特征。也就是说，国家意志及政治职能在实现过程中，经济责任审计正是通过查验特定的“人”以其“事”而品评“人”乃至奖惩“人”，进而实现国家意志及政治目的。

上市公司CSR报告的潜在价值、市场分析与审计方法框架构想

一 上市公司CSR报告的窘境

2010年11月24日，在北京国家会议中心，挪威船级社可持续发展中心企业社会责任和能效经理王学柱在主旨演讲“企业社会责任报告在中国的现状、趋势和挑战”中说：“CSR报告在中国没人读，读了也不信这种情况，相信是一个过渡阶段，因为在国外企业社会责任报告是会被很多投资分析家还有许多重要的利益相关方去阅读。”

这句话点出了CSR报告在中国的尴尬处境：第一个表现是没人看，没人信。企业花费了大量精力印制了非常精美的企业社会责任报告，但是却没有人去读，这是目前企业社会责任常见的现象；第二个表现是即使读者读了也不相信，觉得写得不真实。试举例：

例一，有一个企业在CSR报告当中对风险披露不充分。其CSR报告是这样写的：“我们集团公司积极实践和执行全面风险管理流程，对集团公司面临的重大风险进行了系统的梳理、分析和评估，明确了2008年集团面临的十项重大风险，制定了相应的应对策略和工作规划。”作为读者非常想了解十项重大风险具体是什么。但是在整份报告当中，我们没有找到十项重大风险是什么，这是对读者的不负责任。

例二，政府是企业非常重要的利益相关者之一。也就是说，企业对政府负责，需要对政府纳税。很多报告都积极地披露了企业为政府交了

多少税，但是很遗憾的是信息的披露实则是双向的。企业也从政府那里获得了补贴，随着纳税人意识不断地提升，对这方面信息的需求也不断地增强，但很少有企业披露从政府那里获得了多少补贴。国有企业从政府那里获得的政策优惠和补贴，某种程度上说是比较常见的现象。当然，私营企业很多时候也能够从政府那里获得很多的补贴。但是读者却从报告中看不到这方面的信息，无疑是一个遗憾。尤其是有些公司，如果它的利润额已经达到了每年几百个亿，同时它又能从政府那里获得一百个亿的财政补贴，当某些事件已经在公众层面形成了轩然大波的时候，而企业的CSR报告仍然没有对这些方面进行任何文字的描述，自然而然地造成公众对CSR报告的失望。

例三，CSR报告的企业，有很多是矿业企业。我们知道，中国是矿难比较多的国家，矿难不止，矿难频发。如果单看职业病的统计，尘肺病也是经常耳闻的职业病。可是我们读矿业企业的CSR报告很少读到矿难这样的字眼，也很少读到尘肺病这样的字眼。

总之，如果你每天只读CSR报告的话，那么，你会觉得生活在和谐社会环境里，企业对员工非常好，环境也非常好。但是，如果他关心各种网站头版新闻首页的内容，又会感觉我们正生活在多么恶劣的社会环境里，这个反差非常大。这里面既有媒体报道的问题，也有CSR报告本身存在的问题。

二　上市公司CSR报告的推行阻力

（一）编制社会责任报告缺少强制性要求

到目前为止，我国尚没有任何法律、法规明确要求企业必须编制社会责任报告，更没有专门针对不编制企业社会责任报告或虚假编制企业社会责任报告进行处罚的条例。在上海证券交易所上市公司部发布的《关于做好上市公司2008年履行社会责任的报告及内部控制自我评估报告披露工作的通知》中，只要求部分列入名单的上市公司编制企业社会责任报告，并非对所有的上市公司。另外，我国现行的相关规定中仅仅是对企业社会责任报告的内容上有一些指引性的规定，而对企业社会责任报告的格式、披露时间、披露方式等缺少明确规定。

（二）社会责任报告可以不经过会计师事务所审计

现行的法律、法规并没有要求上市公司编制的社会责任报告必须经过会计师事务所审计，出具专门审计报告。如中国石油化工股份有限公司（以下简称中石化）在对外报出《中国石油化工股份有限公司 2008 年度可持续发展报告》中并没有一同披露对应的审计报告，没有专业人员对中石化的社会责任报告发表审计意见，使中石化企业社会责任报告的客观性、公正性方面存在问题。这一点国外的企业有值得我们学习的地方。以同为石油化工行业的 BP 公司为例，该公司在对外报出企业社会责任报告之前，聘请了安永会计师事务所对其企业社会责任报告进行了专门审计并发表了相关意见：针对 BP 公司社会责任报告的重要性、完整性以及相关性给出了完全肯定的意见，对社会责任报告中的“安全管理”和“运营完整性”部分给出了两处保留意见。同时，BP 公司的社会责任报告中除了在报告最后附上审计报告外，在报告正文中还提及安永会计师事务所分别给出的 13 处和 8 处特别观察。BP 公司的企业社会责任报告由于有了安永会计师事务所的审计意见从而被公众广泛认可。

（三）第三方验证机构收费较高

像必维等类型的第三方验证机构收费较高，在 10 万元左右，对上市公司来说是一种负担。既要承担年报审计费用，也要对 CSR 报告作预算，压力肯定很大。况且，现在国内也没有哪条规定要求上市公司一定要在 CSR 报告中引入第三方验证。如果发布报告只是走走形式，企业一般不感兴趣。

三 上市公司 CSR 报告审计的潜在市场

目前中国发布了社会责任报告的企业主要是进入 500 强的大企业，包括国家电网、华能集团、南方电网、南方航空、中石化、中石油、中国银行、中移动、中远集团、中钢集团、中化集团、中国平安等。国有企业、外资企业、民营企业纷纷加入到积极履行社会责任的行列中，中国的企业社会责任信息披露发展已经进入到一个崭新的阶段。

在企业发布 CSR 报告的同时，社会逐渐开始关注其公信度。但由于企业社会责任信息披露在中国刚刚起步，企业对报告的第三方审验价值还不了解，对审验机构也不熟悉。在发布CSR报告的11家企业中，只有中国银行、中远集团、华能集团、国家电网等的社会责任报告通过了国际第三方的认证。中国企业还处于发布首批CSR报告的阶段，形成一个完整的发布—核证的信息披露体系还需要经历一个过程。

在社会和伦理责任协会制定的AA1000审验标准（AA1000 Assurance Standard）中，"审验"被定义为：审验机构通过采取一定的方法和流程，根据适用的规范和标准，对组织公开披露的绩效信息及其管理体系、数据和流程做出评估，以提高组织公开披露信息的可信度。还包括通过发布审验声明披露审验过程和结果。故经过第三方审验的社会责任报告不仅能增强报告的客观性，更能提高报告的公信力。

因此，上市公司CSR报告审计市场潜力巨大。

2008年以来，上交所在推动上市公司社会责任信息披露方面制定了一系列规则。2008年5月14日，上交所发布了《关于加强上市公司社会责任承担工作暨发布〈上海证券交易所上市公司环境信息披露指引〉的通知》，倡导上市公司承担社会责任，促进社会、环境和经济可持续发展，披露社会责任报告和环境保护信息。同年12月31日，上交所发布《关于做好上市公司2008年年度报告工作的通知》，要求在本所上市的三类公司必须披露履行社会责任的报告。三类公司分别是"上证公司治理板块"样本公司、发行境外上市外资股的公司以及金融类公司。同时，上交所鼓励有条件的公司披露社会责任报告，鼓励上市公司在社会责任报告中披露每股社会贡献值并聘请第三方验证公司审验履行社会责任的情况。

以上海证券交易所2010年年度上市公司社会责任报告披露情况为例。2010年度必须披露年度社会责任报告的三类公司，分别是"上证公司治理板块"样本公司241家、发行境外上市外资股的公司56家以及金融类公司28家。扣除重复计算后，共有275家公司应披露2010年度社会责任报告。另外，沪市上市公司中有52家公司自愿披露了其社会责任报告。合计共有327家沪市上市公司披露了2010年年度社会责任报告，比2009年度的318家增加了9家。

另外，国资委、中国银行业协会、中国银监会等虽然没有强制性的要求，但是建议它所属的企业寻找第三方审验，这就是一个市场，同时也是一个行政压力。还有是来源于分析家和顾问公司的压力形成的市场，比如世界500强要打分，企业综合评价，不仅要看销售额、利润等指标，还要综合考虑。如果有企业社会责任报告的加2分，如果有第三方审验再加1分，一共加3分，所以很多500强企业为了3分要找第三方审验，这也是一个市场。其他的市场因素来自道琼斯指数、恒生指数等，这些指数在评分的时候也会考虑报告有没有做审验，也要加分，所以这是来源于分析家以及顾问公司的压力形成的市场。因此，上市公司CSR报告审计市场主要来源于三个方面：一是行政指令；二是顾问公司和分析家的市场影响；三是自身做大的要求。

目前在国际市场上，社会责任报告的鉴证服务主要由会计师事务所提供，占到了整个市场的60%。而鉴证经验丰富、职业社会责任水准高、专业素养强的注册会计师的积极加入也大大提高了社会责任报告的鉴证水平。在我国，企业社会责任报告的发布和鉴证也呈蓬勃发展之势。自2001年中石油第一家发布社会责任报告以来，到2010年9月，共有58家企业披露了社会责任鉴证报告。

国内有影响的大型会计师事务所正积极投入到CSR报告审计中，以立信会计师事务所为例，他们很早就重视为企业提供社会责任方面的相关服务，并于2007年成立了社会责任服务的专业团队，正式启动为全国企业提供与社会责任有关的企业咨询、报告编制、第三方审验等服务。在4年多的积累中，他们以社会和伦理责任协会（ISEA）的AA1000AS、全球报告倡议组织（GRI）的G3和国际会计师联合会（IFAC）的ISAE100等国际标准，以及国资委、证监会、上交所的相关法律法规为基础，开展了一系列的研究工作。截至2010年12月，共发布社会责任研究报告3份；并自2008年以来，为浦东建设、潞安环能、益民商业、小商品城等上市公司提供了4份审验报告，出具了6份社会责任报告的管理建议书，是国内唯一一家为上市公司提供了社会责任报告审验的内资会计师事务所，在我国所有由会计师事务所出具的审验报告中占到了40%的市场份额。

四　上市公司 CSR 报告审计方法框架构想

（一）研究思路

根据深圳证券交易所和上海证券交易所的两条指引，系统地深入研究上市公司社会责任审计内容、方法和程序。通过借鉴企业财务报告审计方法以及内部控制审计方法，构建上市公司的社会责任内部控制审计方法与企业社会责任报告的审计方法。然后，针对上市公司社会责任内部控制以及上市公司社会责任报告分别具体地阐述相关审计方法的构建与应用，从而得出对企业社会责任审计实践有指导作用的审计方法。最后，结合案例的分析运用，对上市公司社会责任审计方法研究进行总结与展望（见图1）。

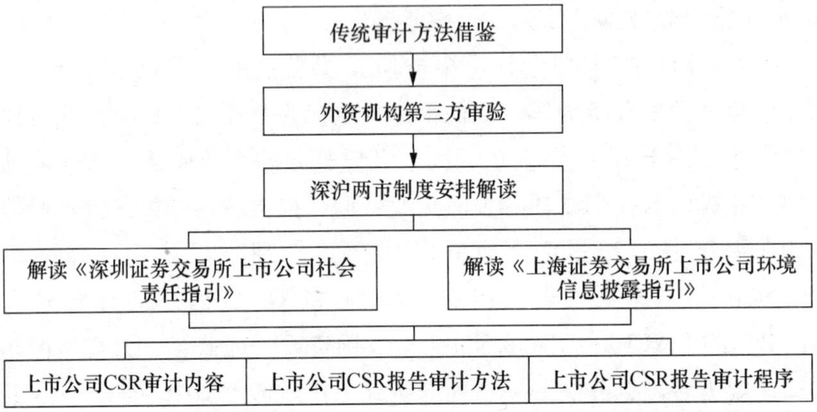

图1　研究思路

（二）研究方法

（1）移植法。移植法是概括不同审计类型在审计理论和实务方面的共性和个性，继承、移植和补充研究对象所采取的方法。通过对已有的成熟审计方法理论进行概括研究，为上市公司社会责任审计的方法研究提供了可以借鉴的基础。

（2）案例研究法。在比亚迪汽车公司内部审核程序的基础上，结合传统审计的程序和社会责任审计的特点，探讨上市公司 CSR 报告审计程序。

（三）研究创新点

目前，我国涉及的社会责任审计方法研究主要是间接或穿插在社会责任审计的程序研究以及社会责任评价指标体系研究中，很少有专门对于社会责任审计方法的专门研究。本文对于社会责任的审计方法研究主要从上市公司的社会责任内部控制以及社会责任报告的审计两个方面进行设计与研究。

（1）构建上市公司 CSR 报告审计内部控制的审计方法。目前，我国研究者并没有针对企业社会责任内部控制进行相关审计方法研究，本文根据《企业内部控制配套指引》中有关社会责任的应用指引，即《企业内部控制应用指引第 4 号——社会责任》，针对企业社会责任内部控制进行审计，借鉴已有的相关内部控制审计方法，创新地展开对上市公司的社会责任内部控制审计方法的研究。

（2）构建上市公司 CSR 报告审计方法。有关企业社会责任报告的审验已经在国外得到了一定的推广，我国上市公司社会责任报告的第三方审验起步较晚，只有少数企业进行了相关审计，理论界还未系统地对这一研究领域展开研究，本文通过借鉴传统审计的相关审计方法，并结合社会责任审计的特点，对上市公司社会责任报告所披露的信息与数据的实质性、可靠性、完整性以及相关方的响应性进行审计方法的构建研究。

（四）研究意义

（1）有利于有效监督上市公司履行社会责任。目前，我国对于上市公司承担社会责任情况缺乏相关的审计制度，而对企业进行社会责任审计是经济社会发展的现实需要。通过对社会责任审计理论以及实践的探索，可以使审计实践跟得上相关理论的发展，有效监督上市公司对于社会责任的履行情况。

（2）有利于规范上市公司社会责任行为，促进企业的健康稳定发展。积极开展上市公司外资机构第三方审验深沪两市制度安排，解读《深圳证券交易所上市公司社会责任指引》和《上海证券交易所上市公司环境信息披露指引》中关于上市公司 CSR 审计内容传统审计方法，借鉴上市公司 CSR 报告审计方法、上市公司 CSR 报告审计程序、社会责任审计方法研究，对上市公司履行社会责任情况进行评价，包括市场绩效、社会绩效、环境绩效等方面，从而促进上市公司兼顾经济与社会利益，实现企业的可持续发展。完善我国企业社会责任审计程序和方法，可以强化我国上市公司的社会责任意识，促进上市公司规范企业社会责任行为。

（3）有利于完善上市公司社会责任审计理论。企业社会责任审计一直是国内外审计学术界研究的热点与难点，其相关理论与实务开展在国外已经取得了一定的成果。但在我国，有关企业社会责任审计的研究仍然比较零散，尤其在社会责任审计方法研究方面开展较少，通过对社会责任审计方法相关问题进行研究，从而完善我国企业社会责任审计相关理论。

审计制度创新与职务犯罪预防

职务犯罪预防包括广义的预防和狭义的预防。狭义的预防是指与打击相对应的防范活动，即针对一定时期职务犯罪的状态、特点，结合案件对职务犯罪发生的原因、条件背景和规律进行分析，提出预防对策，综合采取一定的措施和手段，以遏制和减少职务犯罪。广义的预防是指一切防止职务犯罪发生的措施，除狭义的预防之外，还包括打击，是“打”、“防”、“治”等方面的结合。我国的职务犯罪预防工作机制，一般包括两个方面的内容：

（1）网络化的社会大预防机制。即把检察机关预防职务犯罪工作纳入全社会共同预防的体系之中，纳入对腐败进行综合治理的总体格局之中，建立党委领导，有关单位、部门参加，检察机关发挥职能作用，沟通灵活、协调有力、上下联动、左右互动的预防网络。

（2）检察机关与有关部门的联系制度。在党委的统一领导下，加强与有关部门的联系，向有关部门提供预防职务犯罪的咨询意见，形成互相尊重、密切配合、各司其职的共同遏制、减少职务犯罪案件发生的工作制度。

那么，审计作为国家民主与法制的监督工具，是否有参与网络化的社会大预防机制的职责呢？

一　审计预防职务犯罪职责考察

审计参与国家职务预防犯罪，目前还没有被审计理论界所重视，相关研究文章很少，即便是审计机关也只是刚刚启动这方面工作。一些人还存有疑虑：第一，审计参与国家职务预防犯罪是否有法律依据；第二，是否跨越审计职能。基于此，笔者查阅了相关法律文本，明确了审计有关参与国家职务犯罪预防的职责。

（一）《齐齐哈尔市预防职务犯罪工作条例》明确了审计预防和打击领域

2003 年 4 月，黑龙江省人大批准了《齐齐哈尔市预防职务犯罪工作条例》。第十条规定：监察、审计机关应当依法履行监督职责，对重大投资、国有资产转让等经济活动进行跟踪审计、监察。发现涉嫌职务犯罪，应当及时移送检察机关。对存在制度不健全、管理混乱等问题的单位，应当提出监察、审计意见和建议，督促整改。该条例明确了审计预防和打击领域是：重大投资、国有资产转让等经济活动。

（二）《江西省预防职务犯罪工作条例》率先立法确定了审计防范职务犯罪的地位和作用

2004 年 1 月，江西在全国率先立法出台了《江西省预防职务犯罪工作条例》（以下简称《条例》）。《条例》确定了审计防范职务犯罪的地位和作用。第八条规定：人民法院和人民政府的监察、审计等部门应当在其职权范围内依法履行监督职责，做好预防职务犯罪的工作。第九条明确了职务犯罪预防机制的形式之一是“联席会议制度”，而审计是其中一员。第九条规定：省、市、县（市、区）应当建立有人民检察院、人民法院和人民政府的监察、审计、财政、公安、司法行政等部门参加的预防职务犯罪工作联席会议制度，交流工作信息，加强联系和协调，互相配合，共同做好预防职务犯罪工作。第十六条规范了审计预防内容：人民检察院和人民政府的监察、财政、审计等部门应当加强对工程建设、土地使用权出让、产权交易、政府采购等重大经济活动预防职务犯罪工作的指导和监督。其内容又增加了工程建设审计、产权交易审计和政府采购审计等新内容。

（三）《深圳市预防职务犯罪条例》中明确了审计机关专项预防任务

2005 年 1 月广东省人大批准了《深圳市预防职务犯罪条例》。该条例有不少制度创新内容。（1）把审计纳入预工委。第五条规定：市、区预防职务犯罪工作委员会（以下简称预工委），是预防职务犯罪的议事协调机构，组织协调本行政区域内的预防职务犯罪工作。预工委由检察机关、审判机关和监察、审计、公安、司法行政、人事、财政等部门以及其他有关机关和组织的主要负责人组成。（2）在第四章预防措施中，赋予了审计机关特殊权力。第十四条规定检察机关以及监察、审计等部门在预防职务犯罪工作中，可以依法采取下列措施：①结合职务违纪违法犯罪案件的查处情况，对发案单位的管理制度进行分析、研究，指导、督促其建立和完善相关制度、规范管理；②要求有关部门和人员就预防职务犯罪工作涉及的问题做出解释和说明，如实提供有关情况和资料；③要求有关部门和人员停止违反法律、法规、规章和行政纪律的行为；④建议有关单位暂停有违反法律、法规、规章和其他有关规定嫌疑的人员执行职务。(3) 审计机关有了专项预防任务。第十五条规定：检察机关以及监察、审计等部门应当对国有土地使用权出让、转让、政府采购、政府投资建设项目、国有企业产权转让、建设工程招投标以及其他重大经济活动开展专项预防。(4) 确定了审计公开制度。第十七条规定：审计机关应当依法加强对政府采购、重大政府投资项目、行政事业性收费、专项基金的使用和管理、国有企业改革等方面的审计，并依照有关规定向社会公布审计结果通过，接受社会监督。2004 年深圳审计局曾向市人大常委会汇报了 2004 年度 8 个绩效审计项目的审计结果，通过新闻媒体向社会公布后，产生了很大的社会反响。但是，这种对社会的公布和真正的审计公告制度还不同，审计公告制度是审计机关直接向社会公布审计结果，而且审计内容比审计机关向市人大常委会提交的审计项目综合性报告更为全面，增加了对审计项目的基本评价和建议等内容。

(四)《湖北省预防职务犯罪条例》以立法形式首次将审计机关作为预防职务犯罪的主要部门

2005 年 5 月，《湖北省预防职务犯罪条例》获得通过，自 2005 年 8 月 1 日起施行，旨在建立标本兼治、惩防并举的预防职务犯罪机制。该条例首次将审计机关作为预防职务犯罪的主要部门，将其职责和任务以立法形式做出明确规定。《湖北省预防职务犯罪条例》第六条明确规定：检察机关、监察机关和审计机关依照本条例在各自职责范围内，加强监督指导，做好预防职务犯罪工作。由此看来，确立了审计监督“防腐”的法律地位。

该条例规定，审计机关在预防职务犯罪工作中负有以下职责：一是对国家工作人员开展财经纪律教育，增强廉政意识；二是加强对重大政府投资项目预决算、国债资金及其他资金、专项基金的使用和管理、政府采购、行政事业性收费、国有企业改革等方面的审计监督；三是监督、指导政府各部门、国有企事业单位依法开展内部审计工作，加强对社会审计组织的业务监督；四是实行单位负责人任期和离任经济责任审计制度；五是在履行审计监督职责过程中，发现有关单位在管理和制度上存在问题，可能导致职务犯罪发生的，应当及时提出审计建议，督促有关单位健全管理制度，发现涉嫌职务犯罪的，应当及时移送检察机关；六是会同检察机关、监察机关在职务犯罪易发、多发行业和领域开展专项预防活动；七是其他预防职务犯罪工作。

为了保障审计机关在预防职务犯罪中的作用得到有效发挥，条例还着重对审计建议的提出、送达及采纳做出了强制性规定，审计机关提出的审计建议应当以书面形式送达被建议单位，同时抄送其主管部门。被建议单位应当自收到建议之日起 30 日内，将办理结果书面回复建议机关并报其主管部门。对提出的审计建议拒不整改的，条例规定，由上级机关或者主管部门责令被建议单位限期改正，逾期不改的，对单位主要负责人和其他直接责任人给予行政处分。

既然相关法律文本明确了审计参与国家职务犯罪预防的职责和任务，在此基础上，笔者提出建立“检审联动职务犯罪预防侦查一体化机制”的设想，以期提高审计与检察查处职务犯罪中的整体合力。

二 “检审联动职务犯罪预防侦查一体化机制”设计

我们知道，审计监督在大多数时候表现为事后监督，审计的意义更大程度上在于发现问题，提出问题，并提供解决问题的建议。对于相关责任人的问责，则有待行政处罚机制尤其是司法机制的跟进。在一个法治国家里，各部门按照法律赋予的职能各司其职，各负其责。审计部门不必，也不能将其触角深入到承担处罚权的行政机关及司法机关的权限范围之内。

因此，按照职能分工，“审计风暴”之后最应跟进的当属“检察风暴”，作为国家法律监督机关的检察机关担负着渎职罪案的侦查和控诉工作。由于检察机关独立于审计部门之外，在执法信息的获取上具有天然不足，信息的不畅直接导致了以往监督的无为，如何发挥审计“侦察兵”的作用，为“检察风暴”提供反腐线索，建立“检审联动职务犯罪预防侦查一体化机制”便格外被期待。

在近年来的检察改革中，全国检察机关开展了职务犯罪侦查一体化机制建设。实践证明，侦查一体化机制在突破重大疑难案件、排除办案阻力、加强异地协作等方面发挥了重要作用。当前，如何进一步整合侦查资源，直至嵌入审计预防职责，深入推进侦查一体化机制建设，是摆在各级检察机关面前的一个重要课题。

检察机关侦查一体化机制就是以侦查指挥中心为载体，对侦查力量、信息线索、物资装备实行统一调度，对重大复杂案件、重要侦查活动实行统一指挥，形成全国检察机关整体作战、上下联动、纵向指挥有力、横向协作紧密、反应灵敏、协调高效的办案机制。检察机关建立侦查一体化办案工作机制，就是要尽快实现从被动受理群众举报、单位移送，向既依靠举报、移送，又主动出击摸查群众反映强烈的“热点”领域、部位、环节，加强对职务犯罪“共性”规律、特点分析研究利用的转变。

但是目前的问题是，这个机制仅局限于检察系统，即便是“横向协作”也没有与相关单位合作，没有根本改变检察机关反腐败单打独斗的局面。审计机关参与检察机关侦查一体化机制，正好可以利用上审计“侦察兵”的作用，既符合“横向协作紧密”的机制要求，又丰富了检察机关线索来源渠道。除了原有侦查一体化保障机制之外，我们认为还必须加强以下方面的制度建设。

（一）建立检审合一的联席会议制度

检察院与审计局建立联席会议制度，联席会议由检察院领导、审计局领导主持，成员由检察院反贪污贿赂局、渎职侵权检察科有关负责人和县审计局主要审计业务部门负责人组成。检察机关在查办案件过程中，需要审计机关协助查证的，审计机关应当予以配合，检察机关可以就涉及审计专业的事项商请审计机关进行审计查证；审计机关在审计过程中，认为存在贪污贿赂、渎职和其他违法犯罪事实需要追究刑事责任的，可以要求检察机关提前介入，检察机关应当及时配合审查，努力形成反腐败工作的整体合力。

（二）形成审计执法和刑事执法衔接的协调机制

审计署驻武汉特派办高度重视与司法部门和纪检监察机关的工作协调，该办于2003年年底会同湖北省人民检察院、公安厅等16个部门联合制定《行政执法与刑事执法衔接工作机制规定》，初步形成了审计执法和刑事执法衔接的协调机制。通过积极探索和大胆实践，该办审计移送案件在司法环节的落实力度明显加大，2004年移送案件被正式立案的有24宗，比上年增加3.8倍，被追究刑事责任的涉案人员也大幅增加。2005年9月，江苏省人民检察院与审计署驻南京特派员办事处联合签发《关于在反腐败工作中建立健全协作配合工作机制的意见》（以下简称《意见》），该《意见》是江苏省检察机关与审计部门为了实现法律监督与审计监督的紧密衔接，加强协作配合，形成反腐败的工作合力而共同制定的，其中对工作机制、信息交流、案件线索移送等方面作了很多突破性的新规定，其中突出表现在对重特大案件进行联合调查，审计中发现犯罪线索检察机关可提前介入。

（三）建立审计与检察机关和“共防单位”三位一体预防犯罪体系

检察机关和共同防止职务犯罪（以下简称“共防”）单位应如何开展预防职务犯罪工作，法律无明确规定，检察机关颁布的工作制度尚不完善。建立审计与检察机关和“共防单位”三位一体预防职务犯罪体系，也只是理论意义上的探讨。现提出开展三位一体预防职务犯罪工作规范化的设想，如图1所示。

其中，审计预防工作主要是做好审计预防检查工作，及时发现问题，并提出预防措施和检察建议，堵塞漏洞。主要有：（1）廉政情况检查。对“共防”单位廉政情况进行综合性的检查，了解廉政制度、廉政责任书的落实情况，也可以进行廉政方面民意测验等。（2）重大项目检查。对“共防”单位实施的较大经济项目进行跟踪审计，参加其招标、评标等重要环节工作，临场监督，预防犯罪。（3）重点岗位检查。对“共防”单位的财务、采购、销售等重点岗位进行审查。（4）收集犯罪线索。审计机关和“共防”单位纪检监察部门通过预防检查，受理举报控告自首等形式，将收集了解的犯罪线索，及时反馈检察机关，打击职务犯罪。

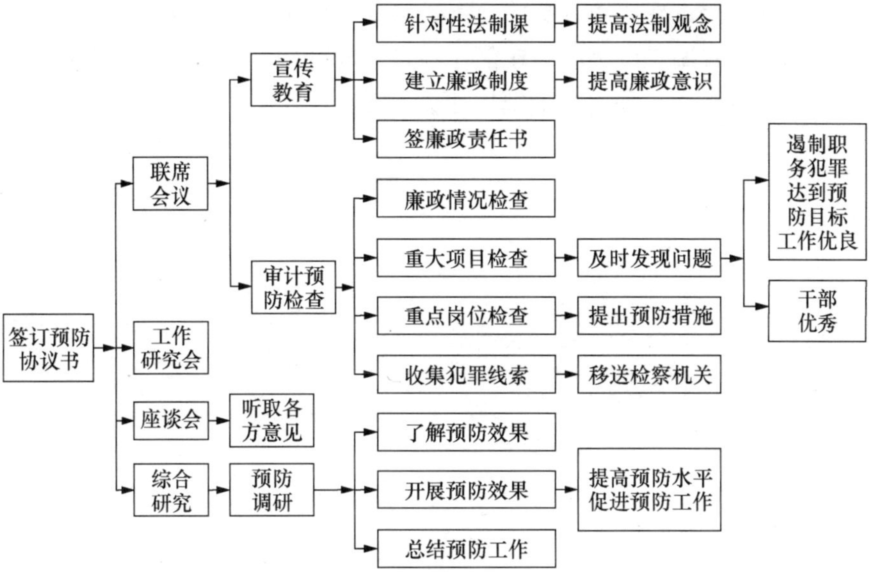

图1　预防犯罪体系

（四）开展审计与检察干部交流制度

虽然目前审计与检察之间建立了案件移送制度，但是查处还存在许多薄弱环节，如审计机关与司法部门查处案件在初始依据、案件性质认定上是不同的，审计人员和司法人员的证据观存在差异，对移送案件线索的程序、方式和时机在认识上也不尽一致。由于来自不同专业视角，加之审计人员与司法人员之间沟通不够，因此不熟悉对方工作方式和技术手段。为进一步加强审计执法与刑事执法的衔接，加大打击经济违法犯罪的力度，拓宽审计干部培养渠道，在实践中锻炼培养适应审计工作发展的优秀人才，有必要“请进来”和“走出去”。审计署驻武汉特派办与湖北省人民检察院于2005年6月底正式建立了互派干部交流锻炼制度。

审计机关与司法部门围绕打击经济违法犯罪和职务犯罪的共同目标，深化协作交流机制，通过人员互相交流，促进双方干部在工作职责、管辖范围、工作方法、审计和办案程序及案件移送接收方式等方面加强沟通，在查处经济犯罪案件的丰富实践中相互学习、相互借鉴，将有利于增进双方的理解和信任，有利于解决执法衔接中存在的薄弱环节，有利于促进建立审计执法与刑事执法有机结合的长效机制，从而充分整合执法资源，发挥各自职能作用，形成打击合力，更好地查处经济违法犯罪行为，更加有效地维护社会主义市场经济秩序。

（郭强华、何珍珍）

基于“惩防体系”的“廉政审计”研究

一　“特种审计制度”与“惩治和预防腐败体系”

2000 年广东省深圳市为开辟党风廉政建设的新路子，根据中央和省的有关精神，开始调查研究“深圳市反腐倡廉预防体系”。2002 年深圳市政府批准了《深圳市反腐倡廉预防体系整体思路》，提出了创建反腐倡廉预防体系的基本原则、总体目标、主要措施和实施步骤，并在中纪委第七次全会上作为书面材料印发。2003 年浙江省委、苏州市委先后提出了框架方案。2004 年 5 月，中央纪委在深圳邀请广东、福建等七省市纪委领导研究座谈“惩治和预防腐败体系”。之后，这个地方性惩防体系进一步得到中央的重视，2005 年 1 月 3 日，中央印发了建立健全反腐体系实施纲要。

我们注意到，在这个惩防体系中，审计已经作为反腐败的重要制度安排，以崭新的面貌——“特种审计制度”出现，与人大监督、政协监督、纪检监察监督并列组成党内外监督管理机制。“特种审计制度”的名称最早来源于 2000 年国家哲学社会科学基金项目“新世纪惩治腐败对策研究”。其子课题“惩治腐败与特种审计制度”中，提出要建立“经济腐败审计”的“特种审计制度”。所以“特种审计”一经出现，便被打上了反腐败的烙印。

特种审计制度的含义为：“政府审计机关除按《审计法》进行常规审计外，开展对防范公职人员违法违纪的特种审计。主要包括政府采购审计、重大工程审计、政府收费审计、基金管理审计、国有企业改制审计及经济案件审计等。政府审计机关依法进行审计时，有权对审计中查证的违纪违法问题的直接责任人员，提出处罚建议，或移交纪检、检察、监察机关处理。影响较大的审计查证及结果，可向社会公开，接受舆论监督。”

二 “特种审计制度”问题及其改进

尽管特种审计制度是我国审计反腐败历史上的一次制度创新。但是，当我们满怀期待关注特种审计的发展时，让我们感到尴尬的是，最初推行特种审计制度的深圳，在2002年实施以后的两年多时间，除了产生制度创新层面上的新奇效应以外，竟然悄无声息。与此同时，2001年深圳开始推行的绩效审计，却表现不俗。也许连深圳审计人也很难理解，国外的绩效审计在深圳登陆成功，而本土培养的特种审计却“哑火”。既然特种审计属于制度创新，我们还是从制度建设层面找原因。

特种审计“不特”是主要原因。所谓“不特”是指审计内容基本上属于财政财务审计工作范围；缺乏审计打击腐败的特殊方法和手段；现有审计职权不够用；特种审计名称令人费解；等等。具体改进方法如下：

（一）将“特种审计”名称改为“廉政审计”

“特种审计”按字面解释，是超常规的、具有特种目的的审计。但是特种审计内容平常、审计反腐败手段落后、审计职权不突出等问题，冠以“特种”字样恐怕不妥。而廉政审计名称言简意赅，对腐败者以震慑，予廉洁者以鼓舞。

（二）由查处违法违纪行为转变为预防和打击国家公职人员腐败行为

“特种审计”范围从财政审计到国有企业改制审计，从银行审计到重点建设项目审计，涉及面广，工作量大，对审计人员要求比较高，如果以查处违法违纪行为为主，势必使审计部门不胜负荷。因此，改革后的“廉政审计”应该把目标瞄准政府部门、重点企事业单位的国家公职人员，特别是握有相当权力、具备高腐败风险的部门及其主要领导干部的经济腐败犯罪行为，同时改进审计方法，增强预防功能，审计效果必定更佳。

(三)改变“特种审计”单兵作战方式,“廉政审计”实行以审计部门牵头,纪检、监察、检察部门全程紧密配合协作的审计查处机制

这样,一方面,可以借助纪检、监察和检察部门的力量,扩张审计查证所必需的手段和权限,充分发挥审计反腐败的功能作用;另一方面,有利于落实审计问责制。由于纪检监察、检察机关配合参与审计过程,可及时追究有关责任人党纪、政纪处罚并移交司法部门处理。

(四)扭转“特种审计”权力不特局面,加强“廉政审计”处理权

在廉政审计中,以国家审计机关为主,纪检、监察和检察紧密配合的审计查处机制,能强化审计处理权。主要包括:(1)借助纪检、监察、检察、公安等部门的配合支持,可在审计过程中运用超审计手段,如封存财产、扣审相关人员等;(2)超越审计权限的处罚。如对于超越审计处罚权限的应予有关责任人党纪、政纪处分或追究刑事责任的案件,在向外移送进行处理时,为确保处理的落实和审计成果的确认,应加入责任认定,并参与过程处理。

开展廉政审计的意义是:第一,有利于加大审计反腐败力度。尽管特种审计制度的建设取得了一定成绩,但是在制度建设上仍存在不足。廉政审计以高腐败风险公职人员为审计对象,配以纪检、监察和检察紧密配合的审计查处机制,势必加大审计反腐败力度。第二,开展廉政审计有利于提升“惩治和预防腐败体系”整体效能,从源头上预防和治理腐败。特种审计属于事后审计,无法发挥预警和预防作用。廉政审计则不同,其“廉政指标体系”有对腐败的评价和监测指标,能及时反映权力部门和国家公职人员的廉政状况,一旦指标接近“高压线”有腐败嫌疑,就可以实施廉政审计,使人“不敢贪”和“不能贪”,实现审计监督功能从事后监督向事前监督的转变,充分体现查处与防范相结合、防范贯穿始终的反腐败指导思想。第三,有利于丰富和完善“特种审计制度”。这是因为廉政审计是基于特种审计制度的理论平台,经过再次制度创新而开发的廉政(腐败)指标体系,其由预警审计、查实审计等内容组成,是对“特种审计制度”的深化。

三 廉政审计的概念、目标及其工作程序

廉政审计，从字面上解释“廉”是廉洁的意思，就是不贪污不腐化；“政”是指政治、行政，即治理国家的活动。因此，廉政的基本含义可以理解为“为政清廉公正”。其对立面是贪污、腐败。广义的廉政审计就是指为保证公共权力的拥有者廉洁从政行为而进行监督所采取的审计活动的总称。因此，经济责任审计、特种审计都属于廉政审计的范畴。

而狭义的廉政审计脱胎于特种审计制度，直接服务于深圳、浙江等地的“惩治和预防腐败体系”。廉政审计的目标就是在深圳等地“特种审计制度”的理论平台上，进行审计反腐败的制度再创新，以体现“惩防体系”要求的特点，达到惩防并举、注重预防的效果。本文研究的狭义廉政审计，即指以审计机关为主，协同纪检、监察、检察等部门，对腐败高发多发领域、重点部门、重点项目和资金，以腐败为审计导向，预防、揭露和打击国家公职人员经济犯罪的特种审计。这里的要点是：

（1）廉政审计的主体是国家审计机关与纪检、监察、公安等部门，采取的是国家审计、牵头，其他监督部门联合协调的查处机制。

（2）廉政审计的客体是国家公职人员，特别是握有相当权力、具备高腐败风险的部门及其人员。

（3）廉政审计的重点是腐败高发多发领域、重点部门、重点项目和资金。例如，传统高发腐败领域的大型国有企业、金融系统，以及当前群众关注的司法和行政执法等部门，交通、基本建设投资等资金高密集领域，文教卫生等关系民生的行业，电力、电信等垄断行业。

（4）廉政审计方法是以腐败为导向的腐败风险导向预警审计，审计方法有其特殊性，有别于常规审计。

（5）廉政审计作用是预防、揭露和打击。

（6）廉政审计继承了“特种审计”的性质。

廉政审计为什么要以腐败为审计导向？这是廉政审计的特色和创新之处。廉政审计重点不在于检查会计账表的错误和遗漏，而是侧重于分

析腐败多发领域的国家公职人员的廉政或腐败情况。它是对“预警管理理论”、“风险导向审计”、“舞弊审计”等理论的整合和具体运用。所谓预警是度量某种状态偏离预警线的强弱程度、发出预警信号的过程。腐败预警，是指对国家公职人员在履行职责过程中，利用职务上的便利条件，或者滥用职权，或者不正确履行职权所实施的违背职责要求的，依照刑法规定应受刑法处罚的经济犯罪行为而进行的预警。其工作原理是：通过设定指标体系和测量指标值，得出廉政（腐败）状况指标值，再根据预先设定的指标值来确定当前廉政（腐败）的警告级别，按照不同警告级别采用不同审计策略。其工作方式如下：

1. 预警审计

纪检、监察审计部门获得的腐败线索，以及廉政指标监测结果，运用审计职业判断，确定廉政审计重点和范围。预警审计过程主要是查找可能导致腐败的现象和行为，并确定腐败可能性的存在程度，如果存在腐败可能性概率较大，则进入下一个阶段。预警审计内容包括四大块。

（1）廉情（腐败）信息收集。由国家审计机关接受和收集来自各方面的线索，从中排查出有审计价值的疑点和信息，确定具体审计对象。廉情（腐败）信息来源包括：财政、财务审计、任期经济责任审计和绩效审计等工作中发现的疑点线索；群众举报的疑点线索；其他来源的立项审计线索。比如，由审计特派办组织的对重点部门、重点项目和重点资金进行的专项审计调查所获取的线索；纪检、监察或检察机关移送的专案鉴证审计；利用惩防体系中纪检监察部门资源优势——廉政预情联系站的线索。比如杭州的“96666”，这是2003年杭州市启用的机关作风和效能投诉电话，开通以来受理群众有关党政机关服务态度不好、效率不高、作风不廉等问题的投诉共8211件，平均每天受理投诉35件；在宁波，“96178”廉政投诉中心以“96178”投诉专线电话和“178”投诉专用信箱为基本受理形式，受理群众对党风廉政、行风建设等方面的投诉。这些热线电话，以及信访部门、新闻媒体等反映情况，既是纪检、监察部门的关注对象，也是廉政审计的“风向标”。

（2）廉政（腐败）指标体系的建立及监测。廉情（腐败）信息的收集只是定性反映腐败状况，而且存在反映盲点问题。廉政（腐败）指标体系的建立，能从定量上反映权力部门和相关者腐败程度及其发展趋势。廉政（腐败）指标体系是根据警兆反映在具体指标上，并预报警情的。个人腐败的警兆可从以下五个方面获得：岗位特征诱因（实权岗位）；个人习惯诱因（奢侈、赌博、使用违禁药品和毒品、行为不检、品德不良等）；个人财务压力诱因（负债、疾病、报酬不足等）；行业系统特性诱因（经济不景气、竞争激烈、财务困难、存货积压过多、法院宣布暂缓执行或停业处分等）；环境控制特性诱因（缺乏内部控制、董事会无法有效监督、经常更换会计师、不寻常的大额律师费、委托人对审计人员施压、群众反映不良等）。笔者认为，这个指标体系主要包括两大部分内容。其一是评价指标，用来正确评价部门、个人廉政或腐败状况；其二是监测指标，能不断随时反映可能存在或发生的经济腐败行为，并进行预警。廉政指标的评价与监测功能与审计监督功能耦合，使审计关口前移，较好体现打防结合、以防范为主的反腐败斗争策略。

（3）廉政专项审计。根据廉政指标监测结果，对“嫌疑腐败”分子执行有关廉政规定的情况进行全方位的审核。审计内容有：公款旅游或违规出国（境）旅游，超标准、超范围公款报销应由个人开支的费用问题；违规用公款购买个人商业保险，以及各种有价证券、支付凭证问题；违规超标准装修（饰）办公楼（室）和个人住宅，违规配备交通、通信工具及报销相关费用等问题；违反规定列支会议费，超标准超范围公款报销学历学位费用和其他各类学习培训费用的问题，虚开发票套取公款，以及违规采购办公用品和其他公用物品；等等。

（4）廉情（腐败）分析。这是对所收集到的定性腐败信息，以及廉政专项审计结果进行分析研究，以判别有关国家公职人员权力行为是否突破腐败警戒线。对不同结果分别采取表彰、廉政教育和查实审计策略。

2. 查实审计

它是针对在预警审计阶段所发现的指示性证据进行的审计，以确定腐败性质、触犯的法律条款以及犯罪严重程度。在查实审计中，要充分发挥以国家审计机关为主，纪检、监察和检察等部门协调配合的审计查处机制的作用，如借助纪检、监察、检察、公安等部门的配合，封存财产、扣审相关人员等。如果审计职权、手段（含其他部门的配合手段）无法获取充分适当的审计证据以形成审计结论和决定，或者已形成结论和决定，须由纪检、监察、司法等部门实施党纪、政纪处分或追究刑事责任的，则进行审计移交。

预警审计可比作医生根据各种肿瘤症状发现了病人的某个部位有肿块；而查实审计的工作就是给肿瘤定性，解决它是什么“瘤”，是“良性的”还是“恶性的”。

廉政审计较好地体现了“审计机关先行突破，纪检、监察、检察、公安协同作战”的办案思路，弥补了纪检、监察和司法部门某些手段的不足。

四 廉政审计的特色、可行性与难点

“廉政审计”是由“预警审计”、“查实审计”和“特种审计制度”组成的。其与“特种审计制度”的区别表现在以下方面：

（一）审计基础不同

“特种审计制度”以评价内部控制制度为基础，实施实质性测试；“廉政审计”则以国家公职人员的廉政或腐败风险程度评估值为基础，确定审计范围和重点。

（二）审计方法不同

“特种审计”运用的是常规抽样技术，判断会计账册错误和遗漏；“廉政审计”侧重于分析部门或国家公职人员廉政或腐败情况，需要对廉政或腐败程度加以量化后评估，并以评估后的报警区域为审计导向，再进行账项审计，它采用腐败风险导向的审计方法。

（三）审计组织不同

“特种审计”是单纯地以国家审计组织实施的审计；“廉政审计”是以国家审计组织牵头，纪检、监察、检察机关密切配合的审计查处机制。

（四）审计职权不同

“特种审计”只享有《审计法》规定的权限；“廉政审计”是以借助国家审计机关为主，纪检、监察和检察等部门协调配合的审计查处机制，可以超审计手段运用权力，如封存财产、扣审相关人员等。

（五）审计类型不同

“特种审计”是事后审计；而“廉政审计”有廉政指标体系，可以正确评价部门和个人的廉政情况，监测指标能及时反馈可能存在或已发生的腐败而进行预警，使审计关口前移，较好体现打防结合、以防为主的反腐败策略。所以“廉政审计”是事前、事中、事后审计。

因此“廉政审计”具有权威性高、组织性强、监察面广、打击准、权限大、能预防的特点。廉政审计是否可行，除了政府公共管理部门需要的因素以外，从专业角度看，廉政（腐败）指标体系的设计和运用成为关键。但不是没有经验可循，比如，四个国际组织提供的五种腐败评价指标，还有韩国的“反腐败指数”等，这些指标的构成、设计思路、计算方法，为廉政指标体系的设计提供了可资借鉴的经验。在国内，廉政考核指标、行风评议指标，以及机关事业单位经济责任审计评价指标、干部绩效考核指标等内容，对我们设计廉政指标体系具有重要的参考价值。此外，风险导向审计、国际舞弊审计为“廉政审计”提供以腐败为导向的审计理论基础。其中风险导向审计的风险评估方法，舞弊审计以舞弊警兆为导向的指导思想，为廉政审计的腐败计量和腐败导向理论提供了方法论。鉴于目前审计职能分工和机构设置的情况，特别是在大张旗鼓推行领导干部任期经济责任审计，并强化其反腐防腐作用的前提下，可以借助任期经济责任审计机构，兼同一段时间的廉政审计工作，但有必要在审计对象、审计程序和审计重点等方面提高经济责任审计对廉政审计的兼顾性和包容性，并在必要时将任期经济责任审计直接转换成廉政审计。

理论创新的创新点也是难点。首先，这套廉政或腐败指标体系，能否全面概括、准确衡量部门和个人的廉政或腐败状况，为审计判断提供预警信号是关键；其次，需要解决廉政审计组织结构、与执法机关协调配合的查处机制如何运行、廉政审计策略、审计标准等理论问题。

李金华审计长说过：“中国审计是惩治腐败的重要力量。”担当反腐重任的“廉政审计”任重道远。

（郭强华、谢正菊）

中国会计人对制定全球统一高质量准则的贡献

制定一套全球统一的高质量会计准则是经济全球化发展的客观要求，也是国际金融危机的现实推动。国际金融危机爆发后，20国集团、金融稳定理事会（FSB）多次召开相关会议，积极倡议并推动和建立了全球统一的高质量会计准则。为了响应20国集团峰会和金融稳定理事会的倡议，各国都采取了一系列措施，以此推动全球统一的高质量会计准则体系的构建。我国作为新兴市场经济国家的代表，也积极参与准则的修订过程，为制定高质量的国际会计准则做出了巨大的努力。

一　中国会计人多名当选国际会计准则理事会重要成员，直接参加会计准则的制定工作，提升了中国会计的影响力

近年来，我国选派多名会计专家直接参与国际财务报告准则的修订工作，促使其在国际财务报告准则修订过程中充分考虑我国的要求。2005年，财政部副部长王军当选为国际会计准则理事会准则咨询委员会委员。同年，中国注册会计师协会会长刘仲藜出任国际会计准则委员会基金会受托人。2007年，前中国证监会首席会计师张为国当选为国际会计准则理事会理事。2008年，财政部会计司司长刘玉廷当选为国际财务报告准则咨询委员会委员。2010年，中国海洋石油有限公司财务管理部总监李飞龙当选为国际财务报告准则解释委员会委员。2012年，财政部副部长李勇当选为国际会计准则委员会基金会受托人；财政部会计司司长杨敏、厦门国家会计学院副院长黄世忠当选为国际会计准则理事会准则咨询委员会委员。

此外，我国会计人在工作组层面也积极参与国际财务报告准则的制定工作：中国石油天然气集团公司总会计师王国梁担任理事会采掘业准则工作组成员；财政部会计司副司长应唯担任中小主体准则工作组成员；中国工商银行股份有限公司董事会秘书谷澍任金融工具准则咨询专家组成员。财政部会计司每年还选派干部借调到国际会计准则理事会准则技术团队，直接参加其会计准则的制定工作。这些我国“身影”的不断涌现，一方面标志着国际会计准则理事会对我国会计国际趋同的认可与肯定；另一方面也表明我国在国际财务报告准则制定过程中的话语权进一步增强。

二　通过中国会计人的努力，《国际会计准则第 24 号——关联方披露》的修订有了中国会计理念

2006 年年初，国际会计准则理事会启动了对 IAS24 的立项修订工作。我国财政部作为会计准则制定机构，多次对国际准则中关于将所有国家控制企业都按普通关联方进行披露的规定提出修改建议，在《国际会计准则第 24 号——关联方披露》的修订工作中与国际会计准则理事会保持密切的工作联系。

2007 年 2 月，国际会计准则理事会通过发布修订相关准则的征求意见稿，建议给予国家控制企业披露豁免权。但是，由于发达国家对国有企业有着根深蒂固的偏见，国际会计准则理事会从全球收到的反馈意见在总体上对征求意见稿提出了质疑。随后，王军副部长、刘玉廷司长多次明确表示了对该项目进展的关切，并向 IASB 相关工作人员阐释我国国有企业的特殊情况。

2008 年 5 月，国际会计准则理事会项目组参照我国相关准则规定重新起草了修订方案并重新发布了征求意见稿。2009 年 6 月 22 日，国际会计准则理事会会议正式批准了给予国有及国有控股企业披露豁免权。

国际会计准则理事会充分考虑我国意见对现行国际财务报告准则进行修订，对于节约我国境外上市公司的成本、提升国际资本市场认可程

度等方面有相当重要的作用。这同时也表明，随着我国经济地位的提升和会计准则国际化程度的日益提高，我国的声音越来越受到国际组织的关注，我国在融入和参与全球性会计规则的制定方面有了中国会计理念。

三 我国内地与我国香港共同联手，促成 IASB 对 IFRS1 的修订，“双向”和“互动”的结果是维护了国家利益

2010 年 5 月 7 日，国际会计准则理事会（IASB）正式发布了《国际财务报告准则年度改进》，其中对《国际财务报告准则第 1 号》进行了修订，旨在解决我国企业改制上市过程中因资产重估引发的会计计量问题，允许首次公开发行（IPO）的公司将在改制上市过程中确定的重估价作为国际财务报告准则下的“认定成本”入账并进行追溯调整。这是自《中国企业会计准则与国际财务报告准则持续趋同路线图》发布后，IASB 充分考虑我国情况并专门为解决中国环境下的特殊问题而对国际财务报告准则做出的重大修改。

在与国际财务报告准则趋同等效过程中，财政部作为我国企业会计准则的制定部门，秉承“双向”和“互动”原则，一方面深入研究国际财务报告准则，积极吸收和采纳国际先进的通行做法；另一方面派出代表全方位介入 IASCF、IASB、国际财务报告解释委员会（IFRIC），参与国际财务报告地区政策论坛、AOSSG 等多种机制，对 IASB 重大项目提出反馈意见，表达我国的意见和主张。我国会计人积极参与国际财务报告准则制定并发挥重要作用，不仅让 IASB 真正了解了我国的实际情况，也维护了国家利益。

四 中国会计准则的务实性，为其他新兴经济体制定相关准则提供了有益参考与借鉴

我国作为发展中国家与新兴市场经济国家的代表，一方面，在经济

发展过程中存在许多新情况、新问题，如“同一控制下的企业合并”问题；另一方面，经济运行环境不同于发达国家成熟的市场经济，这突出体现在公允价值的计量上。对于上述问题，国际会计准则理事会已经同意借鉴我国的有益方法与经验。

为充分体现会计信息质量的相关性要求，国际财务报告准则规定会计实务中需广泛运用公允价值。但考虑到作为新兴市场经济国家的中国，许多资产并没有活跃的市场环境，中国会计准则强调谨慎、适度地运用公允价值——只有在存在活跃市场、公允价值能够可靠获得及计量的情况下，才允许使用公允价值计量。对此，国际会计准则理事会十分认同我国的规定与做法，将如何在新兴市场经济国家中采用公允价值问题列入其主要的议题加以研究与讨论，并表示希望我国在这方面提供更多的支持与帮助。

五 中国提出并推动“亚洲—大洋洲会计准则制定机构组”（AOSSG）的成立，形成第三方力量

由于种种原因，欧美等发达国家一直牢牢把握着国际会计准则制定的绝对话语权，主导着会计准则国际趋同活动。而亚洲—大洋洲会计准则制定机构组的成立标志着美、欧、亚影响国际财务报告准则制定的三足鼎立局面的正式形成。

我国是最先形成并提出构建亚洲—大洋洲会计准则制定机构组（AOSSG）的国家。2009 年 4 月 17 日，亚洲—大洋洲会计准则制定机构组筹备会议在北京成功举行。

2009 年 11 月，机构组第一次全体会议中，我国参加全部工作组的研究工作，同时还担任了公允价值计量和财务报表列报两个工作组的联合牵头国工作。

2010 年 9 月，机构组第二次全体会议中，各国代表就后金融危机时代有关国际财务报告准则重大改革项目进行了热烈的研讨。我国不仅参与了全部 9 个项目组的交流、讨论、研究工作，同时还担任了排放权交易机制、公允价值计量两个项目的牵头国与收入确认、合并财务报

表、保险合同3个项目的联合牵头国，是目前本地区参与项目及牵头最多的国家。

2011年12月，机构组第三次全体会议中，我国作为排放权交易机制项目与合并财务报表项目、保险合同工作组的联合牵头国，在会上与其他国家积极互动，获得了良好的效果。会上形成的《亚洲—大洋洲会计准则制定机构组关于IASB排放权交易机制准则项目的初步意见》，成为未来国际会计准则理事会改进排放权交易机制准则项目的重要参考。

目前，亚洲—大洋洲会计准则制定机构组通过定期召开电话会议的方式共同探讨区域中的共性问题。在此期间，中国积极开展深入研究与讨论，提供第一手资料及研究成果，为制定全球统一的高质量会计准则做出相应的贡献。此外，我国还通过与其他相关国家、地区成员协调立场的方式，以整体、一致的声音传达了亚洲、大洋洲国家和地区的主张，切实维护本地区的经济利益，成为建立全球统一的高质量会计准则中的重要力量。

六　中国会计准则趋同模式得到广泛认同，对其他国家具有示范效应

2006年2月，我国正式发布了与国际财务报告准则趋同的新企业会计准则体系，并于2007年1月1日起在所有上市公司正式实施。世界银行评估后认为，我国企业会计准则趋同模式行之有效，为包括转型经济国家、新兴经济体在内的其他国家参与国际财务报告准则修订与会计国际趋同树立了典范。此后，美国提出了以我国为参考模式的会计准则“趋同认可”模式，以加快推动本国的会计准则向国际财务报告准则靠拢。受此影响，印度尼西亚、马来西亚、印度等国家及地区纷纷参照、借鉴我国会计准则国际趋同的做法与策略，以此推进本国或地区的相关趋同工作。此外，苏格兰特许会计师协会在对我国新企业会计准则实施情况进行了认真的实地调研后，于2010年发布报告称：“《中国企业会计准则》的成功制定，标志着中国实现了与国际会计准则的趋同，这使中国成为致力于建立全球统一的高质量会计准则的领先国家。中国

在会计准则制定、实施及趋同过程中的经验，可以作为其他国家有益的参考与借鉴。”由此可见，我国会计准则国际趋同模式，在受到更多国家及地区认可的同时，还为包括新兴市场经济国家在内的其他国家提供了借鉴与参考。

（常雪文、郭强华、韩洪）

教学杂文

CPA 考试：像雾像风又像雨

据说，注册会计师职业是“三高”行业，即地位高、薪水高、知识含金量高的黄金行业。但是，最近有点烦：银广夏的倾覆，中天勤的出局，CPA 信誉危机降临了。一时间，媒体将矛头直指 CPA。就在 CPA 们灰头土脸时，有传闻说，CPA 考试要提高门槛了：大专生将被取消报考资格；考生须具备一定实践经验，是否有此一说，不得而知。立此规定，似乎有其道理。然而联系到银广夏事件中两名注册会计师的出局，我对 CPA 就有话要说。

难以忍受的马拉松式考试。参加 CPA 考试很痛苦。在茶水中泡大的先生们、女士们、小姐们，你们必须学会戒急用忍。面对 3 个半小时的《会计》考试，我的考试经验告诉我，头天晚上就得戒吃戒喝，不然的话，非得憋出个肾结石不可。CPA 考试时间跨度比 CPT、CPV、CIA 长，但通过率却是四种资格考试中最低的。如此说来，CPA 们专业水准毋庸置疑，两名注册会计师出局，有没有搞错？

招考熟练工。CPA 出题原则历来推崇实务导向，考题中常有案例题若干，此招吓退不少人。然而一位“得分王”告诉你，高分秘诀是：背、背、背，做、做、做。只要你对考试要点“狂轰滥炸”又“精耕细作”，什么“侧重实务操作和职业判断能力”都是瞎扯，我的大三学生，账未记一笔，表未编一张，已经通过两门考试了。实务能力强？谁信！

与专家学者关系暧昧。CPA 免试条件规定相关专业具有高级职称或副教授以上职称者，可免考一门。表面优惠，实则拒专家学者于门外。试想 40 岁左右副教授们，谁还有精力与 20 岁小伙子拼高低。所以最近外出开会，收到名片中不少有标榜自己是注册会计师的。然而也不尽然，京城一家大报社设有注册会计师考试辅导专栏，我的一位好友经常活跃其间，或曰考试注意事项，或曰会计处理 ABC，俨然注册会计师考试辅导专家。实际上这位老兄，连非执业人员都算不上。相关新闻还有，某会计名家接受注协邀请，出任 2001 年 CPA 考前辅导教材主编，此类消息颇多。这是 CPA 考试又一怪，不是 CPA 的所谓专家学者教你如何入门 CPA，滑稽！

这还不算乱，真正让 CPA 考试尴尬的是，那些考试高手如今却成了造假高手！人们不禁要问：CPA 考试制度怎么了?!

CPA 教材教导我们说，要降低审计风险，只能与品行正直的客户打交道，但如果你 CPA 本身不够正直，又如何避免风险？笔者认为，当今的 CPA 不缺学识素养，也有很高的职业判断能力，唯独欠缺职业道德。CPA 考试问题的症结在于，过分注重业务能力考核，忽略了 CPA 职业道德的应有要求。这不是出几个选择题就能解决的问题。结果是一大批诚实、勤勉的考生被挡于门外，而一些善于投机钻营、原则性不强的人却能金榜题名。随着执业环境变化，各种物质利益诱惑，他们的出现也就不足为奇了。

如果要给 CPA 考试开个处方的话。先抓“三味药”：第一，增加考试次数，降低考试难度；第二，采取有效形式考核考生职业道德操守；第三，放宽条件吸收专家学者入行，推进 CPA 队伍建设。

审计风险白皮书

我的名字叫“审计风险”，英文名叫 Audit Risk，朋友喜欢叫我的昵称 AR。我的造物主是一个叫作注册会计师（CPA）的伙计，他既爱我又恨我。也许事物的本身就是一个混合物，有时候我也搞不清自己到底是对还是错。

我的产生并非偶然。当 CPA 的慧眼识破不了被审单位会计报表中存在的重大错误或漏报时，就有发表不恰当审计意见的可能性，于是我就出现了。当然也不乏 CPA 职业道德败坏，为获得较高报酬而造假，这时我的身价会升高，并带有获益者的侥幸和受害者的无奈。

我的内部结构很简单，由固有风险（Inherent Risk）、控制风险（Control Risk）和检查风险（Detection Risk）三部分组成，人们习惯称它们为 IR、CR 和 DR。IR 和 CR 源于被审单位，不易改变，CPA 往往对其无能为力，善良的 CPA 只能将工作的重点放在实质性测试上，以便将 DR 控制在可接受的水平。

我的弟兄们分布在世界各地，虽然每个人只是占据一块小小的阵地，但你千万别低估我们的能力。仅 1992 年，美国注册会计师界因为我的存在而尚未结案的有 4000 个诉讼官司，赔偿金额高达 300 亿美元。既然事态这么严重，为什么还会有 CPA 铤而走险呢？原因很简单，从成本效益角度来分析，积极冒进型的 CPA 为了得到高额的收入酬劳，甘愿冒着赔偿和名誉损失等危险来使自己的欲望得到满足；稳健保守者则望穿秋水般苦命挣扎而最终只得忍痛割爱。也许用赌局来形容这一交易过程更为贴切，我就是审计赌桌上最大的赌注。我欣赏勇敢者的胆识，但败者终究要“愿赌服输”。

我是一叶无名小舟，静静地在岸边停留，给多情者留下机遇，绿荫下是凝思的等候。随着多哈的一锤定音，中国十几年的“入世”梦想终于成为现实。作为对外开放的专业服务市场之一的我国会计市场，

“入世”后必将发生很大的变化，在未来市场中如何定位，已成为每一个会计师事务所当前最关心的问题。而我，乘着人世的浪潮，也贸然驶入了 WTO 这个陌生的大千世界。我该做什么？我的未来将如何？没有人告诉我。但我知道加入 WTO，给会计师事务所带来了前所未有的机遇，我的发展空间也将更加广阔。走在国际化的大道上，不禁为洋事务所先进的管理经验、高超的执业能力以及对有关人员培训、职业道德训练方面的先进方法而感叹，更被他们 CPA 人员较强的实力所感染。都说洋 CPA 不是软柿子，我偏不信邪，我的目标是与国际“五大”相比拼。展望未来，前途一片光明，我大显身手的时候到了。

当然，有机遇就会有挑战。首先，我自身要进行大解剖。时髦一点讲就是“系统升级”。专家为我设计了最新的造型：AR = IR + CR + DR + U(R)。U 为随机变动项，是一个风险函数，专门对付那些无法预先估计到的因素，像汇率变动、物价上涨等。这一函数的引用将使我的功能更加完备，同时生存压力也会增大。其次，我的出庭率将有大幅度上升。“入世”后，对 CPA 出具的审计报告期望更高，一不小心，有关会计师事务所就会面临关闭、没收财产、罚款，直接责任人被吊销执业资格、罚款，更有甚者锒铛入狱。我曾经为自己的胜利而喝彩，然而看到他们败诉的代价如此惨重又不禁难过，真不知该如何是好。还有，在极其不完善的执业环境下，看到我的关系户——CPA 们因为有法律漏洞而被宰割，实在是爱莫能助。

我并不是故意去刁难别人，我的命运不以我的意志为转移，然而并不表示我的存在没有意义。现实是残酷的，面对现实需要理智和谋略。我只想对中国的 CPA 及事务所说：转变观念是首要，强化风险意识是其次，建立良好的内部运行机制和完善内部质量控制制度是重点，提高从业人员素质是必然，引入风险管理模式是关键。

对付我，其实很简单。

（郭强华、杨夏）

做账是要有底线的

——《初级会计学》自序

刚接触会计的新人每堂课都有疑问：我适合做会计吗？会计工作枯燥吗？学会计将来能做什么呀？等等。

等进入角色后，他们的疑问转向职业发展：会计职业前景如何？有职业风险吗？我应该怎样参加会计证书考试呀？

这些提问说明他们对会计的了解还是一头雾水，需要教师指导。

作为一名多年从事会计教学的工作者，一直在思考如何帮助刚刚跨入会计门槛的新手，为他们解答职场困惑、考务困惑、账务困惑，协助他们考好会计证考试。

2011 年 10 月，在宁波大学教材建设项目立项评审中，我的《新编初级会计学》在 30 多份申请书中，获得了评审结果第一名，激发了我编书的热情。为了适应和配合会计从业资格考试的新变化，加强学生考试的针对性，提升会计教学质量，故编写了这本新教材。本教材主要特点如下：

一　一册在手，考证与通过《初级会计学》课程两不误

《初级会计学》（或称《会计学原理》），是会计专业新生的第一门专业必修课程。据我调查，在学《初级会计学》课程的同时，有近 80% 的同学会参加当年的会计证考试。但是，我们也发现目前的《初级会计学》教材并未与会计从业资格考试接轨，造成大学上课是《初级会计学》教材，会计证考试又是《会计基础》的教材。学生学了《初级会计学》后，还要重新购买和学习会计从业资格考试的《会计基

础》教材。为了避免学生“重复学习”，我们直接根据2009年的《会计从业资格考试大纲》编写《初级会计学》教材，同时融合大学会计教育的要求，让学生一举两得，即一册《初级会计学》在手，会计证考试通过《会计基础》科目，同时通过大学《初级会计学》课程。

二　紧扣会计证考试大纲，指导性强

2009年10月，财政部重新修订了《会计从业资格考试大纲》，对会计从业资格考试内容做了相应调整，并从2010年1月起实行。编者对考试大纲进行了深入细致的研究，大纲中的考点、重点在本书中得到了充分的体现。还按照考试大纲的要求，每章配备了习题与解答，方便学生自学与复习。并附有《会计从业资格考试大纲》，有助于同学全面复习和掌握学习重点。

三　举例假账，阅读“会计版求婚语录”，本教材具有很强的趣味性

一些学生进入会计专业后，显得兴高采烈，十分活跃，时间久了，他们就感到学习乏味，继而影响到对专业的兴趣。我们认为学习乏味，很大程度上是教材乏味，我们力争编写一本“有点意思”的教材。本教材安排有课前案例、课后阅读。内容从“做假账偷税”案例到揭示“上市公司财务报告舞弊的主要手段”的案例。还有诙谐的“会计版求婚语录”，以及“坚持用会计理论恋爱记账的会计男”。

四　阐述会计职业风险，提醒学生加强自我保护能力

会计新生未必知道这个会计职业的水有多“深”，风险有多大。有的学生就说：只要老板敢签字，我就敢记账。实际上，会计人员的职业

风险非常高。以公司上市为例，所有的关键指标都以会计为基准。比如，上市发行的定价、上市资格等。指标达不到就不能上市，所以，就经常发生监管诱导下的盈余管理，即做假账。为了达到上市圈钱的目标，很多上市公司，或多或少都有这种虚增利润。这已是一种很普遍的现象。在相关法律还有待完善的情况下，要做事不打“擦边球”有时就会一事无成，但打了“擦边球”，弄不好就会有风险。制度是“刚性”的，突破了就是违规违法。

学生在校学习阶段，是他们的会计职业情感、道德观念、是非善恶判断标准初步形成时期。提醒学生增强会计职业风险意识，加强自我保护能力，就是要树立“不做假账”的观念，并以此作为未来从业的基本职业道德和行为准则。

我们有责任告知会计新手：“做账是要有底线的！”

李金华是谁？

——《新概念审计学》自序

我是一名审计教师，以前很“讨厌”审计。

做学生的时候讨厌学审计。因为审计内容枯燥，老师讲得口干舌燥，我学得心里烦躁。

做老师的时候讨厌教审计。因为审计要点多，我讲得很有条理，但却没了趣味，于是分不清学生是讨厌审计，还是讨厌我。

最终，我明白教师都是努力的，问题出在教材上。

一 “李金华是谁？”引发我写作热情

一日在研究生复试现场，我发问：请谈谈李金华领导的国家审计变革。

学生雷人地反问：“李金华是谁？”

还振振有词地说，老师没讲过，教材也没有。

于是，我就想编本研究生复试能“通过”的教材。

2009 年，我获得了《新概念审计学》宁波大学优秀教材立项。在申报的 60 多门课程中，获得了最高分 90.17 分（30 门教材立项）。专家们对教材内容的肯定给了我很大鼓励，也说明我很清楚当前教材存在的问题。

二 当前审计教材有四大硬伤

（一）越编越厚，教材像砖头

1993 年我考注册会计师的时候，注册会计师《审计》教材才 6 章

333页。而2010年的《审计》教材已经到了28章700多页。也就是说，增加了一倍以上内容。注册会计师教材如此，其他类型审计教材也是如此。教材是越编越厚。

（二）内容N多，教不完

随手翻看一本《审计》教材，“前言”都有类似的话：“本教材体系结构合理，内容完整。”怎样才算结构合理，究竟哪些内容需要阐述才算完整。连编书人自己也不完全明白。他们瞄准注册会计师《审计》教材，立下“别人有的内容，我也不能少”的理念，几乎罗列了注册会计师执业准则的全部内容。如果把注册会计师执业准则48项内容全部纳入，那会“学死人”的。

目前新编《审计》教材一般都是大开本，600多页。而审计课程教学课时数大约每周3个课时。我问过不少院校审计教师如何完成全教材教学任务，答曰：完成不了。遂问：怎么办？回答：自己看！好嘛！既然教不完，干吗编那么多？学生只看不考，有效果吗？

（三）注重注册会计师审计，定位不清

《审计》教材都以注册会计师审计为主线，摒弃了20世纪80年代以国家审计为主要内容的局面。《审计》教材全方位转向的原因，也许是注册会计师行业的蒸蒸日上，以及学生考证、就业的需要。问题是，目前国家审计“动静”很大，难道“审计风暴”不能刮向书本？李金华感动了中国，审计教师被感动之余，也应该告知学生，国家审计为什么感人。此外，内部审计这几年发展很快，吸引了不少学生的就业视线，但是我们的教材对内部审计却熟视无睹。

（四）同质化严重，缺乏个性教材

目前市面上的《审计》教材琳琅满目，但是阅读完目录，你的感觉就是大同小异。如果说有创新的话，也就是“结构创新”、“顺序创新”。他们突破不了注册会计师教材内容、章节的“垄断”地位，害怕越过所谓审计理论、体系界限，因而导致内容的平庸。同时，他们只注重审计业务上的教育，不能放眼于审计实务的大变革，忽略了年轻学子在考证、就业等方面需要我们的指点，因此审计教材的改革之路就越走越窄了。

三 《新概念审计学》：打三张“概念牌”

（一）最新实务反映国家审计、注册会计师审计和内部审计

教材以“审计风暴”开篇，突出刘家义审计长提出的“国家审计免疫系统论”的观点，并以此作为国家审计的教学支撑点，阐述了近年来国家审计拓展各项业务，创新审计工作模式的状况，描绘了国家审计未来是建立中国特色的社会主义审计制度的任务。

截至2010年1月，48项注册会计师执业准则正式发布，这标志着与国际惯例趋同的企业会计准则体系和注册会计师审计执业准则体系正式建立。因此，教材阐述2010年版注册会计师执业准则，增加了48项准则的介绍，一改“十一五”教材的滞后。

教材撰写了内部审计热点、难点问题，并就中国内部审计协会关于内部审计要做好增值审计的精神，重新叙写内部审计为企业做好增值审计的内容和方法。

上述内容在传统审计教材中是没有的。

（二）突出案例教学、考证介绍与就业指导

本教材大量增加案例比例。每章不仅有课前案例，还有课后案例；似乎还不够，每节再配案例；另外在循环审计中，基本做到了一个账户审计对应一个案例，以便教学。

全方位介绍时下审计、会计考试内容，满足学生考证需要。注册会计师行业和内部审计部门，近年来需求大量毕业生，学生也渴望相应证书，以增加就业机会。我们首次在审计学教材中，系统介绍了注册会计师考试、审计专业技术资格考试、会计专业技术资格考试；同时，还介绍了国际证书考试，例如，CGA、ACCA、CIA和AICPA等考试内容，以满足学生考证需要。另外，我们设计有相关考试案例，引导学生不能盲目考试，思考如何考证问题。

教材辟有“审计职业规划”和“审计职场”，针对学生就业进行指导。内容有审计人如何进行职业规划；怎样写好审计简历；进入职场的新人兵法，并以职场成功案例和失败案例告诫学生如何做事做人。

（三）增设审计诚信教育，开启“舞弊审计”内容

目前还没有教材专门讲述审计诚信教育，本教材把审计诚信教育与职业道德的内容相结合，阐述“职业底线”的重要性。通过案例讨论：做假账还是失业——我的求职困惑，升华对职业道德的认识。这种写法在国内教材中还是首次。

在突出审计诚信教育的同时，通过整理的经典案例评述，如“锦州港：造假大港?”“黎明股份的‘造假系统工程’”等，使学生感受到审计前沿的硝烟，并解剖上市公司盈余管理、利润操纵、会计报表粉饰的手段，揭示假账识别方法。避免了传统审计教材不结合实际，空谈审计方法的做法。增加了“舞弊审计”内容，加强对假账审计，这也是传统教材所没有的。

四 《新概念审计学》：五层次新意

（一）质疑与探究共生

针对刘家义同志的‘国家审计免疫系统’论的观点，我提出了不同看法，并论述了“我为什么不赞同‘国家审计免疫系统’论”的观点。同时，在教材中列有刘家义审计长在五届三次理事会暨第二次理事论坛上的讲话（节选），方便学生讨论，培养学生质疑精神和创新思维。另外，就审计定义，我认为美国会计学会（AAA）的观点、注册会计师《审计》（2008 年版）教材的定义，均不能作为审计定义。并阐述理由，认为《中华人民共和国审计法实施条例》（2010 年 2 月通过，5 月实行）中关于审计的定义应该作为当前审计的定义。

（二）个性化研究特色

教材安插了我本人不少论文和研究观点。比如，《我为什么不赞同国家审计“免疫系统”论》，《以需求为导向的内部审计工作机制研究——以金融危机视野下的宁波民营企业为例》、《会计准则导向——中国的钟摆摆向哪里》、《从湘缆破产看企业内部控制》、《PT 水仙退市财务分析》、《法务会计理论问题与实务难点评说》等。

（三）讲课式编写，方便教学

传统教材写作模式是从定义、分类到内容，教材的“死板”反映在课堂教学中就是沉闷。摆脱审计教师“传声机”形象，是不少教师渴望的。本教材从教师进入课堂开始，按照讲课顺序安排教材内容，构建章节新结构体系。即课前案例——导出课中知识点——知识点视野拓展——课后案例讨论分析和总结。安排课前案例，以便于教师一上课，通过案例吸引学生的注意力，再让学生掌握知识点就相对容易接受了，课后巩固教学点，进行案例讨论，能取得较好的课堂教学效果。

（四）体例新颖，具有很强的趣味性

除了有课前案例、课后案例之外，还有快速阅读、经典阅读、开胃阅读、小贴示和案例论文讨论栏目。内容从审计长讲话、《中华人民共和国审计法实施条例》（2010 年 2 月通过）到“奶奶为孙女规划职业人生路（审计方向）”，职场攻略——告诉你一个真实的事务所。内容可读性很强，具有很强的趣味性。

（五）满足学生考证、就业需要

近年来，会计专业学生热衷于注册会计师考试。因此本教材编写立足于注册会计师《审计》教材，进行重点、难点内容详解，并大量删除一些没有必要的解释，以及与考试重点无关内容，起到了精练教材内容的作用。同时针对学生考证需要，非常齐全地介绍了当前学生热衷的考试证书类型，基本能满足学生对考试证书的了解，并指导学生需要考什么证，怎样考，以便学生做出选择。此外，突出学生审计职业规划和就业指导，包括审计职场兵法与攻略、审计简历制作等内容，加强学生进入审计职场的就业辅导。

本教材在体系内容上作了大手术改革，增加了很多新内容。同时考虑本科教学内容的合理分工，对审计理论结构、审计概念体系等内容进行了大胆压缩。因此，在同行眼里本教材就显得“支离破碎”了，这也许是本教材的不足之处。好在我是个不按常规出牌的人。在收获意外惊喜的时候，也无法避免别人的指正。教的是心态，获得也是个心态。还是接受别人的批评吧。

查找假账的七种武器

——《注册会计师审计视野》自序

本教材是在我编写的《注册会计师审计视野》的基础上修改的，因此将《注册会计师审计视野》的前言列作前言二。

影视明星刘晓庆说：做人难，做女人更难，做名女人难上加难。

而我说：编教材容易，写教材难，写创新教材更是难上加难！

1997 年美国圣地亚哥州立大学周齐武教授、香港城市大学钟西飞教授、台湾政治大学吴安妮教授联合撰文《中国会计教育与研究之现况》，发表在权威杂志《会计研究》上。让人备受刺激的是，三位海外教授认为：大陆会计教育主要优点在于学生素质，而最需要改进的地方是教授品质！

当时身为讲师的我颇不以为然，甚至有点愤懑。为了了解中国高校的会计教学整体水平，1999 年我对全国 14 所大学会计教育现状及改革方向进行了调查，样本选择尽量从有博士点、硕士点的高校中采集。令人感到高兴的是，在 1011 份问卷中，学生对“会计教育现状总体评价”是“一般”，占 44.81%，认为“很好”、“较好”的共有 39.37%。说明会计教育现状总体评价是令人满意的。

在教师素质满意度评价中，学生打分是 3.43 分，超过一般水平 3 分，其中“很满意”和“较满意”的比例共计 50.84%，而“不太满意”和“很不满意”的加总只占 13.95%，说明高校会计教师的整体素质，学生是认可的。并非如海外教授所言般“糟糕”！

但是教学环节不满意率比较高，尤其是教材，学生的不满意率为 37.19%，大于满意程度，说明教材不尽如人意。从那时起，我就开始关注会计教育问题，连续发表了多篇有关会计教育的论文，并有了写一本个性化教材的冲动。2001 年，我获得宁波大学首批百门优秀教材之一，《注册会计师案例与教学及其 CAI 课件》的立项，开始筹划写作。

但是写一本创新教材谈何容易！

关于注册会计师审计内容的教材，首屈一指的是财政部注册会计师考试委员会编的审计教材，此书不但内容精练，而且运用范围广，在全国有一定影响。你能突破它的框架吗？

还有教育部组织编写的，面向21世纪课程教材。如果你看到了编者的领军人物，以及出版方式，你就知道这套书的质量了。

教育部竟然同时推出两本审计教材！

北方有李若山、刘大贤主编的《审计学——案例与教学》，南方有朱荣恩、张建军主编的《审计学》。面对南北夹击，你的审计教材又如何生存？

为此，我很苦恼。但是一次不经意的学生作业给了我很大启示。2002年，在审计教学中，我给学生布置如下作业：根据注册会计师审计内容，请自编一本中国加入WTO后，既能满足审计实务要求，又符合学生愿望的审计教材。要求两条：第一，自己设计封面、前言和目录提纲；第二，张扬个性，重在创新。

在批阅作业过程中，学生的创作给了我很大启发。

有一位同学在他的前言中写道：随着中国加入世界贸易组织，我国会计与国际接轨速度不断加快，使原有的审计体系和方法受到前所未有的挑战，也使原有的审计教学中的弊病暴露无遗——应试、死板，重理论轻实务。这说明，原有审计教材体系亟待突破！

更为奇特的是，还有一位女同学把自己的审计教材命名为《审计三千问》。据她说，灵感来自正在热播的儿童电视节目《蓝猫淘气三千问》。我给了她“优秀”！先不去评价其内容、形式是否合适。但就她的创新勇气，就让我醍醐灌顶，豁然开朗。原来审计教材可以这样写！我为什么不可以绕过注册会计师考试教材而另辟蹊径呢？

在写作此书的指导思想上，也得益于我的前期研究成果。在谈到当前教材问题时，我在自己论文《高校会计教育改革要有三大突破》（《南开管理评论》，2000）中写道：教学内容“制度+说明”模式，必然导致两个方面的“并发症”：一方面，教材的编写跳不出准则的制度框框，你有的内容，我写；你没有的内容，我不敢越雷池半步，学术上的缩手缩脚导致教材平庸，结果是教材在内容和结构上大同小异，缺乏自己的风格，只是编者姓名的不同而已。另一方面，这种僵化写法，又使许多作者对国内外理论发展熟视无睹，对学生改革愿望，以及人才市场的需求不屑一顾，却去追求学科体系的完美和永恒。因此，当我着手写这本书的时候，这些理念和学生鲜活创造，激发了我写本个性化教材的想法。

很难说这本书有创新，但是从书名来看，我是有创新冲动的。

首先，《注册会计师审计视野》有别于《审计》教材，与注册会计师考试《审计》教材比较，近一多半内容是全新的。本书内容主要由课前“开胃”案例、注册会计师审计、经典案例点评、注册会计师考试、国际会计公司应聘、注册会计师审计理论热点问题研究等内容组成，而不是报考注册会计师应试教材。在文章内容和体例上，力求做到“三突出”：第一，突出诚信教育；第二，突出对上市公司盈余管理、利润操纵、会计报表粉饰的识别；第三，突出个性研究以及展示审计界最新研究成果，相关文献索引直至 2004 年 8 月。

其次，尊重财政部注册会计师考试委员会编的《审计》教材，保留以业务循环审计为主、报表项目法为辅的模式。这样在学生学习结束后，能满足学生的注册会计师考试需要。但不苛求审计实务面面俱到，删除了一些理论概念和欠重要的项目审计内容，以使简明扼要。

最后，在资产负债表、损益表具体账户审计中，配发了大量审计案例，基本上做到了一个会计账户审计对应相应案例。因此，不用担心审计课程的枯燥乏味。此外，还有完整经典案例评述，如“锦州港：造假大港?”，“黎明股份的‘造假系统工程’”等，使学生感受到审计前沿的硝烟。

如果说有所创新的话，那么，我只是做了如下尝试：其一，开展学生的注册会计师诚信教育；其二，力求厘清会计界与法律界关于注册会计师民事责任方面的观念纷争；其三，分析历年注册会计师考试规律；其四，介绍国际会计师证书取得；其五，泼墨四大国际会计师事务所的介绍和求职途径；其六，注重舞弊防范与查账技巧；其七，点评当前注册会计师审计热点。

我的学生朱茂琳曾经为本书做如下广告，现稍作修改敬奉读者：

你知道审计界的研究热点吗？你能够将审计理论娴熟运用于实务吗？你了解上市公司舞弊手法吗？你是否掌握查找假账的七种

武器？

如果你的回答是肯定的，请捂好你口袋中的钱包。

如果你不能，但想用最短时间掌握注册会计师审计的理论与实务，而且作为学生，你又想报考注册会计师考试，应聘国际会计公司，那么，这本书将是你成功的阶梯！

做完广告，坦言不足。也许这本书的结构还不够完整，也许写作态度还不够严谨，也许我的“视野”还很短浅，还有很多也许的不足。如果这本书在你手里，能够保留五分钟的余温，我也就可以满足了！

不足之处敬请批评指正，我的邮箱：99gqh@163.com。

最后，谨以此书献给我的导师——天津财经大学的于玉林教授。没有于先生“大会计科学”的熏陶，也不会有我的“视野”。真诚感谢于先生在我读博期间给予我的帮助和教诲。也感谢中央财经大学李晓慧博士提供的案例帮助。

喝酒与做学问

读博不喝酒，你能做得出学问来?! 这是我读博的心得体会。

读博期间，经历酒阵无数，细细数来，喝酒形式分为以下几类：(1) 见面酒。初到新地开学见面以酒会友要喝。(2) 老乡酒。身处异地同省皆老乡要喝。(3) 欢迎酒。新生入学老生欢迎要喝。(4) 答谢酒。老生欢迎新生回谢要喝。(5) 同门酒。同门师兄一家亲要喝。(6) 起哄酒。女同胞说男人不能小气你们怎么不请我们呀要喝。(7) 课后酒。课堂讨论热烈意犹未尽酒桌上继续探讨要喝。(8) 竹杠酒。发言获老师肯定或者发表文章被学友“敲竹杠”要喝。(9) 考前酒。考试前心中惶惶然以酒压惊要喝。(10) 考后酒。考试完毕一身轻松酒趣昂然要喝。(11) 饯行酒。学期结束各奔东西要喝。(12) 红颜酒。女博士对学业家庭见解独到常恨不能成为知己郁闷要喝。(13) 莫名酒。喝别人酒多了也分辨不清是谁请的找个机会把大家喊上要喝等。喝酒名堂千奇百怪，林林总总，名目繁多，不一而足。

酒则不论贵贱，从“茅台”、“五粮液”到几元一瓶的“小津酒”，无论是白的、红的和啤的，也不管是白的喝到底，还是白的红的混着喝，只要是酒，来者不拒，照喝不误。天津财经大学东起艺林路，西至天津第四医院，南起外环，北到翰金佰，方圆五千米范围内大小酒楼饭店全部扫荡过。正应了一句话：“古来圣贤皆寂寞，唯有饮者留其名。”

博士喝酒有几大优点：

喝酒有助于形成良好学术氛围。博士生学习场所：一是在课堂，向老师学；二是在酒桌上，向同行学。大家教育背景相似，目标一致，遇见问题相同，在探讨学术问题时容易引起共鸣。几杯酒落肚，酒气微升，话语渐多，聊的多是学问。在与栾莆贵对饮中，我就请教过他是怎样写“破产会计”的。

喝酒能增强学术胆量。胆量不足没办法搞创新，因为搞创新需要承担风险。诺贝尔经济学奖获得者萨缪尔森有一句名言："科学是通过一次又一次的葬礼而前进的。"在会计领域，要想搞创新，也需要有一种大无畏的气概和不怕死的精神。记得《高级财务会计》第一堂讨论课，就某老的"会计信息披露不堪重负"的观点，我提出了质疑。一次酒后胆壮，我竟然想做"会计革命论"的博士学位论文，真可谓酒是少年张狂。

喝酒能加快博士学位论文完成。在会计界，规范研究和实证研究一直水火不容。"喝酒能加快博士学位论文完成"？对实证研究者来说，这是典型的规范研究命题，肯定被斥之为拍脑袋之作，实证研究者说需要证伪。事实是，2006 年毕业的 11 位博士都是常在一起的"酒肉朋友"。酒前清醒的时候相互告知老师对学业的要求，酒中激情时分纵论东西南北大家力作，酒后较劲要加快完成博士学位论文不能落后。如此喝酒自然喝出"发展氛围"。

其实不喝酒学问做得好的大有人在，不必较真。

个人自传

宁波靠海，风大，高个留不住，“精华”的我下盘稳，现蛰伏宁波大学。

因为研究《廉政审计》，我得一绰号为“郭腐败”，尽管尚未谋得一官半职。

都说“男人四十一枝花”，“男人五十正开花”。“含苞欲放”的我，人生经历似“麻花”。既可以灿烂介绍自己：本科直接读博，拥有“跨越式发展”的辉煌；也可以郁闷介绍自己：五次考博，六年读博，是天津财经大学的“史无前例”。

至今发表论文 60 多篇，主持和参与省级课题若干。自称是非著名会计学人，莫须有“会计批评家”。崇尚探索、批判和争鸣的文风。正如石爱中审计长评点时所说：你的博士学位论文文学味较浓，批评性很强，题目较新，风险很大。

这也是我所追求的：借文学批评之笔评说审计反腐现状，笔触要狠、要准、要见血；用经济预警之法丰富审计反腐手段，文章写在政治学、犯罪学、舞弊审计学等学科边缘以求新。

参考文献

[1] David Overland, The Effects of Teacher Stress, P. G. C. E. Mathematics 2/2, 2003.

[2] Vanderheiden, G., Fundamental Principles and Priority Setting for Universal Usability, in: Scholtz, J. and Thomas, J. (eds.), Proceedings of Conference on Universal Usability (CUU), "*Association for Computing Machinery*", pp. 32 – 38, 2000.

[3] Audit Findings on China's Local Governmental Debts, 2011, 35.

[4] Deakin S., A. Hughs, "Comparative Corporate Governance: An Interdisciplinary Agenda", *Journal of Law and Society*, 1997, (24).

[5] Zahra S. A., Oviatt B. M., Mindyard K., "Effects of Corporate Ownership and Board Structure on Corporate Social Responsibility and Financial Performance", *Academy of Management Best Paper Proceedings*, 1993(3).

[6] 郭强华:《论会计素质教育》,载《国际会计与财务研究论丛》(第一卷),北京大学国际会计与财务研究中心,1997 年。

[7] 阎达五:《中国人民大学会计系列教材总序》,中国人民大学出版社 1993 年版。

[8] 于玉林:《现代会计结构论》,东北财经大学出版社 1997 年版。

[9] 陈龙安:《创造性思维与教学》,中国轻工业出版社 1999 年版。

[10] 周齐武等:《中国会计教育与研究之现况》,《会计研究》1997 年第 11 期。

[11] 郭强华:《高校会计教育改革要有三大突破》,《南开管理评论》2000 年第 1 期。

[12] 郭强华:《论会计素质教育》,《解放军九江财专学报》1997 年第 2 期。

[13] 郭强华:《论深化会计教学改革》,《会计改革与会计管理》1995年第12期。
[14] 朱建国:《会计教育》,立信会计出版社2000年版。
[15] 徐根清、李莉萍:《知识经济与高等教育国际化》,《中国林业教育》1999年第3期。
[16] 孙铮、王志伟:《加入WTO后中国会计高等教育面临的挑战与前景》,《会计研究》2002年第6期。
[17] 谢芳、阮梓平:《审计实验室建设初探》,《科技情报开发与经济》2006年第1期。
[18] 文蓉:《高校审计模拟实验教学模式的实施与完善》,《财会月刊》2007年第3期。
[19] 李铁群:《高校审计实验室建设的难点及构想》,《财会月刊》2005年第9期。
[20] 王瑞华、刘洪波:《高校会计实验室建设目标探索》,《实验科学室》2006年第6期。
[21] 马德飞:《建设审计实验室提高教学水平》,《内蒙古统计》2005年第4期。
[22] 姜长春:《浅谈财经院校实验室的建设》,《黑龙江财专学报》2007年第3期。
[23] 许昌亚:《浅析营改增税收政策实施对企业的影响以及税收策划》,《税务策划》2012年第7期。
[24] 肖瑞利:《关于审计实验课程建设的设想》,《河南财政税务高等专科学校学报》2006年第8期。
[25] 谭崇钧、蒋震:《增值税改革:问题与建议》,《税务研究》2013年第1期。
[26] 周艳:《分税财政体制下的地方税体系健全探究》,《中南林业科技大学学报》(社会科学版)2013年第4期。
[27] 林珑珑:《浅析地方政府债务风险审计预警系统》,《财经视点》2012年第1期。
[28] 刘爱东:《基于风险防范的政府债务审计实施思路》,《审计月刊》2011年第3期。
[29] 宁红伟:《关于地方政府债务审计的思考》,《经济纵横》2010年

第 9 期。
[30] 杨亚军：《地方政府性债务审计研讨会综述》，《审计研究》2011 年第 5 期。
[31] N 市审计局办公室：《N 市县级地方政府性债务审计报告》，2011 年。
[32] 宋建波、李爱华：《企业社会责任的公司治理因素研究》，《财经问题研究》2010 年第 5 期。
[33] 王建琼、何静谊：《公司治理、企业经济绩效与企业社会责任——基于中国制造业上市公司数据的经验研究》，《经济经纬》2009 年第 2 期。
[34] 马胡杰、徐泰玲、石岿然：《社会资本、制度环境与企业社会责任——基于 2009—2011 年 A 股上市公司面板数据》，《首都经济贸易大学学报》2013 年第 3 期。
[35] 赵亚娟：《上市公司社会责任信息披露影响因素研究》，《现代商业》2013 年第 7 期。
[36] 赵达：《企业承担社会责任的影响因素分析》，《社会视野》2012 年第 2 期。
[37] 陈智：《中国企业社会责任影响因素研究——基于公司治理视角的实证分析》，《软科学》2011 年第 4 期。
[38] 郭强华：《廉政审计》，中国方正出版社 2007 年版。
[39] 郭强华：《论廉政审计》，《当代财经》2005 年第 3 期。
[40] 于朝：《法务会计折射我国社科学术界的浮夸风》，《时代中国》2006 年第 11 期。

后　记

原先书名是“分享与积淀：会计创新教育改革研究”，责编侯苗苗老师认为不妥。我觉得有道理。于是改成现在的名称。问题是我的这些“小文”能入“文集”的大雅之堂吗？“文集”是人物诗文等作品的汇编，在印象中只有名人巨匠才有资格出文集，如《鲁迅文集》等。怀着惴惴不安的心情上网搜索，发现不少专家学者早已出版教育改革文集。虽然心安，但是，还是需要声明本人的文集非名人大家之“文集”！主要是本人的一些课题申报书、调研报告、教研散文等内容，称为“论文集”不妥，干脆扩大范围称为“文集”。这一改动，我便成了“大家”，只能呵呵了。

首先，要感谢责任编辑侯苗苗老师。虽然未曾谋面，但是从邮件回复的认真劲，我能判断侯老师是个严谨、认真细致的人。至于“教研散文”的另类风格与本书的冲突问题，其实不必较真，就好比喝酒，大鱼大肉伺候着虽然不赖，但酒至酣处也显得腻味，上盘解酒的花生米也许大受欢迎，谁还碰鱼肉一筷子呀。

其次，要感谢我的研究生和本科生们。研究生李应华负责了后期校对工作。本书很多调研文章虽然我承担了命题、问卷设计、论文修改工作，但是大部分调研和数据采集工作都是由他们完成的。为此，我在每篇有学生参与的调研论文后面都附注了他们的名字。并再次表示感谢。

郭强华

2016 年 4 月 23 日于宁波大学